中國學術思想

研究輯刊

二五編

林 慶 彰 主編

第 9 冊

胡安國《春秋傳》的王道思想（下）

戴 金 波 著

花木蘭文化出版社

國家圖書館出版品預行編目資料

胡安國《春秋傳》的王道思想（下）／戴金波 著 — 初版 —
新北市：花木蘭文化出版社，2017〔民106〕
目 4+170 面：19×26 公分
（中國學術思想研究輯刊 二五編；第 9 冊）
ISBN 978-986-404-920-2（精裝）
1.（宋）胡安國 2.春秋（經書）3.學術思想 4.研究考訂
030.8   106000985

ISBN-978-986-404-920-2

中國學術思想研究輯刊
二五編　第 九 冊　　　　　　ISBN：978-986-404-920-2

胡安國《春秋傳》的王道思想（下）

作　　者　戴金波
主　　編　林慶彰
總 編 輯　杜潔祥
副總編輯　楊嘉樂
編　　輯　許郁翎、王筑　美術編輯　陳逸婷
出　　版　花木蘭文化出版社
社　　長　高小娟
聯絡地址　235 新北市中和區中安街七二號十三樓
　　　　　電話：02-2923-1455／傳眞：02-2923-1452
網　　址　http://www.huamulan.tw 信箱 hml 810518@gmail.com
印　　刷　普羅文化出版廣告事業
封面設計　劉開工作室
初　　版　2017 年 3 月
全書字數　323258 字
定　　價　二五編 20 冊（精裝）新台幣 38,000 元

胡安國《春秋傳》的王道思想（下）

戴金波　著

目
次

第 5 章 胡安國《春秋傳》的王道政治理想

　　胡安國《春秋傳》的尊王思想積極地回應了宋代思想學術界所面臨的時代課題。胡氏之學延續了北宋孫復《春秋尊王發微》「尊王權」的主題，圍繞現實政治生活的需要而提供相應的服務，既是北宋以來皇權與中央集權制度的強化等政治上層建築領域發生的變革在社會意識形態領域的反映，同時又是從思想上和理論上對宋代加強君主專制主義中央集權的支持與論證。但是，在宋代以「取法三代」、復興王道爲理想政治秩序和統治模式的訴求之下，胡安國在爲現實政治服務的同時，仍然保存了儒家高昂的王道政治理想，保持了與現實政治的適當距離，堅持了傳統儒學制約王權的、批評君主以及指導和批判現實政治的精神。可以說，胡安國一方面擁護了君王的最高政治權威和統治地位，另一方面也強調了君王應當擔負的政治責任。推尊王權以服務現實政治與高揚王道以批判現實政治，看上去是一對矛盾，實際上卻是和諧統一的，二者都共同指向一個最終的目的，即重建理想的社會政治秩序。這種矛盾的統一也體現了宋代政治領域的重建秩序的要求與思想文化領域的復興王道的思潮之間的貫通性和一致性，充分展示了宋代政治與文化的聯結和互動。

　　一種思想或學術如果完全站在現實政治的對立面，只唱理想主義的高調，而不能服務於現實，難免會曲高和寡，必將失去在現實中生存的基礎和土壤，注定要被現實所遺棄；但若思想學術只是爲了現實利益而迎合政治，完全獻媚或求售於現實政治和權力，缺乏批判現實和追求理想的勇氣，也不

可能真正起到服務現實的作用。這也許就是理想與現實的矛盾，也是學術與政治的矛盾。胡安國的《春秋傳》很好地兼顧了矛盾的雙方，在服務現實的同時又保持了對現實的批判，在「尊王」的同時，又以「王道」的理想來對王權加以規約與引導。王道思想的價值，還在於為傳統政治提供了一個自我反省、自我批評和自我調整的參考依據。「一種制度要保證它的存在，就必須不斷地進行自我批評和檢查，否則必定僵化，勢必失去應變能力。理想國的提出為自我批評提供了理論依據，也為應變和自我改革提供了模式」〔註1〕〔110〕。而宋儒的王道政治理想就正是這樣的一個理想國。

在宋儒構築儒家王道政治理想國的著述中，胡安國的《春秋傳》具有不可忽視的重要性。胡氏《春秋傳》一經問世，就得到了高宗的高度評價，也得到了後代統治者的承認，成為政治教科書，被奉為科舉考試的依據。同時，胡氏《春秋傳》也得到了歷代儒家學者的重視，無論是推尊羽翼其說，還是質疑批評其學，後代《春秋》學者都不能繞開這座高峰，而胡傳也成為與《左傳》、《公羊傳》、《穀梁傳》並列的第四傳。胡氏《春秋傳》之所以能夠在政治與學術兩大領域中都取得重要的地位，與其能夠在理想與現實、學術與政治的矛盾中縱橫捭闔，在聯繫時政的解經中「議論有開合精神」〔註2〕〔44〕是分不開的。

5.1　「有志於天下為公之世」：王道政治理想的目標

前文（第2章）已經論述了宋代儒家集體的政治理想是「迴向三代」，以復興王道為秩序重建的目標。無論是胡安國之前的王安石、程頤，還是胡安國之後的朱熹、陸九淵，這些宋代的主流儒者無不以實現三代王道政治理想為奮鬥目標。王安石新學與程朱理學雖然彼此對立，但這屬於儒學內部的分歧，在儒家整體的復興王道的政治立場上，兩派之間並無二致。胡安國的思想學術之淵源，實出於程頤〔註3〕。胡安國之學在宋代儒學的發展脈絡中，正

〔註1〕劉澤華，中國古代政治思想史，天津：南開大學出版社，1992，110。

〔註2〕朱熹，朱子全書（第17冊）·朱子語類（卷八三），上海：上海古籍出版社，合肥：安徽教育出版社，2002，2845。

〔註3〕這裡對胡氏思想學術的師承關係略作一個說明。儘管胡氏曾從遊於朱長文，而朱長文正是孫復弟子，王梓材說：「朱樂圃（長文）得泰山《春秋》之傳，則先生（指胡安國）為泰山再傳弟子，可知其《春秋》之學之所自出矣。」（《宋元學案·武夷學案》）然而胡氏在《春秋傳》中對孫復解經的批評十分尖銳，

處於由王安石新學逐漸衰弱，二程之理學逐漸上升的過程之中；在理學學術思想內部的發展脈絡中，既處於由二程洛學向朱熹之集理學大成的過渡階段，又處於由洛學向更加注重經世致用的湖湘學的開拓階段。處於這樣特殊的思想學術脈絡中，胡安國的政治理想既受宋儒「迴向三代」集體意識的影響，又匯入這種集體意識的洪流中，從而更加充實了宋儒集體的王道政治理想。

5.1.1　胡安國王道政治理想的表達

北宋哲宗紹聖四年（1097），二十四歲的胡安國進士及第，殿試「時策問大要崇復熙豐，公（胡安國）推明《大學》『格物、致知、正心、誠意、修身、齊家、治國、平天下』，以漸復三代為對」〔註4〕〔2〕。這是初出茅廬的胡安國初次表達其嚮往三代的王道政治理想。南渡之後，胡安國上《時政論》，其中《宏度論》再次向最高統治者表達了他的王道理想：「人主以天下為度者也，明當並日月，不可私照臨；德當配天地，不可私覆載；所好當遵王道，不可以私勞行賞；所惡當遵王路，不可私怒用刑。其喜怒則當發必中節，和氣絪縕而萬物育也。故能理其情，而君道備矣。」〔註5〕〔2〕這是把王道看作是

且直呼「孫復」，口吻也很具諷刺意味，且其《春秋傳》的《述綱領》中引用了七個古今學者對《春秋》的觀點，以程頤的為最多，卻也沒有孫復的。胡氏《春秋傳》無疑受了孫復《春秋尊王發微》很大的影響，延續了其經世致用的傾向與「尊王」的政治向度，但經世致用的經學目的和「尊王」的大義本來就是《春秋》學的傳統，非獨孫復如此。全祖望以為：「私淑洛學而大成者，胡文定公其人也。」（《宋元學案》）胡氏在《敘傳授》中說「微詞多以程氏為證」，其傳文引述程氏之語多達數十條。胡寅《先公行狀》曰：「歲在丙申（徽宗政和六年，1116），初得伊川先生所作傳，其間大義十餘條，若合符節。公益自信，研窮玩索二十餘年，以為天下事物，無不備於《春秋》。」《龜山學案》有言：「胡文定曰：吾於謝、游、楊三公，義兼師友，實尊信之。若論其傳授，卻自有來歷。據龜山所見在《中庸》，自明道先生所授。吾所聞在《春秋》，自伊川先生所發。」胡安國與伊川門下謝良佐與游定夫、楊龜山、王信伯等人皆有交遊，往來問學不斷，這也是不爭的事實。有論者謂胡安國思想學術的理學內容主要是來源於二程洛學，而其《春秋》學的精髓則主要繼承了孫復之學。這種觀點有一定的道理。但筆者認為胡安國雖然與孫復門人朱長文有師徒之誼，但這種師從關係只是名義上的或者形式上的，從思想學術本身的承傳來看，胡氏更多地是對程氏之學的繼承和發展。

〔註4〕胡寅，斐然集（卷二十五）‧先公行狀，長沙：嶽麓書社，2009，486。
〔註5〕胡安國，時政論‧宏度論，引自胡寅，斐然集（卷二十五）‧先公行狀，長沙：嶽麓書社，2009，514。

為君之道，而要求高宗的刑賞、好惡都要遵循王道（或王路）。

胡安國這種王道政治理想在其《春秋傳》中得到了展開與表達。誠如學者所論，《春秋》價值體系的實質內涵，重心在於構建共同的政治理念和共同的道德標準，以期使禮崩樂壞的現實社會向理想社會形態「三代之治」的復歸。〔註6〕〔214〕胡安國《春秋傳》充分發掘、推闡了《春秋》這一價值體系的內涵，立足於宋代政治現實的基礎上，面向三代理想秩序，構建起宋儒王道政治的理想圖景。

胡氏在《春秋傳綱領》中引用王通的話說：「《春秋》之於王道，是輕重之權衡、曲直之繩墨也，捨則無所取衷矣。」〔註7〕〔3〕表達了他對《春秋》的一個重要認識，即《春秋》所載，是「王道之用」，是王道的具體體現。在給高宗上呈《春秋傳》的《進表》中，胡安國還說：「制《春秋》之義，見諸行事，垂訓方來，雖祖述憲章，上循堯、舜、文、武之道而改法創制」〔註8〕〔3〕，認為孔子是遵循了上古三代理想聖王之道而修《春秋》的。《春秋傳》開篇就引孟子「王者之迹熄而《詩》亡，《詩》亡而後《春秋》作」之說，開宗明義地表達了對王道政治的嚮往，對春秋時期王道失落的遺憾。他說：

> 孟子曰：「王者之迹熄而《詩》亡，《詩》亡然後《春秋》作。」
> ……而謂「《詩》亡然後《春秋》作」何也？自《黍離》降為《國風》，天下無復有《雅》，而王者之詩亡矣。《春秋》作於隱公，適當雅亡之後。……《春秋》不作於孝公、惠公者，東遷之始，流風遺俗，猶有存者，……及平王……不能自強於政治，……至其晚年失道滋甚。……於是三綱淪，九法斁，人望絕矣。〔註9〕〔3〕

在胡氏眼中，整個春秋時期的歷史就是一個不斷「失道」的過程。他認為《春秋》之所作，正因為「王者之迹熄」。按照宋鼎宗先生所謂「《春秋》喻宋」說，胡氏是借春秋故事以喻宋朝時事，在對歷史的評說中表達對現實政治的理想。此外，胡安國具有明顯的道統意識〔註10〕，以接續孔孟聖人之道為志，《春秋傳》也正是他志於復興王者之政的有為之作，王道理想常常流露於傳

〔註6〕 劉昆笛，胡安國《春秋》學思想研究，〔蘇州大學博士學位論文〕，2009，33。
〔註7〕 胡安國，春秋傳·敘綱領。
〔註8〕 胡安國，春秋傳·進表。
〔註9〕 胡安國，春秋傳（卷一）。
〔註10〕 關於胡安國的道統意識，本文第4章有詳細的論述。

文的字裏行間。如：隱公三年「冬十有二月，齊侯、鄭伯盟於石門」，《胡傳》
曰：

> 外盟會常事也，何以書？在春秋之亂世，常事也；於聖人之王
> 法，則非常也。有虞氏未施信於民而民信，夏后氏未施敬於民而民
> 敬，殷人作誓而民始畔，周人作會而民始疑。子曰：「大道之行，與
> 三代之英，丘未之逮也，而有志焉。」諸侯會盟，來告則書，而弗
> 削者，其諸以是爲非常典，而有志於天下爲公之世乎。故凡書盟者，
> 惡之也。〔註11〕〔3〕

胡安國採用了《公羊》、《穀梁》常用的自爲問答的方式，爲了解釋一句經文
或者一個事件，往往連續設問，層層深入，直探「聖人本意」。此段傳文就以
「外盟會」這一「常事」而爲《春秋》所書而設問起始，最終挖掘出聖人有
志於「大道之行與三代之英」的大義。胡安國承認，盟會在亂世的春秋時代
本是「常事」，但若置於「聖人之王法」的衡量之下，卻是非常之事。儒學自
來即有「寓作於述」的傳統。孔子嘗自謂「述而不作」，後儒注經傳義，也都
採用「述而不作」的方式。然而，「考所謂『述而不作』者，要皆『寓作於述』
耳，傳經之家，莫不皆然，而以《春秋》家爲最」。〔註12〕〔128〕胡安國傳解
《春秋》，走的亦是「寓作於述」的傳統路子。胡氏引用《禮記・禮運》中的
孔子之言「大道之行也，與三代之英，丘未之逮也，而有志焉」，表面上是在
引述孔子之志，實際上是在表達自己之志，亦即「有志於天下爲公之世」，有
志於「大道之行與三代之英」。這也是宋代儒者的共同志願，宋儒重建秩序的
歷史依據和參照標準正是「三代之治」，胡氏在這裡做了明確的表示。在胡氏
的經典詮釋中，所謂聖人之意或孔子之言，都不過是他借聖人來表達自己的
思想的方式，此亦「借古人杯酒澆自己胸中塊壘」之謂。

　　胡安國還說：「仲尼作經，存而弗革者，蓋興滅國，繼絕世，以堯、舜、
三代公天下之心爲心。」〔註13〕〔3〕根據前面所說的「寓作於述」的思路，
胡氏這句話也可以理解爲他撰著《春秋傳》的用心正是「以堯、舜、三代公
天下之心爲心」，這樣就在經典詮釋中嵌入了宋儒恢復「三代之治」的王道
政治理想。這一思想完整地重現在胡安國對昭公十三年「蔡侯盧歸於蔡，陳

〔註11〕　胡安國，春秋傳（卷一）。
〔註12〕　宋鼎宗，春秋宋學發微，臺北：文史哲出版社，1986，6。
〔註13〕　胡安國，春秋傳（卷二十四）・昭公九年。

侯吳歸於陳」的解釋中：

> 楚虔遷六小國於荊山，又滅陳、蔡而縣之。及棄疾即位，復諸
> 遷國，封蔡及陳，隱太子有之子盧歸於蔡，悼太子偃師之子吳歸於
> 陳。曰「歸」者，順辭也。陳、蔡昔皆滅矣，不稱復歸者，不與楚
> 虔之得滅也。其稱「歸於」者，國其所宜歸也。盧與吳皆亡世子之
> 子也，而棄疾封之，可謂有奉矣。不言自楚者，不與楚子之得封也。
> 其稱侯者，位其所固有也。陳，列聖之後。蔡，王室之親。見滅於
> 楚虔，而諸侯不能救；復封於棄疾，而諸侯不能與。是以夷狄制諸
> 夏也。聖人至是懼之甚，蓋有不得已焉，制《春秋》為後法，大要
> 皆天子之事也。其義則以公天下為心，興滅國，繼絕世，異於自私
> 其身，欲擅而有之者也，故書法如此。為天下國家而不封建，欲望
> 先王之治，難矣。〔註14〕〔3〕

這段經解比較集中地體現了胡安國恢復三代王道之治的政治理想。「興滅國，繼絕世」出自《論語‧堯曰》，「謹權量，審法度，修廢官，四方之政行焉。興滅國，繼絕世，舉逸民，天下之民歸心焉」，本是對堯、舜、三代之治的概括與讚美。胡安國把「興滅國，繼絕世」從《論語》原文中摘選出來，並與《禮記‧禮運》中「大道之行也，天下為公」的思想重新組合起來，用以描繪他對先王之治的認識。如此組合的重要意義，在於為「興滅國、繼絕世」這一在古代特定而具體歷史階段中的「王道」之治，賦予了超越具體歷史情境的具有普遍意義的「公天下之心」。先王之治，源於此心。此處胡氏所謂的「先王」，也就是指的堯、舜、三代之聖王。

如何才能實現理想中的「先王之治」呢？胡安國從「興滅國、繼絕世」中找到了一個答案，那就是「封建」，即「封邦建國」。宗法封建制本來是周禮體制下占主導地位的社會政治制度，宗法本來是親屬制度，而封建則是爵位、財富、土地及勞動力等政治利益的佔有、分配制度。這種制度是西周初期不斷擴大領域封邦建國的過程中逐漸確立並鞏固下來的，對後世產生了深遠的政治影響。但是經過秦、漢時期政治制度的大變革，封建制度不能適應大一統的中央集權制國家的需要而逐漸被廢棄。胡安國處於中央集權制度得到強化的宋代，在《春秋傳》中表達了對宋代加強君權和中央集權制度的擁護，如果提出在宋代實行封邦建國的要求，必定是不合時宜的，也是絕對行

〔註14〕 胡安國，春秋傳（卷二十四）‧昭公十三年。

不通的，而且還將陷入自相矛盾的處境中。然而，胡氏的本意並非如此，他只是借助對春秋時期的歷史來論證天子之事必須以「公天下」為心，只有「以堯、舜、三代公天下之心為心」，才能「望先王之治」，實現王道理想政治。

　　胡氏「聖王」理想的第一個期待對象是宋高宗趙構。高宗也對「王道」很有興趣，但對於是否能行王道則缺乏信心。史載「上（高宗）嘗論王道，曰：『易牛，微事耳，孟子遽謂是心足以王。朕竊疑之。』九成曰：『陛下不必疑，疑則心與道二。不忍一牛，仁心著見，此則王道之端倪。推此心以往，則華夏蠻貊根荄鱗介，舉天下萬物，皆在陛下仁政中，豈非王道乎？』他日上謂近臣曰：『朕於張九成所得甚多。』」〔註 15〕高宗雖然對施行王道產生過懷疑，但經張九成一說，似乎堅定了信心。張九成是楊時弟子，與胡安國同時而稍晚，亦是當時名儒，他的說法與胡安國比較一致，頗能代表時儒的普遍意見。尤其是張九成所謂「推此心以往，則華夏蠻貊根荄鱗介，舉天下萬物，皆在陛下仁政中」，與胡安國《春秋傳》的有關思想如出一轍。隱公二年「春，公會戎於潛」，《胡傳》說：

　　　　戎狄舉號，外之也。天無所不覆，地無所不載。天子，與天地參者也。《春秋》，天子之事，何獨外戎狄乎？曰：中國之有戎狄，猶君子之有小人。內君子外小人為泰，內小人外君子為否。《春秋》，聖人傾否之書，內中國而外四夷，使之各安其所也。無不覆載者，王德之體；內中國而外四夷者，王道之用。〔註 16〕〔3〕

在對待「夷狄」的問題上，胡安國與張九成一樣，都主張施行仁政，這也是胡氏「王道」精神的體現。由於胡安國《春秋傳》的第一目標讀者宋高宗有討論王道的興趣、有對王道政治理想的嚮往之情，而且又有其它著名儒者大臣共同營造出追求王道政治理想的政治文化氛圍，胡安國的王道政治理想的思想種子就獲得了更加溫潤的土壤。

5.1.2　「天下為公」的實現途徑

　　宋儒所主張的「三代」理想社會政治秩序的顯著特點在於「天下為公」，胡安國也多次提到「有志於天下為公之世」。而「天下為公」的表現之一，就在於「選賢與能」。胡安國對「天下為公，選賢與能」內涵的理解，至少有兩

〔註15〕宋史全文（卷二十中）·宋高宗十一，文津閣四庫全書本。
〔註16〕胡安國，春秋傳（卷一）。

個方面,一是君王的繼承法則爲禪讓制度,二是官吏的產生途徑是公選賢能。禪讓制度在大禹之後已被歷史拋棄,而代之以世襲制度,但後代儒家仍然爲世襲制度植入了一個「公心」,即君主雖然世襲,但世襲的君主仍然以「公天下之心爲心」,認爲君主世襲並不會妨害天下的「公」。胡安國說:「唐虞禪,夏后殷周繼,《春秋》兼帝王之道。賢可禪,則以天下爲公,而不拘於世及之禮;子可繼,則以天下爲家,而不必於讓國之義,萬世之通道也。與賢者貴於得人,與子者定於立嫡。傳子以嫡,天下之達禮也。」〔註17〕〔3〕胡氏之說與孟子所謂「唐虞禪,夏后殷周繼,其義一也」〔註18〕的涵義是相通的。這也就爲世襲君主制找到了合法性的理論依據。當然,胡氏關於王位可繼可禪的理論,也可能是爲趙宋王朝取得政權的方式作辯護,藉以證明趙氏取代後周柴氏的合法性。

在胡安國看來,帝位的傳遞,無論是「禪」還是「繼」,「其義一也」的「義」,也就在於「天下爲公」的「公」。出於對現實的接受,胡安國爲君主世襲制度賦予了「公」的意義。但是對於官吏特別是百官之首的宰相的任用,胡氏仍然堅持必須通過「公選」的方式產生,他認可了「諸侯世也」,卻又堅持了「大夫不世」的原則。這似乎是在「天下爲公」的理想與帝王「家天下」的現實之間找到了一個平衡點。卿大夫或宰相的「公選」與擇賢,既是天子和諸侯「傳子」世襲制的重要補充,也能保證世襲君主不至於太過偏離儒家「天下爲公」的理想。其中的緣由,黃宗羲的論述頗中的:「古者不傳子而傳賢,其視天子之位,去留猶夫宰相也。其後天子傳子,宰相不傳子,天子之子不皆賢,尚賴宰相傳賢足相補救,則天子亦不失傳賢之意。宰相既罷,天子之子一不賢,更無與爲賢者矣,不亦並傳子之意而失者乎!」〔註19〕〔67〕胡安國生在梨洲之前數百年,雖未能闡明天子傳子與宰相傳賢之間的關係,但其「諸侯世也」、「大夫不世」的主張卻與黃梨洲之意暗合。他非常明確地提出了反對世官制度和主張選賢與能的意見。他說:「古者置卿,必求賢德,不以世官。春秋之初,猶爲近古,故無駭與俠皆書名耳。其後官人以世,無不賜之族,或以字,或以謚,或以官,或以邑,而先王之禮亡矣」〔註20〕〔3〕,

〔註17〕 胡安國,春秋傳(卷五)·桓公六年「九月,丁卯,子同生」條。
〔註18〕 孟子·萬章上。
〔註19〕 黃宗羲,明夷待訪錄·置相,長沙:嶽麓書社,2008,30。
〔註20〕 胡安國,春秋傳(卷三)·隱公八年「冬十有二月,無駭卒」條。

「用人不惟其賢，惟其世，豈不殆哉！」〔註 21〕〔3〕顯而易見，胡安國對上古「必求賢德，不以世官」的做法充滿了嚮往之情。然則，古代果眞是「必求賢德，不以世官」嗎？實際情況未必如此，只不過是胡安國借古諷今罷了，這又正是儒家表達自己王道政治理想的普遍方式。桓公五年，「天王使仍叔之子來聘」。《胡傳》曰：

> 仍叔之子云者，譏世官非公選也。帝王不以私愛害公選，故仕者世祿而不世官，任之不以其賢也，使之不以其能也。卿大夫子弟，以父兄故而見使，則非公選，而政由是敗矣。上世有自耕野釣渭擢居輔相，而人莫不以爲宜。伊陟象賢，復相大戊，丁公世美，入掌兵權，不以世故疑之也。崇伯殛死，禹作司空，蔡叔既囚，仲爲卿士，亦不以其父故廢之也。惟其公而已矣。及周之衰，小人得政，視朝廷官爵爲己私，援引親黨，分據要途，施及童稚，賢者退處於蓽門，老身而不用，公道不行，然後強暴侵淩，國家傾覆，雖有智者，不能善其後矣。《春秋》書武氏、仍叔之子云者，戒後世人主徇大臣私意，而用其子弟之弱者，居公選之地，以敗亂其國家，欲其深省之也。〔註22〕〔3〕

國家的選官、用人制度是否公正，關係到政事的成敗和國家的興亡。「世官」制度「任之不以其賢，使之不以其能」，屬於「非公選」，其後果是「政由是敗矣」。在胡安國看來，選賢與能才是「天下爲公」的選官方式，而「世官」則是「以私愛害公選」。只有通過「公選」的方式才能發現並任用德才兼備的人才，使他們發揮自己的才能，爲國家社會做出最大的貢獻。胡氏在總結了歷史上以私愛害公選的經驗教訓之後，猶不忘對當世「公道不行」的現狀進行披露和指責，所謂「小人得政，視朝廷官爵爲己私，援引親黨，分據要途，施及童稚，賢者退處於蓽門，老身而不用，公道不行，然後強暴侵淩，國家傾覆，雖有智者，不能善其後矣。」與其說這是對春秋時期的選官用人制度的批評，還不如說這是胡安國對北宋末年蔡京專權時期用人惟親惟黨，排斥異己賢能，最終導致國家傾覆的指責與憤慨。做出這樣的判斷，並非憑空臆測，而是有一定的依據的。據《宋史·蔡京傳》記載，蔡京「陰託紹述之柄，鉗制天子，用條例司故事，即都省置講議司，自爲提舉，以其黨吳居厚、王

〔註21〕胡安國，春秋傳（卷二十一）·襄公七年「城費」條。
〔註22〕胡安國，春秋傳（卷五）。

漢之十餘人爲僚屬，取政事之大者，如宗室、冗官、國用、商旅、鹽澤，賦調、尹牧，每一事以三人主之。凡所設施，皆由是出」，又「用其姻昵宋喬年、胡師文爲郡守，禁卒扦摷月給錢五百，驟增十倍以固結之」。〔註23〕〔1〕這些都是蔡京大肆任用私人，「託爵祿以廣私恩」的證據，完全可以與《胡傳》的批判互相對應。

在「天下爲公」的王道政治理想之下，胡安國提出了「親賢去讒」的要求，他在《春秋傳》中指出：「《春秋》之義，用賢治不肖」〔註24〕〔3〕。胡氏還說：「堯敦九族而急親賢、退嚚訟，周厚本枝而庸旦仲、黜蔡鮮，義皆在此，而親親之殺、尊賢之等著矣。此義行，則內無貴戚任事之私，外無棄親用羈之失，而國不治者未之有也。」〔註25〕〔3〕可見「親賢」、「尊賢」可以爲實現「治國平天下」的外王理想提供人才保障。胡安國對春秋歷史上的賢才表示了讚美。閔公元年，「季子來歸」，《胡傳》說：「其曰季子，賢之也。其曰來歸，喜之也。其不稱公子，見季友自以賢德爲國人所與，不緣宗親之故也。」〔註26〕〔3〕胡氏借助解經，表達了對賢德之人來歸的喜悅之情。由於胡安國時代的名士賢人如豐稷、王覿、鄒浩、陳瓘諸人，都被「放諸嶺表」，因而胡安國實際上也是希冀當世統治者能夠進用賢人，使天下賢者都能積極入世，共同來建設王道理想的社會秩序。

要使賢者能夠安於其位，就必須罷棄讒佞之徒。因爲賢者之所以去國，往往是由讒佞之徒的讒言所至。如果讒佞公行，則強國也必將日漸削弱。昭公十五年，「夏，蔡朝吳出奔鄭」，《胡傳》曰：「朝吳，蔡之忠臣，雖不能存蔡，而能復蔡。其從於棄疾者，謂蔡滅而棄疾必能封之也。棄疾以其忠於舊君而信之，使居舊國，可謂知所信矣，則曷爲出奔？費無極害其寵也。無極，楚之讒人，去朝吳，出蔡侯朱，喪太子建，殺連尹奢，屏王耳目，使不聰明，卒使吳師入郢，辱及宗廟。讒人爲亂，可不畏乎？爲國有九經，而尊賢爲上；勸賢有四事，而去讒爲首。」〔註27〕〔3〕胡安國強調「爲國必以得賢才爲本，勸賢必以去讒賤貨爲先。不然，雖廣土眾民，不足恃也。」〔註28〕〔3〕因此，

〔註23〕脫脫，宋史（卷四七二）・姦臣二・蔡京傳，北京：中華書局，1999，10620～10621。

〔註24〕胡安國，春秋傳（卷六）・桓公十有二年「戰於宋」條。

〔註25〕胡安國，春秋傳（卷十）・閔公元年「季子來歸」條。

〔註26〕胡安國，春秋傳（卷十）。

〔註27〕胡安國，春秋傳（卷二十五）。

〔註28〕胡安國，春秋傳（卷二十六）。

親賢必先去讒。這是胡安國的一貫主張。

　　胡氏的解經，時時有其現實的指向。他有意告誡當世帝王，在用人方面，首先要能分辨善惡與賢不肖，進而親賢人遠讒佞。胡安國在《春秋》莊公二十四年「郭公」這條無頭無緒的經文下特發新意說：

　　　　夫善善而不能用，則無貴於知其善；惡惡而不能去，則無貴於

　　知其惡。未之或知者，猶有所覬也，夫既或知之矣，不能行其所知，

　　君子所以高舉遠引，小人所以肆行而無忌憚也。〔註29〕〔3〕

這裡所表達的意思就是君主應當知人善任。明儒王介之說：「胡氏之《傳》允為定論，於『郭公』曰『義不可曉』，群疑釋矣。存『郭亡』之異說，藉以發明用賢遠奸之理，為高宗之疑李綱、趙鼎，而用汪伯彥、黃潛善言也，雖未必然，不可廢矣。」〔註30〕〔23〕王介之此話正好點明了胡安國在《春秋傳》中強調親賢遠佞的現實意圖。考察胡氏所處時代的社會政治現實，可謂差強人意，與胡氏的王道理想政治之間有很大的距離。

　　胡氏在描繪王道理想的同時，也對現實進行了嚴厲的批判。高宗建炎元年（1127），胡安國的上書中有言曰：「及蔡京得政，公然置局推考，直言盡行竄斥，使上皇失大信於天下，一失也。上皇嗣位，文母垂簾，增置諫員，擢用名士，豐稷、王覿、鄒浩、陳瓘諸人，各以危言自效，公論既行，下情不壅，幾有至和、嘉祐之風。及蔡京用事，放諸嶺表，於是天下以言為諱二十餘年，二失也。」〔註31〕〔2〕胡安國還說「靖康皇帝誠心願治，已及期月而澤不下流者，以諸方按察師帥，皆宣和之舊，非糟粕書生、權豪親戚，則奄寺之奴也。」〔註32〕〔2〕胡安國為高宗上陳崇寧以來的政事，還曾尖銳地指出「廢格法，棄公論，市井儇薄而居宰府，世卿愚子而秉兵柄。臺省寺監清望之班，雜用商賈胥吏技術之賤。於是仁賢退伏，姦佞盈廷」〔註33〕〔2〕的昏暗的人事任用狀況。這是對高宗父兄兩朝的批評。在《時政論》中，胡氏還批評高宗本朝的選官用人為「廣引姦邪，顛倒是非，變亂名實」。大抵言之，胡氏認為當世並非是「天下為公之世」的理想狀況，而他對現實的批判，也就間接地表達了他對理想的期待，最終還是為了建立一個「王道平平」的

〔註29〕胡安國，春秋傳（卷九）。

〔註30〕王介之，春秋四傳質（卷上），文津閣四庫全書本，166 冊，248。

〔註31〕胡寅，斐然集（卷二十五）·先公行狀，長沙：嶽麓書社，2009，494。

〔註32〕胡寅，斐然集（卷二十五）·先公行狀，長沙：嶽麓書社，2009，498。

〔註33〕胡寅，斐然集（卷二十五）·先公行狀，長沙：嶽麓書社，2009，494。

理想國家。胡安國說：「《春秋》不與公族大夫專政用事，而以親賢爲急。聖主屢詔諸方津，遣宗室俾赴行在，優加寵獎，誠以昨者皇族北徙，枝葉已疏，必施茂恩以滋根幹。宜及時建白，上稽帝堯明峻德、睦九族之義，中循周漢急親賢之隆，下掃六朝孤立之弊，則王室益強，國勢盤固矣。」〔註 34〕〔2〕重建王道理想政治秩序的拳拳之心溢於言表。學者所謂「胡安國《春秋》經世」之說〔註35〕〔129〕，誠爲不刊之論。

綜合這些材料，可以推斷：胡安國在《春秋傳》的解經中表達了對現實政治中選賢任賢、罷退讒佞的願望和要求。這正是包括胡安國在內的宋代儒者要求把他們理想中「天下爲公」的王道政治落實在具體政治治理和施政行爲上的一個重要表現。胡安國是希望南宋朝廷能夠實行「天下爲公」的選官用人制度，建設一個理想的王道社會。

5.2　「元即仁也」：胡安國王道政治理想的終極依據

宋儒的學術風格，一般都由義理的闡發，發展爲道德本體的探尋。〔註36〕〔73〕儘管《春秋》所載都是一些具體的歷史事件，在宇宙論、心性論方面的資源相當匱乏，但胡安國在闡發《春秋》經義，建構王道理想的時候，仍然試圖從本體上尋求其王道政治理想的終極依據。正如呂思勉所謂：「宇宙最高的原理，儒家稱之爲元」〔註 37〕〔218〕，胡安國王道政治理想價值體系的邏輯原點與終極依據，就是一個具有宇宙本體意義的範疇：「元」。

5.2.1　《春秋傳》對「元」的哲學詮釋

對《春秋》「元年」之「元」字的解釋，董仲舒、何休、范甯等人的解說已經開始哲理化。董子將原意爲始、第一的「元」界定爲本原，他說：「臣謹案《春秋》謂一元之意，一者，萬物之所從始也；元者，辭之所謂大也。謂一爲元者，視大始而欲正本也。」〔註 38〕〔9〕在他看來，「元者爲萬物之

〔註34〕 胡寅，斐然集（卷二十五）‧先公行狀，長沙：嶽麓書社，2009，504。
〔註35〕 臺灣宋鼎宗所著《春秋胡氏學》即專門闢有「《春秋》經世說」一章，臺北：萬卷樓圖書有限公司，2000。
〔註36〕 朱漢民，湖湘學派與湖湘文化，長沙：湖南大學出版社，2010，106。
〔註37〕 呂思勉，中國政治思想史講義，天津：天津古籍出版社，2007，122。
〔註38〕 班固，漢書‧董仲舒傳，北京：中華書局，1962，2502。

本,而人之元在焉。安在乎?乃在乎天地之前,故人雖生天氣,及奉天氣者,不得與天元本、天元命而共違其所為也」〔註39〕〔50〕因此,「元不僅是事物的開始,而且是事物所據以開始的東西」〔註40〕〔219〕。何休《公羊解詁》對「元」的哲理化解釋是對董子之說的進一步發揮。何氏說:「元者,氣也,無形以起,有形以分,造起天地,天地之始也,故上無所繫,而使春繫之也。」〔註41〕〔4〕范甯的解釋也具有非常明顯的哲理色彩。他說:「元者,氣之本,善之長。人君當執大本長,庶物欲其與元同體,故年稱元也。」可見他與董、何氏一樣,也從《春秋》「元年春」的「元」字中闡釋出具有本體意義的思想來。

前代學者關於「元」的哲理化解釋對胡安國無疑產生了重要影響。胡安國在前人思想的基礎上更進一步,他對《春秋》「元年」之「元」的詮釋,充滿了由「人道」而及「天道」,注重從日用倫常中實現本體性超越、從歷史經驗中尋找普世價值的學術風格與時代特色。

胡安國《春秋傳》對「元」的詮釋如下:

> 即位之一年必稱元年者,明人君之用也。大哉乾元,萬物資始,天之用也。至哉坤元,萬物資生,地之用也。成位乎其中,則與天地參。故體元者,人主之職,而調元者,宰相之事。元即仁也;仁,人心也。《春秋》深明其用當自貴者始,故治國先正其心,以正朝廷與百官,而遠近莫不壹於正矣。《春秋》立文兼述作。按《舜典》紀元日,商訓稱元祀,此經書元年,所謂祖二帝、明三王、述而不作者也。正次王,王次春,乃立法創制,裁自聖心,無所述於人者,非史策之舊文矣。〔註42〕〔3〕

> 元者何?仁是也。仁者何?心是也。建立萬法,酬酢萬事,帥馭萬夫,統理萬國,皆此心之用也。堯舜禹以天下相授,堯所以命舜,舜亦以命禹,首曰:「人心惟危,道心惟微」。周公稱「乃考文王,惟克厥宅心,乃克立茲常事。」故一心定而萬物服矣。〔註43〕〔3〕

〔註39〕蘇輿,春秋繁露義證・玉英,北京:中華書局,1992,69。
〔註40〕馮友蘭,中國哲學史新編(中冊),北京:人民出版社,1998,73。
〔註41〕阮元,十三經注疏・春秋左傳正義,杭州:浙江古籍出版社,1998,1713。
〔註42〕胡安國,春秋傳(卷一)・隱公元年。
〔註43〕胡安國,春秋傳(卷三)・隱公十一年。

「元」有什麼含義呢？《說文解字》的解釋是：「元，始也。」《公羊傳》謂：「元年者何？君之始年也。」但胡安國所訓解的「元」是「天、地、人中的形而上的本體」〔註44〕〔73〕。他肯定天有「乾元」，地有「坤元」，人主也必須「體元」，使「元」由初始之義發展成爲形而上的本體之義。「元」不僅僅是天地萬物的本原，同時還是一種主體意識的倫理觀念。「把作爲宇宙本體的『元』和作爲主體倫理意識的『仁』、『心』等同起來」，「這樣做有雙重的目的，一方面使主體倫理觀念本體化，道德觀念的『仁』上升爲宇宙本體的『元』；另一方面又使宇宙本體主體化，宇宙本體的『元』又成爲主體意識的『心』」〔註45〕〔73〕。胡安國「元者何？仁是也。仁者何？心是也」的命題可以用這樣的等式來表達：元＝仁；仁＝心。而根據這兩個條件又可以推出第三個等式：元＝心；或者：元＝仁＝心。這就使作爲宇宙本體的「元」與作爲倫理道德觀念的「仁」以及作爲個體主宰的「心」完全融爲一體。這種融合還可以從胡安國下面這段話中得到體現：胡氏說：「聖人以天自處，賢者聽天所命，《春秋》之法，以人合天，不任於天，以義立命，不委於命，而宇宙在其手者也。」〔註46〕〔3〕此處的「天」、「命」是一種最高的倫理原則和絕對的必然性，〔註47〕〔73〕而人作爲一個倫理主體，可以「體元」，可以「合天」、「立命」，甚至可以將「宇宙」掌握在手中。可見宇宙本體與倫理原則都集中體現於個體的人，而「心」正是人身之主宰。

王道理想落實到政治治理層面上，就是有孔子和孟子分別開創的儒家傳統的「仁」和「仁政」主張。因而「仁」的概念在胡氏思想觀念中，具有非常重要的地位，幾乎與「理」和「天理」同等重要的至高無上的本體意義。胡氏在「性理之學」日漸鼎盛的兩宋之際，作爲主流理學家，不可能不關注這些抽象的理學範疇和概念。但胡氏在《春秋傳》中較少談「性」而多講「仁」、「理」、「人理」、「天理」等。在胡氏的理念中，天理落實到人身上，體現在人們的日常行事之中，就是「人理」，而「人理」即是「仁」與「人心」，「天理根於人心」〔註48〕〔3〕，這樣就打通了「仁」與「理」之間的聯繫，使「仁」成爲了生命的基本原則。此「人心」與理學家所謂「人心惟危」的「人心」

〔註44〕 朱漢民，湖湘學派與湖湘文化，長沙：湖南大學出版社，2010，107。

〔註45〕 朱漢民，湖湘學派與湖湘文化，長沙：湖南大學出版社，2010，107。

〔註46〕 胡安國，春秋傳（卷二十四）‧昭公四年。

〔註47〕 朱漢民，湖湘學派與湖湘文化，長沙：湖南大學出版社，2010，109。

〔註48〕 胡安國，春秋傳（卷十一）‧僖公九年「冬，晉里克殺其君之子奚齊」條。

不同，而略與「道心惟微」的「道心」相類，是無不善的。因此，胡安國所
說的「仁，人心也」實際上還隱含了另外一個重要信息，即是對孟子「人性
善」之說的默認。胡氏沒有對人心進行善與惡、仁與不仁的區分，而「仁，
人心也」的命題實際上就是承認了「人心」的無不仁。換句話說，雖然胡氏
限於《春秋》不談抽象義理的文本特徵，其《春秋傳》沒有討論人性善惡的
問題，但其人心無不仁的思想傾向無疑表示了他對性善說的接受。胡安國之
子胡宏還曾說過：「先君子曰：『孟子道性善云者，歎美之辭，不與惡對。』」
（《胡氏知言疑義》，《朱子文集》卷七三）可以旁證胡安國對性善論的接受，
只是他在主張性善的同時，把「性」等同於所謂「本然者」，而超出了善惡
的對立階段或層次〔註49〕〔44〕，恰如朱熹所說：「他（胡安國）只說，本然
者是性，善惡相對者不是性」〔註50〕〔44〕，胡安國的「性」論是不完善的，
儘管如此，還是可以認為他傾向於性善論。而性善論，正是儒家王道思想的
人性論基礎，因為人性之善為王道和仁政的施行提供了可能性。而三代之治
之所以是王道政治，在胡安國看來，就是因為三代先王做到了以仁為心，正
所謂「三代之得失天下，仁與不仁而已矣。苟無仁心，甚則身弒國亡，不甚
則身危國削」〔註51〕〔3〕。

5.2.2　邏輯起點與歷史依據的統一

如果說「元」是胡安國王道政治理想的邏輯起點，那麼「三代之治」則
是其歷史依據。基於訓「元」為「仁」的思路，胡安國把三代視為其王道理
想政治秩序的歷史依據。這樣，胡氏王道政治理想的邏輯起點「元」與其歷
史依據「三代之治」緊密地聯繫在一起了。「理學家的主張，一方面是文化
的」，他們已經從歷史上找到了上古三代文明來作為自己王道理想的基礎，
「同時他們的主張又是哲學的」，因為三代的政治之所以成功，是「因為它
和生命的基本原則一致」〔註52〕〔84〕。「元」是天地之始，而「儒者不過把

〔註49〕 朱熹指出了胡安國性說的思想淵源，但他對胡安國的性論大致是不滿的，朱熹
　　　　謂：「他（胡安國）只說，本然者是性，善惡相對者不是性。豈有此理。然文
　　　　定又得於龜山，龜山得之東林常總。」（朱熹，朱子全書（第 17 冊）·朱子語
　　　　類（卷一○一），上海：上海古籍出版社，合肥：安徽教育出版社，2002，3393）。
〔註50〕 朱熹，朱子全書（第 17 冊）·朱子語類（卷一○一），上海：上海古籍出版社，
　　　　合肥：安徽教育出版社，2002，3393。
〔註51〕 胡安國，春秋傳（卷二十六）·昭公二十三年。
〔註52〕 參見包弼德，歷史上的理學，杭州：浙江大學出版社，2010，91。

理想放在歷史之開端」〔註53〕〔115〕，堯、舜、三代的王道仁政正是宋代儒者理想社會秩序的起點。因而在胡安國的《春秋傳》中，以「仁」訓「元」，也意味著爲宋儒心目中的理想社會政治形態——堯舜三代之治賦予了「元」的意義和價值。宋儒堅信，通過個人自身的內在道德修養，可以上達至「內聖」的境界，然後在治國平天下的外在事功行爲中，推行王道，即能實現內聖外王的合一。由於胡安國建構的以『元』爲核心的《春秋》學價值體系，將君主個人從正心到正朝廷百官乃至於天下安治太平的「內聖外王」之路貫入對《春秋》文本的詮釋中，認爲只要處於社會政治秩序金字塔頂端的君主能夠按照理學家設定的「內聖外王」之路提升個人的道德素養，就能使現實社會政治走上復歸三代的軌道〔註54〕〔214〕，因此，胡安國《春秋傳》中所呈現的三代王道理想政治模式在胡氏心目中，並非是一個外在於現實社會的遙不可及的幻象，而是一種「內在超越於現實社會的存在」。

　　胡安國訓「元」爲「仁」，也是爲了把對《春秋》進行經典詮釋的目光投向現實社會與政治關係領域，體現的是宋儒的「外王」向度；而把「元」解釋爲「心」，則是「將面向三代的價值指向深化至人的內在世界」〔註55〕〔214〕，體現的是宋儒的「內聖」向度。宋儒強調，外王以內聖爲根基，而內聖工夫的目的最終又指向外王的事功。胡安國的「正心」論正是遵循了這樣的思路。胡氏以仁訓元，又以人心釋仁，通過這兩個環節的溝通，來論述人主之心關乎天下安危治亂，正君心乃是正朝廷百官以至天下的根本。「仁，人心也」本是孟子提出的命題，胡氏承之，而「元即仁也」的命題則屬於胡安國的創新，把兩個命題連結起來，就得出「元」即「人心」的結論，意義在於揭示人主之心，乃是天下之治的根本與起點。胡安國的用意在於告誡帝王以仁爲心，心繫天下百姓，推行仁政和「德治」。他要求人主「體元」，實際上也就是要求君主在治國經世的活動中，以「仁」爲最高原則，能容議納諫、體察民心、守衛疆土等等，這都是本體之「元」的具體體現。他在《時政論》中還說：「凡爲國必以利不以義者，皆自小人始。謂其所見者小，不識大體，法所以弊也。」所謂「識大體」，也就是「體元」。質言之，就是要求君主在酬酢萬事、統理萬國的「心之用」中上達至「元」、「仁」、「心」合一的超越

〔註53〕 牟宗三，政道與治道，桂林：廣西師範大學出版社，2006，221。
〔註54〕 劉昆笛，胡安國《春秋》學思想研究，〔蘇州大學博士學位論文〕，2009，52。
〔註55〕 劉昆笛，胡安國《春秋》學思想研究，〔蘇州大學博士學位論文〕，2009，49。

本體。胡安國這種以人主之心爲天下治亂之根本的思想，成爲後來理學家的
基本共識。例如，朱熹即以帝王心術爲社會歷史發展的決定因素，是社會昌
盛或衰亂的根本原因，朱熹的王霸之辨亦是在建立在用這個觀點對歷史進行
省察的基礎之上。〔註 56〕〔220〕胡安國認爲，「元」是天地萬物之始，又是一
切自然法則與社會規範的根本依據，而心則是一身之本，國君之心，又是全
國政治秩序的根本。誠如學者所論，「從永恒存在的角度來說，『元』具備了
如『理』一樣的超越性」〔註 57〕〔214〕。人主之職在於「體元」，而「體元」的
途徑在於「正心」，「心者，身之本也。身者，家之本也。家者，國之本也。
國者，天下之本也。能正其心則朝廷百官萬民莫不一於正，安與治所由興也」
〔註 58〕〔3〕。人主的正心既是實現天下國家「安與治」的根本，又以天下國家
的「安與治」爲最終目的。胡安國把作爲天地之始的「元」稱爲「乾元」、「坤
元」，表達了對「正始」的重視，「正始」亦是《春秋》學的傳統，也符合儒
家傳統政治理論的基本思路。在「正始」思想的指引下，胡氏要求君主在執
政之始年就以三代聖王爲榜樣，開創一個王道政治的新局面。訓「元」爲「仁」，
是期待君王效法堯舜三代聖王，從春秋歷史上吸取政治經驗和教訓，實行王
道仁政；訓「元」爲心，則是要求君王克勝己私，履行王者職責，通過「正
心」而最終實現「安治」天下，建立一個理想的人間社會政治秩序，借用新
儒家一句話，就是要「從德性的覺醒恢復人的眞實心，人的眞性情、眞生命，
藉以恢復禮樂，損益禮樂，創制禮樂」〔註 59〕〔115〕。這也是胡安國《春秋傳》
中迴向三代之王道政治理想的實現途徑。當然，這所謂的「實現途徑」本身
仍然所具有的濃鬱的理想主義色彩，也正是胡安國王道政治理想的本色。

　　胡安國採用孟子之言，以「人心」來訓釋「仁」的思路得到了當時學者
的認同。程門高弟游酢也強調心的本體就是仁，他說：「孟子曰：『仁，人心
也。』則仁之爲言，得其本心而已。……仁，人心也，操之則爲賢，縱之則
爲聖，苟未至於縱心，則於博施濟眾未能無數數然也。」〔註 60〕〔44〕可以說

〔註 56〕關於朱熹以帝王心術爲社會歷史發展的決定因素的說法，參見張立文，朱熹
　　　　評傳，南京：南京大學出版社，2004，505～506。
〔註 57〕劉昆笛，胡安國《春秋》學思想研究，〔蘇州大學博士學位論文〕，2009，52。
〔註 58〕胡安國，時政論‧正心論，引自胡寅，斐然集（卷二十五）‧先公行狀，長沙：
　　　　嶽麓書社，2009，513。
〔註 59〕牟宗三，政道與治道，桂林：廣西師範大學出版社，2006，24。
〔註 60〕朱熹，朱子全書（第 1 冊）‧論孟精義，上海：上海古籍出版社，合肥：安徽

以「人心」訓「仁」，是宋儒比較普遍的思路。然而，胡安國通過「仁」訓「元」，再把「元」與「人心」連結起來的做法卻並不精當。「元即仁也」的思想雖然奠定了他有志於「三代之英」的王道政治理想的邏輯基點，但其論說卻並非十分完善。胡安國以「仁」訓「元」，又以「心」訓「仁」的說法從一開始就遭到了學者的質疑和詬病，例如楊時在給胡氏的書信中說道：「然意有所疑，義不敢默。姑試言之。所謂『元者，仁也；仁者，心也。《春秋》深明其義當自貴者始，故治國先正其心』，其說似太支離矣，恐改元初無此意。」〔註61〕〔57〕儘管楊時馬上把話鋒轉移到對胡氏「以夏時冠周月」之說的質疑，並沒有徹底否定「仁」在胡氏之學中的重要地位，但最後仍然委婉地希望胡安國重新考慮其關於《春秋》改元的解釋，他說：「鄙意如此，公試思之如何？如未中理，更希疏示，以開未悟。」〔註62〕〔57〕朱熹也對胡安國以仁訓元表示不解，他說：「《春秋傳》言：『元者，仁也；仁，人心也。』固有此理，然不知仁如何卻喚作『元』。」〔註63〕〔44〕後來朱熹的門人曾拿楊時提出的這個問題向朱熹請教，說：「胡文定說『元』字，某不能無疑。元者，始也，正所謂『辭之所謂太』也。今胡乃訓『元』為仁，訓『仁』為『心』，得無太支離乎？」朱熹答曰：「楊龜山亦嘗以此議之。胡氏說經，大抵有此病。」〔註64〕〔44〕不得不承認，胡安國雖是理學家，但其關於心、性、理等範疇的研究，尚未形成規範的理論體系，而且對心性之學的討論似乎也不擅長。大概是因為《春秋》畢竟與《周易》、《中庸》等哲理性很強的著作不同，它本身只是一部歷史典籍，在宇宙論、心性論等方面的資源相當缺乏，而胡安國的《春秋傳》也就不可能離開經文空談性理，離開歷史大談哲學。因為胡氏認為「空言獨能載其理，行事然後見其用」〔註65〕〔3〕，所以「我欲載之空言，不如見諸行事之深切著明也」。可見，「見諸行事」才是胡安國的學術興趣之所在。

　　因此，筆者認為非但不能以《春秋傳》疏於心、性、理等範疇的討論而

　　　　教育出版社，2002，414～415。

〔註61〕楊時，龜山集（卷二十）·答胡康侯其六，上海：上海古籍出版社，1987。

〔註62〕楊時，龜山集（卷二十）·答胡康侯其六，上海：上海古籍出版社，1987。

〔註63〕朱熹，朱子全書（第17冊）·朱子語類（卷八三），上海：上海古籍出版社，
　　　　合肥：安徽教育出版社，2002，2850。

〔註64〕朱熹，朱子全書（第17冊）·朱子語類（卷八三），上海：上海古籍出版社，
　　　　合肥：安徽教育出版社，2002，2847。

〔註65〕胡安國，春秋傳序。

苛責胡氏，恰恰相反，應當肯定的是，胡氏聯繫時政解經、以宋學義理詮釋春秋歷史的治學路子中體現了他的學術特色，即儒家義理與經世致用相結合。以「義理」解《春秋》者，無論是孟子還是兩漢公羊家，以及宋代孫復、程頤等等，無不倡導《春秋》經世說。但正如胡氏《春秋傳》是宋代《春秋》學的代表作一樣，胡安國的《春秋》經世說也是那個時代的代表。因爲形而上的宇宙本體與形而下的日用倫常、社會政治之間不可分割，胡安國並不認爲本體是宇宙化生之先的原始存在，又由於《春秋》作爲一部歷史典籍，所記載的都是春秋時期的治亂興衰之跡，所以胡氏在《春秋傳》中絕口不提「無極」、「太極」這類具有原始存在意義的本體概念，而總是大談治道，密切地聯繫歷史上的興亡成敗之經驗教訓。正如朱漢民教授所論，在胡安國看來，「《春秋》之義」不是直接以抽象、玄遠的宇宙論的哲學形式體現出來，而是以活生生的社會生活、政治活動的歷史形式體現出來。因此，胡安國認爲「《春秋》之義，見諸行事，垂訓將來」。胡安國在《春秋傳》中闡揚「天無二王」、「尊無二上」的「《春秋》大一統」之義，就是服務於宋代加強中央集權的現實政治；其「尊王攘夷」之義，也是以鼓勵高宗堅持抗金、銳意復仇爲現實目的；而胡氏用力最多的是對君臣父子夫婦倫理綱常的論證，更是由於佛老衝擊和唐末五代戰亂而導致的人心渙散、綱紀衰頹，欲以復興儒學爲旗幟，重建理想的王道政治秩序，達到「治國平天下」的目的。總之，他所闡發的《春秋》之義，無不由於現實的需要，也無不出於理想的追求。這種學術特色，「一方面是爲了復興儒家倫理主義文化，而另一方面，則也是爲現實的經世致用所需」〔註66〕〔73〕。現實社會的「世衰道微」使他感到復興儒學的迫切需要，而復興儒學的文化運動，目的正在於實現其經邦濟世的理想。這樣，胡安國的《春秋傳》就把心性義理之學與經世致用之學很好地結合在一起，這對於矯正當時空談心性的學術弊端，具有很大的貢獻。同時，胡氏《春秋傳》將儒家義理與經世致用相結合的治學風格，奠定了湖湘學派的學術傳統，胡氏之後，「不僅胡氏子弟們皆有『以理學經世』的獨特風格，湖湘學的第三代大師張栻及其弟子們還進一步將此傳統發揚光大，並對明清時期的湖南學人產生影響」〔註67〕〔73〕。

〔註66〕朱漢民，湖湘學派與湖湘文化，長沙：湖南大學出版社，2010，109。
〔註67〕朱漢民，湖湘學派與湖湘文化，長沙：湖南大學出版社，2010，111。

5.3　王霸義利之辨：王道理想政治的價值取向

追求王道理想政治的實現，本是孔、孟以來儒家的傳統，但秦漢以下，一直表現得比較「潛幽不明」，到宋代才得到了儒者空前廣泛而長久的響應。在漢代，治國思想是霸王道雜之，是「外儒內法」。漢唐的政治功業，在宋儒看來都不是純粹的王道，而更多的是霸道，因而並不被看重。宋儒所期待的理想政治，並不是漢唐時代的輝煌事功，而是超越於漢唐之上的「三代之治」。王霸義利之辨在宋代由於特殊的政治社會背景，表現得尤其激烈。胡安國等宋代主流理學家立足於宋代的基本國情，批評漢唐以霸道為主的治國方式，反思宋初曾經嘗試而遭挫折的開邊政策，高唱尊王賤霸重義輕利的價值取向原則，從而把推行王道視為迴向「三代之治」的道路。

5.3.1　尊王賤霸

就《春秋》經傳中文字的基本意義而論，「王」指一統天下的周天子，而「霸」又稱為伯，是指稱霸的大國諸侯。在中國思想史上，「霸」這個字最初並不包含貶義。「霸」的本意，據《說文》及王國維的考證，指每月初見之月。後來「霸」假借為「伯」，指古代諸侯聯盟的盟主，如春秋五霸。從這個意義上來講，「尊王賤霸」亦即尊王室而抑諸侯，尊重周天子的權威。王道與霸道還是兩種不同的統治方式和政治理想。儒家提倡王道，反對霸道。法家則提倡霸王之道。在孟子之前，王與霸並沒有明顯的對立，孟子高舉尊王賤霸的旗幟，對王、霸做了明確的區分併將兩者對立起來，使王霸之間有了高下美惡之分。到宋代，王霸之辨又演變為社會歷史觀的爭論。

王霸義利之爭在國家處於分裂戰爭時期，或者對治國方略進行重大調整的時候，往往尤為激烈。胡安國所處的兩宋之際，正是宋代社會矛盾與民族矛盾空前激化的階段。看似繁榮的北宋王朝在金軍打擊之下頃刻間轟然崩潰。南宋政權在奔走流離中勉強建立，嚴重的社會矛盾和統治危機並沒有得到化解。內外交困的苦局中，南宋政權向何處去？這為每個有社會責任感的儒家士大夫所深切關注。仁宗、神宗時期所努力追求而終於失敗的王道政治理想的火花重新在儒者心中燃起。重建王道理想秩序又成為南渡儒者的願望。王霸義利之辨就在這個特殊的歷史時期成為時代的主要話題，在士大夫中間廣泛而熱烈地討論著。就連臭名昭著的秦檜也與高宗大談王霸之道，據史冊記載：「上（高宗）又曰：『為政之要，在辨忠邪，此治亂所由分也。』

秦檜曰：『書生喜論王霸，臣謂推誠任德，是爲儒學，施於有政，是爲王道；挾術任數，是爲雜學，施於有政，是爲霸道。』上以爲然」〔註68〕。儘管南宋的王霸義利之辨，直到孝宗淳熙九年（1182）至光宗紹熙四年（1193）之間在朱熹和陳亮的對話與交鋒中才達到白熱化的程度，但爭論實際上是北宋王霸義利之辨的延續，在兩宋之際就已相當熱烈。南宋初期的王霸義利之辨當數胡安國的《春秋傳》影響最大。有學者指出：「胡安國的《春秋傳》深入探討了這個問題（指王霸之辨），可以說是開啓了朱熹與陳亮二人的王霸之辨。」〔註69〕〔214〕

（1）胡安國對王道與霸道的區分

關於王道與霸道的區別，胡安國從以下幾個方面進行了探討。

其一，王者扶弱抑強，霸者以強臨弱。

莊公三十年「秋七月，齊人降鄣」，《胡傳》曰：

> 降者，脅服之詞。前書郕降於齊師，意責魯也。此言齊人降鄣，專罪齊也。鄣者，紀之附庸，微乎微者也。齊人不道，肆其強力，脅使降附。不書鄣降而曰降鄣者，以齊之強，故罪之深，以鄣之微，故責之薄。《春秋》之法，扶弱抑強，明道義也。霸者之政，以強臨弱，急事功也。故曰：「五伯，三王之罪人。仲尼之徒，無道桓文之事者。」〔註70〕〔3〕

「扶弱抑強」與「以強臨弱」都只是兩種不同的具體行爲，尚不堪稱之爲「道」，但胡安國在解釋中略作擴展，把「扶弱抑強」與「道義」聯繫起來，又把「以強臨弱」視爲「急事功」的表現，這就使「扶弱抑強」與「以強臨弱」的差異變成了「道義」與「事功」的對立。

需要強調的是，胡氏把「急事功」歸於「霸者之政」，而將「明道義」歸於《春秋》之法，原本是王道與霸道的對立，變成了「《春秋》之法」與「霸者之政」的對立，顯然，胡安國把《春秋》之法與「王道」等同起來了。可見胡安國認爲「《春秋》之法」就是要彰顯「王道」，或者說，在胡氏看來，「王道」也就是《春秋》的基本精神，也是其《春秋傳》的思想主題之一。

其二，王道崇德，霸道尚力。

〔註68〕宋史全文（卷二十一中）‧宋高宗十四，文津閣四庫全書本。
〔註69〕劉昆笛，胡安國《春秋》學思想研究，〔蘇州大學博士學位論文〕，2009，88。
〔註70〕胡安國，春秋傳（卷九）。

宣公十年，「晉人、宋人、衛人、曹人伐鄭」，《胡傳》曰：

> 按《左氏》：鄭及楚平，諸侯伐鄭，取成而還。其稱人，貶也。鄭居大國之間，從於強令，豈其罪乎？不能以德鎮撫，而用力爭之，是謂五十步笑百步，庸何愈於楚？自是責楚益輕，罪在晉矣。
> 〔註71〕〔3〕

如果說王道的本質是「以德服人」，那麼霸道的本質就是「以力服人」，前者是一種引導，後者則是一種壓迫，後者是對前者的破壞和否定。胡安國認為，上年楚國固然是以重兵臨鄭，強暴中國，但晉人此番伐鄭的行為，也是奮力而爭，而不是以德服人，與楚國的行為並無本質的差別。

當然，胡安國並沒有明確否認「力」在王道政治中的重要性。胡安國雖然指出了王道崇德、霸道尚力的王霸之別，卻也留下了相當大的再解釋的空間，後來儒者如朱熹的王霸之辨，就沿著他的思路進一步做了發揮與擴充。實際上，「王與霸的對立，並非簡單地基於德與力的互相排斥，而是基於德可以兼力，而力不可以兼德的理論之上」〔註72〕〔155〕。恰如朱熹所說的，「有道德，則刑政乃在其中，不可道刑政不好，但不得專用刑政耳」〔註73〕〔44〕。要言之，朱熹認為，「王道尚德，力在其中；霸道尚力，卻失落了德」〔註74〕〔155〕，這就等於為胡安國的意見做了一定的修正。

其三，王道重文德，霸道好武功。

莊公三十年「齊人伐山戎」，胡安國說：

> 齊人者，齊侯也。其稱人，譏伐戎也。自管仲得政，至是二十年，未嘗命大夫為主將，亦未嘗與大眾出侵伐，故魯莊十一年而後，凡用兵皆稱「人」者，以將卑師少爾。今此安知其非將卑師少，而獨以為齊侯，何也？以來獻戎捷稱齊侯，則知之矣。夫北戎病燕職貢不至，桓公內無因國，外無從諸侯，越千里之險，為燕辟地，可謂能修方伯連帥之職，何以譏之乎？桓不務德，勤兵遠伐。不正王法以譏其罪，則將開後世之君勞中國而事外夷，舍近政而貴遠略，困吾民之力，爭不毛之地，其患有不勝言者，故特貶而稱人，以為

〔註71〕胡安國，春秋傳（卷十七）。

〔註72〕趙峰，朱熹的終極關懷，上海：華東師範大學出版社，2004，328。

〔註73〕朱熹，朱子全書（第18冊）・朱子語類（卷一三三），上海：上海古籍出版社，合肥：安徽教育出版社，2002，4166。

〔註74〕趙峰，朱熹的終極關懷，上海：華東師範大學出版社，2004，328。

好武功而不修文德者之戒也。然則伐楚之役何以美之？其謂退師召
陵，責以大義，不務交兵，而強楚自服乎。觀此可以見聖人強本治
內，柔服遠人之意矣。〔註75〕〔3〕

胡安國對霸道的認識包括三點：霸道的基礎是暴力；霸道的特徵是強制和壓
迫，卻披著仁義的外衣；霸道是一種不道德的統治方式，必然為民眾所反對。

　　王道並非絕對地排斥「武功」。湯武革命，放伐暴君，本身也是一種「武
功」，只是商湯與周武王的革命都被納入王道的範圍，他們之所以合法並取得
成功，主要原因都不在於其武力之強大，而在於他們的道德之高尚，因而是
「天理之所在」與「天命之所歸」。同時，桀、紂的暴行早已表明他們已經偏
離了作為天子的「王道」，「文王之時，紂為天子，賦斂無度，殺戮無止，康
梁沉湎，宮中成市，作為炮烙之刑，刳諫者，剔孕婦，天下同心而苦之。文
王四世累善，修德行義，處岐周之間，地方不過百里，天下二垂（錢逸吉按：
《太平御覽》『垂』作『分』）歸之。文王欲以卑弱制強暴，以為天下去殘除
賊而成王道。」〔註76〕〔221〕周武王繼承文王之志，完成伐紂大業，在儒家看
來正是「為天下去殘除賊」，因而成就了他的「王道」，也成就了為後世所稱
頌並嚮往的「王道」社會秩序。

　　其四，王者語道義，霸者言功利（事功）。

　　僖公二年「春，城楚丘」，《胡傳》曰：

　　　　桓公封衛，而衛國忘亡，其有功於中華甚大，為利於衛人甚博，
　　宜有美詞發揚其事。今乃微之若此者，正其義不謀其利，明其道不
　　計其功，略小惠存大節，《春秋》之法也。故曰：五伯，三王之罪人。
　　仲尼之徒，無道桓文之事者。〔註77〕〔3〕

關於僖公二十八年的晉楚城濮之戰，《胡傳》曰：

　　　　楚雖請戰，而及在晉侯，誅其意也。荊楚恃強，憑陵諸夏，滅
　　黃而霸主不能恤，敗徐於婁林而諸大夫不能救，執中國盟主而在會
　　者不敢與之爭，今又戍谷逼齊，合兵圍宋，戰勝中國，威動天下，
　　非有城濮之敗，則將南折而入楚矣，宜有美辭稱揚其績，而《春秋》
　　所書如此其畧，何也？仁人明其道不計其功，正其義不謀其利。文

〔註75〕　胡安國，春秋傳（卷九）・莊公三十年。
〔註76〕　諸子集成（第8冊）・淮南子注，長沙：嶽麓書社，1996，369。
〔註77〕　胡安國，春秋傳（卷十一）。

公一戰勝楚，遂主夏盟。以功利言，則高矣；語道義，則三王之罪
人也。〔註78〕〔3〕

這一區別實際上與前面三條之間都是彼此緊密相聯的。道義和事功的對立是
王霸之辨的根本性衝突。董子首倡的「正其義不謀其利，明其道不計其功」
成爲歷代正統儒家所堅持的基本評價原則，胡安國亦是其中一個。

在胡安國看來，王道和霸道的評價法則不只適用於天子，也適用於諸侯
國君，王道的執行主體包括天子和諸侯尤其是大國諸侯。天子治理天下而符
合天理，固是王道，諸侯能做到至公而「無一毫之私心」，也是王道。如果諸
侯出於功利之心，而聯合一些諸侯國去攻打其它諸侯國，那就是霸道。

胡安國《春秋傳》的王霸之辨主要體現在他對春秋霸主及其行事的評判
上，其尊王賤霸的價值取向在對齊桓公的兩面評價上表現得很充分。當齊桓
公的行爲符合王道的時候，胡安國就會表示稱讚，而當其行爲是典型的霸道
行爲之時，胡氏則毫不猶豫給予貶責。例如：僖公四年「春，王正月，公會
齊侯、宋公、陳侯、衛侯、鄭伯、許男、曹伯侵蔡，蔡潰，遂伐楚，次於陘」，
《胡傳》曰：

潛師掠境曰侵。侵蔡者，奇也。聲罪致討曰伐。伐楚者，正也。
遂者，繼事之詞，而有專意。次，止也。楚貢包茅不入，王祭不共，
無以縮酒，桓公是征，而楚人服罪，師則有名矣。孟子何以獨言《春
秋》無義戰也？譬之殺人者，或曰：人可殺歟？曰：可。孰可以殺
之？曰：爲士師則可以殺之矣。國可伐歟？曰：可。孰可以伐之？
曰：爲天吏則可以伐之矣。楚雖暴橫，憑陵上國，齊不請命，擅合
諸侯，豈所謂爲天吏以伐之乎？《春秋》以義正名，而樂與人爲善。
以義正名，則君臣之分嚴矣。書遂伐楚，譏其專也。樂與人爲善，
苟志於善，斯善之矣。書「次於陘」、「楚屈完來盟於師，盟於召陵」，
序其績也。〔註79〕〔3〕

這是對齊桓行霸道的譏貶。齊桓公聯合諸侯討伐楚國，表面上看是師出有名，
因爲「楚貢包茅不入」。然而胡氏並不認爲齊桓公對楚國的軍事行動是正當而
合法的，因爲「禮樂征伐自天子出」，齊桓如果是「天吏」才有征伐他國的權
利，所謂「天吏」，是指奉受周天子之命的大臣或諸侯。齊桓公在沒有向周天

〔註78〕胡安國，春秋傳（卷十三）。
〔註79〕胡安國，春秋傳（卷十一）·僖公四年。

子請命的前提下，就擅自聯合諸侯討伐楚國，在胡安國看來是有悖於君臣大義的非正義行為。齊桓公這次行動顯然是「以力假仁」，名義上似乎是在「尊王攘夷」，實際上卻正好是對「尊王」大義或君臣大義的踐踏。

當齊桓公的行為表現出王道風範時，胡安國就向他致以讚美之詞。同年「夏，楚屈完來盟於師，盟於召陵」，胡氏說：

> 盟於召陵，序桓績也。桓公帥八國之師，侵蔡而蔡潰，伐楚而楚人震恐，兵力強矣。責包茅之不貢，則諾；問昭王之不復，則辭。徵與同好，則承以寡君之願；語其戰勝攻克，則對以用力之難。然而桓公退師召陵，以禮楚使，卒與之盟而不遂也。於此見齊師雖強，桓公能以律用之而不暴；楚人已服，桓公能以禮下之而不驕，庶幾乎王者之事矣。故《春秋》之盟，於斯為盛，而楊子稱之曰：「齊桓之時緝，而《春秋》美召陵。」是也。〔註80〕〔3〕

胡安國借楊子之意表達了他對齊桓行王道的贊許。桓公以八國之師伐楚，此強彼弱，但桓公能夠「以律用之而不暴」，退師召陵，禮遇楚使屈完，並與之定下盟約，這在胡安國看來，完全符合王道，是「庶幾乎王者之事」。本來盟會不為《春秋》所貴，胡安國亦嘗謂「凡書盟者，惡之」〔註 81〕〔3〕，而召陵之盟卻因桓公「庶幾乎王者之事」而獲得了胡安國的稱美。次年的首止之盟，也被胡安國稱為「美之大者」，也是因為桓公「一舉而君臣父子之道皆得焉」〔註 82〕〔3〕。首止之盟的起因是「王（周惠王）將以愛易世子，桓公有憂之，控大國，扶小國，會於首止，以定其位」〔註 83〕〔3〕，實際上桓公是聯合諸侯威脅周天子，迫使其放棄「以愛易世子」即更換繼承人的計劃，表面上看桓公的行為是無君臣之禮，但本質上卻是更高層次的對王者之道的維護，因為周惠王作為天子，本身就應恪守固有的王者之道，而不應因個人喜好而隨意更換儲君。

（2）胡氏對《孟子》王霸之辨的發揚

胡安國的王霸之辨深受《孟子》的影響。自孟子以來，「王」、「霸」作為兩種典型的政治模式，已逐漸獲得了某種固定的含義。從概念外延來看，「王」

〔註80〕胡安國，春秋傳（卷十一）‧僖公四年。
〔註81〕胡安國，春秋傳（卷一）‧隱公元年「九月及宋人盟於宿」條。
〔註82〕胡安國，春秋傳（卷十一）‧僖公五年「秋八月，諸侯盟於首止」條。
〔註83〕胡安國，春秋傳（卷十一）‧僖公五年「秋八月，諸侯盟於首止」條。

指三代聖王及其治國的政治模式,「霸」指春秋五霸及其政治模式;從道義的原則來衡量,王霸之間根本對立。而胡安國作爲理學家,完全站在道義的立場,推崇王道而貶黜霸道。胡氏引用頻率最高的經典文獻就是《孟子》所謂「五伯,三王之罪人也,仲尼之徒,無道桓、文之事者」一句。五伯即五霸,而齊桓、晉文則是五霸中霸業最爲顯赫者。他們何以是三王的罪人呢?因爲三王所代表的就是王道,以齊桓、晉文爲代表的五霸建立霸業的過程和手段,都或多或少地破壞了王道的規範和要求。胡安國的王霸之辨,也就在對齊桓、晉文霸業的評價中展開。

試析在胡安國的視野中,齊桓、晉文等霸主成爲「三王」或王道「罪人」的原因。莊公九年「九月,齊人取子糾,殺之」,《胡傳》曰:

> 取者,不義之辭。前書納糾,不稱子者,明不當立也。此書殺糾,復稱子者,明不當殺也。或奪或予,於義各安,《春秋》精意也。仁人之於兄弟,不藏怒焉,不宿怨焉,親愛之而已。糾雖爭立,越在他國,置而勿問可也。必請於魯,殺之然後快於心,其不仁亦甚矣。後世以傳讓爲名,而取國者必殺其主,以爲一人心,防後患,意與此同,流毒豈不遠哉。故孟子曰:「五伯,三王之罪人也。仲尼之徒,無道桓文之事者。」〔註84〕〔3〕

取公子糾而殺之,這是桓公小白爭奪君位過程中的一件大事。糾與小白,兄弟爭立,至於相殘,歷來聚訟紛紜。在二人之間哪個「當立」的問題上,胡安國是支持小白的,他盡棄諸儒之說,而單承伊川之解,認爲糾是弟,而小白是兄,比糾更具繼承國君之位的合法性。魯莊公納糾而立,胡安國認爲糾「不當立」,而主張「以小白係齊者,明小白宜有齊也」〔註85〕〔3〕。然而,胡安國對齊小白通過殺弟而奪取君位的手段表達了不滿。以王者之道,「仁人之於兄弟」,應當「不藏怒焉,不宿怨焉,親愛之而已」,而桓公竟然取而殺之,「取」已爲「不義之辭」,「殺」則更爲不仁,桓公可謂不仁不義甚矣,且流毒後世,給後世兄弟爭奪手足相殘至於斬盡殺絕提供了藉口。因此,齊桓之立,「不仁不義」。

齊桓公的稱霸過程和手段也爲胡安國所惡。莊公十三年「夏六月,齊人滅遂」,胡安國說:

〔註84〕胡安國,春秋傳(卷八)‧莊公九年。
〔註85〕胡安國,春秋傳(卷八)‧莊公九年「夏,公伐齊納糾,齊小白入於齊」條。

－204－

滅國之與見滅，罪孰爲重？取國而書滅，奪人土地，使不得有
其民人，毀人宗廟，使不得奉其祭祀，非至不仁者，莫之忍爲。見
滅而書滅，亡國之善詞，上下之同力也。其亦不幸焉爾。《語》有之
曰：「興滅國，繼絕世，天下之民歸心焉。」今乃滅人之國，而絕其
世，罪莫重矣。「齊人滅遂」，其稱人，微者爾。凡書滅者，不待再
貶而惡已見。〔註86〕〔3〕

齊桓公雖然打著「尊王攘夷」的旗號，但他的霸業實際上是建立在對其它諸
侯國的武力征服基礎之上的。「遂」就是齊桓所滅諸侯國中的一個。王者之道
本來應當「興滅國，繼絕世」，但齊桓公反其道而行之，滅人之國，爲「不仁
者」之至。因此，胡安國對齊桓公的霸道基本上是持否定態度的。

　　春秋五霸的霸業成就似乎都離不開征伐攻戰，都是打著「尊王攘夷」的
幌子爲了自己的霸業和利益而戰，正如孟子所謂「以力假仁者霸，霸必有大
國」〔註87〕。後來楚莊王的霸業也是建立在滅人之國的基礎上。宣公十二年
「冬，十有二月戊寅，楚子滅蕭」，胡安國說：

孟子曰：「以力假仁者伯，伯必有大國。」楚莊蓋以力假仁，不
能久假而遽歸者也。建萬國，親諸侯者，先王之政；興滅國，繼絕
世者，仲尼之法。今乃滅人社稷而絕其祀，亦不仁甚矣。蕭既滅亡，
必無赴者，何以得書於魯史？楚莊縣陳入鄭，大敗晉師於邲，莫與
校者，不知以禮制心，至於驕溢克伐，怨欲皆得行焉。遂以滅蕭告
赴諸侯，矜其威力，以恐中國耳。孟子定其功罪，以五伯爲三王之
罪人。《春秋》史外傳心之要典，推此類求之，斯得矣。

楚莊滅人之國不仁已甚，其「以力假仁」，「矜其威力，以恐中國」的稱霸手
段是胡安國所深惡痛絕的。

　　以上是齊桓、楚莊的事跡，再看晉文公的爭霸活動。僖公二十八年「三
月丙午，晉侯入曹，執曹伯畀宋人」，《胡傳》曰：

古者覿文匿武，修其訓典，序成而不至，於是乎有攻伐之兵。
故孟子謂萬章曰：子以爲有王者作，將比今之諸侯而誅之乎？其教
之不改，而後誅之乎？曹伯，嬴者，未狃晉政，莫知所承，晉文不
修詞令，遽入其國，既執其君，又分其田，暴矣。欲致楚師與之戰，

〔註86〕胡安國，春秋傳（卷八）・莊公十三年。
〔註87〕孟子・公孫丑上。

　　而以曹伯畀宋人，譎矣。雖一戰勝楚，遂主夏盟，舉動不中於禮，
　　亦多矣。徒亂人上下之分，無君臣之禮，其功雖多，道不足尚也。
　　故曰：五伯，三王之罪人。仲尼之徒，無道桓文之事者。〔註88〕〔3〕

晉文公雖然成就了很大的功業，但胡氏認爲「其功雖多，道不足尚」，功再
多，也不能彌補道的缺失，這就是傳統儒家非功利主義的價值觀。在胡安國
看來，王道並非絕對地排斥功利，所反對的是不以「道」爲根基的事功。換
句話說，王道亦追求「外王」的事功，但強調必須以內聖之道爲根基，在道
義至上的價值信仰立場之上，來成就「立人達人、博施濟眾」的外王事功。
如果沒有內聖之道的根基，即使再大的事功，也不值得稱道了。胡安國認爲
晉文既「暴」又「譎」且「舉動不中於禮」，「無君臣之禮」，即是缺乏內在
的道德根基，一言以蔽之，則無道矣。此處所謂「道」就是指「王道」而言
的。

（3）胡安國王霸之辨的特點

　　胡安國王道政治理想雖然以尊王賤霸爲基本的價值取向，但他似乎並未
把王道與霸道絕對對立起來，而是在一定的條件下也表示了對霸道的容忍和
接受。這是胡安國王霸之辨的最大特點。胡安國《春秋》學中有一對重要概
念：「經」與「權」，可以解釋他對王道的追求與對霸道的部分接受。

　　所謂「經」，就是「常」，是一種具有至上性的原則，而所謂「權」則是
指在具體條件下的具體問題具體分析，也可以說是靈活性。對王道的追求，
是「經」，是儒者心中的理想，具有一般原則性的色彩；而對霸道的接受，
就是「權」，是儒者面臨的現實，具有具體靈活性的色彩。理想與現實，總
是充滿矛盾地糾纏在一起。堅持理想的同時，必須立足於現實，面對現實，
又時刻高揚理想的風帆，這就是傳統儒家政治思想的一大特徵。胡安國的王
霸之辨就體現了這種理想主義與現實主義的調和、折中。在其《春秋傳》中，
胡安國一方面對齊桓公等霸主的霸道行爲表示了譴責，另一方面，也對桓公
霸道行爲中的王道向度及後果表示了肯定。例如，莊公十三年的北杏之會，
《胡傳》說：

　　　春秋之世，以諸侯而主天下會盟之政，自北杏始。其後宋襄、
　　　晉文、楚莊、秦穆交主夏盟，跡此而爲之者也。桓非受命之伯，諸
　　　侯自相推戴以爲盟主，是無君矣。故四國稱人，以誅始亂，正王法

───────────────
〔註88〕胡安國，春秋傳（卷十三）。

也。齊侯稱爵，其與之乎？上無天子，下無方伯，有能會諸侯安中
國而救民於水火，則雖與之，可也。誅諸侯者，正也。與桓公者，
權也。〔註89〕〔3〕

胡安國首先對齊桓公由諸侯相推戴而成為盟主的「無君」行為進行了批評，
這是「文不與」。隨後，胡氏又因齊桓公「能會諸侯安中國，而救民於水火」，
而認為「雖與之可也」，這是「實與」，只是這種「實與」帶有「權宜」的色
彩，是不得已而「與之」。因為本應由天子來完成的「安中國」與「救民於
水火」職責是符合王道正義的價值取向的。北杏之會是齊桓公稱霸的開端，
胡氏稱為「始伯之辭」，避免了使用帶有貶義色彩的「霸」字。說明胡氏對
齊桓公心存贊許之意。胡安國在堅持「尊王」大義的同時，又不得不對方伯
霸主做出讓步，因為只有他們才具備「安中國」、「攘夷狄」、「救民於水火」
的實力。

　　胡氏對霸道的「權與」在一定的歷史條件下，還表現為對霸主行使「方
伯連帥之職」的期待。這實際上是胡安國王道政治理想在現實中的妥協。所
謂「方伯連帥之職」，大意是指具有「霸主」地位的地區性大國有責任維護
所在地區其它諸侯國的政治秩序和國家安全，當有國家發生內亂如臣弒君等
事件之時，就應聯合其它諸侯出兵征討亂臣賊子；當有夷狄進犯周邊國家
時，也應聯合其它諸侯率兵抵禦。根據胡安國的尊王思想與王道理想，這種
責任原本是應該由周天子來承擔的。但是天子失道，王綱解紐，王室自顧尚
且不暇，無力干預諸侯國的政事，也無力抗擊夷狄的侵擾。「禮樂征伐自天
子出」乃是胡安國所追求的王道理想。然而，現實中的周天子既缺乏這種實
力，也不具備王者的最高道德。理想與現實之間存在巨大的落差，在這種歷
史條件下，胡氏在感歎王道不行的同時，也不得不對方伯霸主寄以希望。例
如：桓公七年「夏，穀伯綏來朝，鄧侯吾離來朝」，《胡傳》謂：「桓弒隱公
而立，雖方伯連帥環視而未之恤，猶有望也。及穀、鄧二國自遠來朝，則天
下諸侯莫有可望者矣，故七年穀伯、鄧侯各書其名，而去秋多二時，以見諸
侯之不復能修其職也」〔註90〕〔3〕。又如：僖公十二年「夏，楚人滅黃」，胡
安國說：「其書滅者，見蠻荊之強，罪諸夏之弱，責方伯連帥之不修其職」
〔註91〕〔3〕，這是責怪齊桓公不能以霸主地位率領諸侯抵禦楚國對黃國的侵

〔註89〕胡安國，春秋傳（卷八）・莊公十三年。
〔註90〕胡安國，春秋傳（卷五）・桓公七年。
〔註91〕胡安國，春秋傳（卷十二）。

擾。再如：僖公三十年「夏，狄侵齊」，胡安國說：「《詩》不云乎：『戎狄是
膺，荊舒是懲。』四夷交侵，所當攘斥，晉文公若移圍鄭之師以伐之，則方
伯連帥之職修矣。」〔註92〕〔3〕此時的晉文公正稱霸主，且與鄭國交戰，「狄」
乘機侵擾齊國，胡安國就將「攘夷」責於晉文，可惜文公並未履行這一「方
伯連帥之職」。胡氏之後，趙鵬飛接著胡氏之解而歎息道：「文公剛毅果敢有
過於齊桓，惜其老而力有所不逮也。」〔註93〕〔222〕

胡安國不僅對齊桓、晉文責以「方伯連帥之職」，對大國霸主之後繼者，
也寄託了同樣的期待。例如：昭公二十六年「夏，公圍成」，《胡傳》說：「書
公圍成，則季氏之不臣、昭公之不君、齊侯之不能修方伯連帥之職，其罪咸
具矣。」〔註94〕〔3〕齊景公作為霸主之後、大國之君，對於其它諸侯國負有
「方伯連帥」的責任；再如：昭公二十九年，「齊侯使高張來唁公」，胡安國
說：「遣使來唁，淺事也，亦書於經者，罪齊侯不能修方伯連帥之職也。……
昭公見逐出奔，而齊莫之討，淹恤日久，而齊莫之納」〔註95〕〔3〕，魯昭公
為季孫意如所逐，而居於鄆，胡安國認為，齊景公「不能陳師境上，討意如
逐君之罪，而遣使唁公，豈得禮乎？」〔註96〕〔3〕則是要求景公履行霸主職
責，維護和穩定周邊國家與地區的秩序。這些事例足以證明，胡氏對霸道和
諸侯霸主並非持完全否定和排斥的態度。

胡安國對霸道的「權與」的思想，也是從儒家傳統思路中繼承而來的。
在五經與《論語》等先秦儒家經典文本中，雖然尚未出現王霸之辨的概念，
但並不意味著沒有討論過王霸之辨的內容。例如，關於推行仁政與武力征伐
的對立問題。在《春秋》與《論語》這兩部與孔子關係最為密切的經典中，
對霸道的評價表現出一種表面上看來是互相矛盾而實際上卻是一致的態
度。《春秋》尊王抑霸，認為「仲尼之徒，無道桓、文之事」。而《論語》卻
對春秋時期霸道的典型——齊桓公和管仲，表示了極大的肯定和讚揚。《憲
問》篇記載：「子路曰：『桓公殺公子糾，召乎死之，管仲不死。』曰：『未
仁乎？』子曰：『桓公九合諸侯，不以兵車，管仲之力也。如其仁，如其仁。』
子貢曰：『管仲非仁者與？桓公殺公子糾，不能死，又相之。』子曰：『管仲

〔註92〕胡安國，春秋傳（卷十三）・僖公三十年。
〔註93〕引自春秋三傳，上海：上海古籍出版社，1987，202。
〔註94〕胡安國，春秋傳（卷二十六）。
〔註95〕胡安國，春秋傳（卷二十六）。
〔註96〕胡安國，春秋傳（卷二十六）。

相桓公，霸諸侯，一匡天下。民到於今受其賜。微管仲，吾其被髮左衽矣。
豈若匹夫匹婦之爲諒也，自經於溝瀆而莫之知也。』」〔註97〕顯然，孔子對
管仲的稱許，是基於對齊桓公霸業的肯定，而管仲是大有功於齊桓公的霸業
的。由此可見，孔子雖然尊王賤霸，但也並不絕對排斥霸道。這種對霸道的
近乎矛盾的態度，也就是公羊學所謂的「實與而文不與」〔註98〕。這是一種
退而求其次的選擇。荀子繼承孟子的王道思想，但又用法來揚禮，重王道而
不反霸道，他說：「隆禮尊賢而王，重法愛民而霸」(《天論》)，又說：「義立
而王，信立而霸」(《王霸》)，霸道被置於與王道平等的地位上。王道固然是
儒者的最高追求，「天下有道則禮樂征伐自天子出」是儒者理想的政治秩序。
但是當王綱解紐，大道不存，天子無力維持正常統治秩序的情況下，有霸者
出來，以天子的名義號召諸侯，代行天子之職，維持天下秩序，總比連霸主
都沒有、天下政治完全失序的局面要強。這樣，霸道的成果之中也就體現出
一種王道的向度：天子的名義猶在、華夏的文明尚存。正如宋鼎宗所說的「蓋
文不與者，存千古王道之統緒，實與者，急救中國於危亡是也」〔註99〕〔128〕。
顯然，傳統儒家此種對於霸道的「實與而文不與」的態度，也被胡安國等宋
代儒者所繼承。

　　通過以上論述可以發現，在胡安國的思想中，形成了「德──義──王
道」和「力──利──霸道」相對立的概念體系。在王道與霸道的對立中，
胡安國的基本取向是選擇了王道，因爲深受儒者美稱並嚮往的三代之治就是
王道政治的典範，而恢復三代之治又正是胡安國等宋儒重建合理的政治社會
秩序的參照標準。在建設理想社會的探索中，王道就是通向三代聖王境界的
必由之路，而霸道由於其固有的功利主義傾向，更容易把現實社會中的人們
引入私欲爭奪的歧路，注定了不可能實現儒家理想的堯舜三代之治。王道注
重的是道德動機，而霸道注重的是事功利益，「理學家警告，從結果去判斷一
個行動的價值，是把利益作爲衡量道德的標準，從道德動機出發，則是根據
自己的本性與本心行動，同時人們不需要擔心後果，因爲上古三代的成就已

〔註97〕論語・憲問。

〔註98〕《公羊傳》傳公二年「城楚丘」：曷爲不言桓公城之？不與諸侯專封也。曷爲
　　　　不與？實與而文不與。文曷爲不與？諸侯之義，不得專封，諸侯之義不得專
　　　　封，則其曰實與者何？上無天子，下無方伯，天下諸侯有相滅亡者，力能救
　　　　之，則救之可也。

〔註99〕宋鼎宗，春秋宋學發微，臺北：文史哲出版社，1986，190。

經證明了這麼做最終會成就一個和諧與有序的社會」〔註 100〕〔84〕，而這正是胡安國等宋儒的理想。

簡而言之，王道代表著儒家思想的一種理想世界，霸道作爲王道的對立面，自然就代表著被否定的道德敗壞的非理想世界。〔註 101〕〔207〕胡安國《春秋傳》的尊王賤霸的基本價值取向，體現了他「對宋王朝在南宋新立之際以王道爲治國之道，面向三代的希冀」〔註 102〕〔214〕。

5.3.2　重義輕利

（1）義利之辨的源流

義利之辨是中國政治與倫理思想史上關於倫理道德和事功利益之間關係的論辯。「義」是思想行爲符合一定的道德價值標準，「利」則是指利益，功利，亦即物質利益。〔註 103〕〔223〕許慎《說文解字》訓「義」曰：「己之威義也。」段玉裁注曰：「古者威儀字作義，今仁義字用之。儀者，度也，今威儀字用之。誼者，人所宜也，今情誼字用之。……義之本訓，謂禮容各得其宜，禮容各得其宜則善矣。」段氏還說，「董子曰：『仁者，人也；義者，我也。』謂仁必及人，義必由中斷制也。從羊者，與善、美同意」〔註 104〕〔53〕，「《肆師職》曰：『古書儀但爲義，今時所謂義，古書爲誼。』按《文王傳》曰：『義，善也。』」〔註 105〕〔53〕要言之，古「義」字爲「儀」的假借之字，而後來與「利」對舉的「義」古書爲「誼」。〔註 106〕「義」的含義，《中庸》也說：「宜也。」「義」的這一含義在春秋時已較明確。《左傳》說：「酒以成禮，不繼以淫，義也。」〔註 107〕《國語》也說：「義，所以制斷事宜也。」〔註 108〕可見「義」即指行爲適宜於「禮」，或斷事適合於禮。所以周內史興

〔註 100〕包弼德，歷史上的理學，杭州：浙江大學出版社，2010，179。

〔註 101〕但興悟，中西政治文化與話語體系中的霸權，世界經濟與政治，2004（9）。

〔註 102〕劉昆笛，胡安國《春秋》學思想研究，〔蘇州大學博士學位論文〕，2009，120。

〔註 103〕參見北京大學國情研究中心，世界文明百科全書，太原：山西教育出版社，1992，1193。

〔註 104〕許慎撰、段玉裁注，說文解字注，成都：成都古籍書店，1981。

〔註 105〕許慎撰、段玉裁注，說文解字注，成都：成都古籍書店，1981。

〔註 106〕義、利的字義訓釋，參見李雷東，先秦墨家的義利觀，西北大學學報（哲學社會科學版），2009（3），47。

〔註 107〕左傳・莊公二十二年。

〔註 108〕國語・周語下。

「禮義」並舉，指出：「行禮不疚，義也。」〔註 109〕於是，「義」作為適宜於「禮」的道德要求，其一般含義，就是使自己的行為合乎禮制，達到「義節則度」，它的作用就在於「所以節也」。而當時產生的「蘊利」貪欲和「事利而已」的思潮，正是與「禮」相違的「不義」的思想根源。可見，春秋時期的義利之辨的核心內容就是討論行為是否合禮。而禮是對社會政治與倫理行為的總規範。因之，義利之辨自始便直探傳統政治倫理思想的核心。

　　義利之辨比王霸之辨更加古老。從先秦開始，「義」與「利」就是傳統儒家品分政治人物和政治行為好壞的標準和尺度。孔子雖然不曾明確談王霸之辨，但對義利之辨多有論述，並定下了儒家重利輕義的思想傳統。《論語》記載孔子曾說：「君子喻於義，小人喻於利」〔註 110〕；「君子義以為上」〔註 111〕；「君子謀道不謀食」；「君子憂道不憂貧」。孔子已經把義與利對舉，以義利之分來辨別君子小人，但他並不認為義利之間是絕對對立的，還倡導「見得思義」〔註 112〕，「見利思義」〔註 113〕，「義然後取，人不厭其取」〔註 114〕，也就是在保證有「義」的前提下獲得一定的「利」。孟子把重義輕利的思想推向了極致，從而使義利完全對立起來〔註 115〕〔223〕。他認為，重義即是善，重利則是惡，重義還是重利，是區分善人還是惡人的準則，「雞鳴而起，孳孳為善者，舜之徒也；雞鳴而起，孳孳為利者，跖之徒也。欲知舜與跖之分，無他，利與善之間也。」〔註 116〕在孟子看來，追逐利益，不講道德，是一切爭端危亂的源頭，「上下交爭利而國危矣」。孟子把義置於最高的地位，提出了「捨生取義」的主張：「生，亦我所欲也；義，亦我所欲也，二者不可得兼，捨生而取義者也」，這一思想與孔子的「志士仁人，無求生以害仁，有殺身以成仁」思想正是一脈相承而前後呼應的。就人生的意義或價值來說，「義」顯然比「利」更加重要。孔、孟所倡導的義利觀，在今人看來，或許會嫌迂闊，但它們確曾對歷史上的仁人志士起過巨大的激勵

〔註 109〕國語・周語上。
〔註 110〕論語・里仁。
〔註 111〕論語・陽貨。
〔註 112〕論語・季氏。
〔註 113〕論語・憲問。
〔註 114〕論語・憲問。
〔註 115〕北京大學國情研究中心，世界文明百科全書，太原：山西教育出版社，1992，1193。
〔註 116〕孟子・盡心上。

作用，鼓舞著追求理想的人們不計個人利益，甘願犧牲一切，爲歷史的進步做出了巨大的貢獻。

　　孔子的義利之辨只對君子小人的道德行爲進行評價，尚未成爲社會政治好壞的評價標準，而孟子則以義利分辨王霸，使義利與王霸之辨成爲傳統政治思想中相對應的命題。孟子提出：「王何必曰利？亦有仁義而已矣。」追求「義」的政治被奉爲王道，而崇尚「利」的政治則被歸入霸道。如果說王霸之辨是品分政治境界與統治方式之高下好壞的依據的話，那麼義利之辨則是分辨王霸的依據。董仲舒進一步發揮了孔子和孟子以來的義利之辨的思想。在董子看來，在道德實踐中，義與利本來就是相互排斥的。他認爲「利者，盜之本也」，「爲利」、「謀利」是「去理」、「忘義」的根源，它必然會破壞行義爲善。所以，爲了「能義」，不但要「制欲」、「防欲」，而且還應「終日言不及利」，以言利爲羞恥。他說：「凡人之性，莫不善義。然而不能義者，利之敗也，故君子終日言不及利」〔註117〕〔7〕。基於這種認識，董仲舒提出了「夫仁人者，正其誼不謀其利，明其道不計其功」〔註118〕〔9〕的命題，誼即義，泛指「當然之則」。就是說，作爲「仁人」的標準，是「義」而不是「利」，當然也不是義與利的結合。這樣，「利」就被排除出了道德的價值規定。行爲是否道德，在於是否符合「道」、「義」，不在於是否獲得「功」、「利」。董仲舒強調道德上的當然之則（義、理、道）有其內在價值（本身即爲目的），而不以功利爲基礎，強調道德判斷（是否正誼明道）無需外在結果（功、利）爲根據，帶有明顯的道義論及動機論的性質。〔註119〕董仲舒的義利觀對宋代理學家產生了巨大的影響。例如，程頤說：「董仲舒曰：『正其義不謀其利，明其道不計其功』，此董子所以度越諸子。」〔註120〕〔29〕其它理學家也大多遵循相同的思路，「認爲道義和功利是互相對立排斥的。天下之事，只是義利二字，求義則善，求利則惡。完全把功利納入了義的軌道，把功利看作是道義的派生物，把功利從屬於道義。片面強調『盡人道』，主張爲道義而道義，而不考慮功利。把人類的歷史描繪爲道義與功利的鬥爭史，認爲隨著歷史的

〔註117〕董仲舒，春秋繁露（卷三）・玉英，北京：中華書局，1991，34。
〔註118〕班固，漢書・董仲舒傳，北京：中華書局，1962，2524。
〔註119〕關於董仲舒的義利觀及其道義論和動機論的性質問題，參見張傳開、汪傳發，義利之間——中國傳統文化中的義利觀之演變，南京：南京大學出版社，1997，45。
〔註120〕二程集・河南程氏遺書（卷二十五），北京：中華書局，1981，324。

發展，人們越來越講功利，道德越來越墮落」〔註121〕〔223〕。

　　然而，在中國政治倫理思想史上，關於義利之辨，從一開始就有兩種截然不同的主張。與上述義利對立論相反，一些思想家重視物質利益，反對重義輕利，主張義利統一論。《管子》提出「倉廩實則知禮節，衣食足則知榮辱」的觀點，重視物質利益。墨子強調義利並重，主張「兼相愛，交相利」。後期墨家強調義與利的合一，主張「義，利也」，強調「國家人民之大利」。荀子強調道德與物質利益的一致性。他說：「義與利者，人所兩有也」，認爲重義的目的在於義利兩得，主張「泛利兼愛德施均」。韓非子也主張功利，反對空談仁義。先秦的義利統一論在後代一直不乏響應者。南宋的陳亮、葉適注重經世致用，反對朱、陸空談義理性命之學，主張實功實利。陳亮主張「功到成處便是有德」的道德觀，認爲道德與功利不是絕對對立而是統一的，道德須通過功利表現出來，而功利本身也包含著道德〔註122〕。在陳亮看來，功利不僅是評價道德的標準和依據，而且也是道德修養的目的。葉適批評董仲舒說：「正誼不謀利，明道不計功，初看極好，細看全疏闊。既無功利，則道義乃無用之虛語耳。」他主張「思行道於當時而見之功業」，認爲仁義道德應該見之於「求賢、審官、訓兵、理財，一切施設政事之間」，以「隆國體，濟時艱」。他針對朱、陸等人強調仁義、否定功利的觀點，提倡「以功和義」，反對「以義抑利」。王夫之、顏元都強調義利並重。顏元明確反對董仲舒的義利觀點，針鋒相對地提出「正其誼以謀其利，明其道以計其功」的主張，注重事功，強調義利不能偏廢。

　　義利之辨主要討論道義和功利的關係，在中國思想史上，已經延續了兩

〔註121〕北京大學國情研究中心，世界文明百科全書，太原：山西教育出版社，1992，1192。

〔註122〕關於朱熹與陳亮王霸義利之爭的討論，古往今來，聚訟紛紜，《宋元學案》沿用陳傅良「功到成處便是有德，事到濟處便是有理」的說法來概括陳亮的觀點，朱漢民主編《中國思想學說史》（宋元卷）《子學篇》在談到陳亮事功之學的時候，認爲此說並不符合其原意，因爲陳亮在評價漢唐之君時不僅強調其事功，也強調其具有「眞心」，其行爲「本於王道」，並不是純粹以客觀效果作爲評價的標準。此書還對侯外廬先生關於「陳亮『王霸並用，義利雙行』的功利之學的思想體系」的提法也委婉地表示了反對，而採用了鄧廣銘等人與之相反的觀點，認爲：「我們決不應再跟在朱熹後邊，稱陳亮爲『義利雙行，王霸並用』的主張者」。參見戴金波，宋元思想學說的全面梳理與重新檢討——評《中國思想學說史》宋元卷，西北大學學報（哲學社會科學版），2009（3）。

千多年，直到今天，仍然是一個現實生活中佔有重要地位的思想話題。儘管以我們現代的學術和歷史的眼光來看，歷史上曾經產生並流傳的關於義利之辨的各種觀點都有各自的是非曲直與長短得失，但「這類問題並爲因社會的進步而消弭」〔註123〕〔224〕。因此，對歷史上的王霸義利之辨有一個清晰的認識，仍然具有重要的意義。

（2）胡氏《春秋傳》的義利之辨

胡安國《春秋傳》的義利之辨深受孟子和董仲舒義利觀的影響。孟子所謂「上下交征利而國危矣」的思想時時流露於胡安國的經解之中，而由董仲舒所倡導的「正其義（誼）不謀其利，明其道不計其功」的非功利主義的政治倫理原則，也深爲胡安國等正統理學家們所認同。董子這句話，在胡安國的《春秋傳》中至少被四次引用並作爲其立論的基本理據，分別是在僖公二年「春，王正月，城楚丘」（卷十一）；僖公十有四年「春，諸侯城緣陵」（卷十二）；僖公二十八年「夏，四月己巳，晉侯、齊師、宋師、秦師及楚人戰於城濮，楚師敗績」（卷十三）；宣公十五年「夏五月，宋人及楚人平」（卷十八）的經解之中。這些都能有力地說明胡安國作爲「正統」理學家的義利對立、重義輕利的思想立場。

胡安國認爲，孔子作《春秋》的目的，就是爲了挽救或重振王道政治。他說：「世衰道微，邪說交作，以利害謀國家，而不知本於仁義也久矣。是以至此極，孔子所爲懼，《春秋》所以作乎。」〔註124〕〔3〕由於胡安國認爲「王者語道義，霸者言功利」〔註125〕〔3〕，道義與功利的是王道區分於霸道的根本性標誌，所以在他看來，以利相結，以利謀國，最終會帶來嚴重的後果，將使王道主義的理想逐漸沉淪。正如後來朱熹在與陳亮的爭辯中所指出的那樣，「若以其能建立國家，傳世久遠，便謂其得天理之正，此正是以成敗論是非，但取其獲禽之多，而不羞其詭遇之不出於正也」〔註126〕〔44〕。由此推導下去，必將得到與宋儒集體的王道理想價值觀念和歷史觀念相反的結論，「推

〔註123〕張岱年，當代學者自選文庫‧張岱年卷，合肥：安徽教育出版社，1999，593。

〔註124〕胡安國，春秋傳（卷二十三）‧襄公三十年「晉人、齊人、宋人、衛人、鄭人、曹人、莒人、邾人、滕人、薛人、杞人、小邾人會於澶淵，宋災故」條。

〔註125〕胡安國，春秋傳（卷十二）。

〔註126〕朱熹，朱子全書（第21冊）‧朱文公文集（卷三十六）‧答陳同甫之六，上海：上海古籍出版社，合肥：安徽教育出版社，2002，1583。

尊漢、唐，以爲與三代不異；貶抑三代，以爲與漢、唐不殊」〔註127〕〔44〕。
「功利主義將義理與功利混爲一談，必然會導致道義的失落，理想的王道之
治也就無從談起」〔註128〕〔191〕，那麼宋儒以「迴向三代」、復興王道爲嚮往
和參照的重建秩序的政治理想，也就失去了理論上的依據。所以胡氏王道政
治理想的確立，必然要求高舉重義輕利的思想旗幟。

　　首先，胡安國用宋代理學中天理人欲的對立關係論來論證義利之辨，並
以之爲評價歷史與現實政治的依據。

　　這是胡安國《春秋傳》義利之辨的最大特點，也是其時代性的體現。「理
學思想的義利之辯與理欲之辯是一脈相通」〔註129〕〔225〕，天理即代表公、
代表義；人欲代表私、代表利。對私利的否定，實際上就是要求每個社會成
員特別是處於秩序頂端的君主服從天理所規定的道德規範。例如，桓公元
年，「鄭伯以璧假許田」，《胡傳》曰：

　　　　許田，所以易祊也。鄭既歸祊矣，又加璧者，祊薄於許故也。
　　魯，山東之國，與祊爲鄰。鄭，畿内之邦，許田近地也。以此易彼，
　　各利於國，而聖人乃以爲惡而隱之，獨何歟？曰：利者，人欲之私，
　　放於利，必至奪攘而後厭；義者，天理之公，正其義，則推之天下
　　國家而可行。《春秋》惡易許田，孟子極陳利國之害，皆拔本塞源杜
　　篡弑之漸也。湯沐之邑，朝宿之地，先王所錫，先祖所受，私相貿
　　易而莫之顧。是有無君之心，而廢朝覲之禮矣；是有無親之心，而
　　棄先祖之地矣。故聖人以是爲國惡而隱之也。其不曰以璧易田，而
　　謂之「假」者，夫易則已矣，言「假」則有歸道焉，又以見許人改
　　過遷善自新之意，非止隱國惡而已也。其垂訓之意大矣。〔註130〕〔3〕

義利之辨在胡氏看來等同於天理與人欲的對立，義所對應的是「天理之公」，
而利所對應的則是「人欲之私」。孔子曾言：「放於利而行，多怨。」〔註131〕
但孔子並沒有繼續深究下去。胡安國則做了進一步的追索。「放於利而行」的

〔註127〕朱熹，朱子全書（第 21 冊）‧朱文公文集（卷三十六）‧答陳同甫之八，上海：
　　　　　上海古籍出版社，合肥：安徽教育出版社，2002，1585。
〔註128〕李鋒，天理與道義的彰顯──朱熹王道思想的政治哲學解析，貴州師範大學
　　　　　學報（社會科學版），2008（4）。
〔註129〕王明輝，何謂政治學，北京：中國戲劇出版社，2005，86。
〔註130〕胡安國，春秋傳（卷四）。
〔註131〕論語‧里仁。

後果，胡氏認爲是「必至奪攘而後厭」，這大概也就是孔子所謂「多怨」的原因吧。而義卻是「天理之公」，可以放諸四海而皆準，因此也可以「推之天下國家而可行」。在天理與人欲的對照之下，以「存天理」、「滅人欲」的理學精神爲導向，傳統儒家重義輕利的價值取向就得到了進一步的強化。這就是胡安國把天理論引入《春秋》學義利之辨的思想史意義。「鄭伯以璧假許田」是補償鄭以祊易魯國之許而祊薄於許的「差價」。這可以說是一次對魯國和鄭國都有利的平等交易。但胡安國對此表示了反對，因爲「有利」並非胡氏評判歷史政治的依據，儘管這次土地交換對雙方都有利，但卻有傷于忠君孝親的大義。

由於胡安國的解經往往是感於時事而發，聯繫兩宋之際的現實，就不難理解胡氏所謂「垂訓之意大矣」的深刻含義。春秋鄭、魯之間平等交換土地尚且倍受胡安國的微詞，那麼對於兩宋之際的君主戰敗失地、割地求和的行爲，胡氏就更加不會容忍。胡安國在王霸義利之辨中植入宋代理學天理人欲之辨的思想內核，深受程明道的影響。在孟子那裏，王與霸、義與利都是互相對立的。王以德行仁義，霸「以力假仁」，而實際上是以力求功利。王者所成就的是恒常的和諧穩定，而霸者只能實現暫時的表面的繁榮強盛。因此，無論是手段還是目的，無論是動機還是傚果，王與霸都有根本性的不同。這種思想爲程顥所發揮並注入宋代理學的因子：「得天理之正，極人倫之至者，堯舜之道也；用其私心，依仁義之偏者，霸者之事也。王道如砥，本乎人情，出乎禮義，若履大路而行，無復回曲，霸者崎嶇反側於曲徑之中，而卒不可與入堯舜之道。故誠心而王則王矣，假之而霸則霸矣，二者其道不同，在審其初而已」〔註132〕〔29〕。胡安國上承孟子而下紹明道，把《春秋》尊王賤霸的大義與宋代理學的天理人欲之辨結合起來，這樣就使王霸義利之辨這個儒家傳統的老話題打上了鮮明的時代烙印。

胡安國這一關於王霸義利之辨的學術思路爲其子胡宏所繼承，並對南宋理學其它主要學派產生重要影響。胡宏發揚乃父的思想，「在『守其家傳』的基礎上，進一步探討了『性與天道』的理學主題」〔註133〕〔73〕，從而奠定了湖湘學派的理論基礎。胡宏曾說：「天理絕（純）而人欲消者，三代之興王也；假天理以濟人欲者，五霸是也；以人欲行而有暗與天理合者，自兩漢

〔註132〕程顥，二程集・二程遺書（卷三十九）・論王霸箚子，北京：中華書局，1981，451。

〔註133〕朱漢民，湖湘學派與湖湘文化，長沙：湖南大學出版社，2010，112。

以至於五代之興王盛主是也。存一分之天理而居平世者，必不亡；行十分之
人欲而當亂世者，必不存。」〔註 134〕〔30〕五峰此說，既是宋代理學的普遍
性認識，更是傳承了乃父的觀點。

　　值得一提的是，胡宏所謂「以人欲行而有暗與天理合者，自兩漢以至於
五代之興王盛主是也」之說，又爲朱熹的「暗合」說所本。〔註 135〕〔226〕朱
熹在與陳亮的論辯中說：「後來所謂英雄，則未嘗有此工夫，但在利欲場中頭
出頭沒，其質美者乃能有所暗合，而隨其分數之多少以有所立。」〔註 136〕〔44〕
其「暗合」與「分數」之說，顯見上引胡宏之論的痕跡。由此亦可管窺閩學
學派與湖湘學派之間存有一定的淵源關係〔註 137〕〔73〕，全祖望認爲朱熹乃胡
安國之「再傳」，確非虛語。

　　其次，胡安國反對功利主義的政治價值取向，強調「有國者必正其義，
不謀其利，杜亡國敗家之本」，認爲「爲國以義」還是「謀國以利」，關係到
天下人心的厚薄離合，更關係到國家的興衰成敗。

　　一方面，胡安國運用傳統儒家的經典理論來論證義利之辨關乎國家興
亡。例如：隱公六年「春，鄭人來輸平」，《胡傳》曰：

　　　　輸者，納也。平者，成也。鄭人曷爲納成於魯？以利相結，
　　解怨釋仇，離宋魯之黨也。公之未立，與鄭人戰於狐壤，止焉，
　　元年及宋盟於宿，四年遇於清，其秋會師伐鄭，即宋魯爲黨，與
　　鄭有舊怨明矣。五年，鄭人伐宋，入其郭。宋來告命，魯欲救之。
　　使者失辭，公怒而止。其冬，宋人伐鄭，圍長葛，鄭伯知其適有
　　用間可乘之隙也，是以來納成耳。然則善之乎？曰：「平者，解怨
　　釋仇，固所善也；輸平者，以利相結，則貶矣。」曷爲知其相結
　　之以利也？後此鄭伯使宛來歸祊，而魯入其地，會鄭人伐宋，得
　　郜及防，而魯又取其二邑，是知輸平者以利相結，乃貶之也。諸

〔註 134〕胡宏，胡宏集・與樊茂實書，北京：中華書局，1987，124。
〔註 135〕束景南，朱熹研究，北京：人民出版社，2008，158。
〔註 136〕朱熹，朱子全書（第 21 冊）・朱文公文集（卷三十六）・答陳同甫之九，上
　　　　海：上海古籍出版社，合肥：安徽教育出版社，2002，1591。
〔註 137〕朱漢民教授在《湖湘學派與湖湘文化》中指出：「閩學學派和湖湘學派的繼承
　　　　關係，主要是指朱熹繼承了開湖湘學統的胡宏的學術思想」，「胡宏不僅爲湖
　　　　湘學派的思想體系奠定了理論基礎，也深刻地影響了其它學派與學者，朱熹
　　　　就是其中之一。朱熹在完成理學集大成的時候，就曾直接將胡宏之學作爲其
　　　　思想淵源之一」。長沙：湖南大學出版社，2010，375～376。

> 侯修睦以蕃王室，所主者義爾，苟爲以利使，爲人臣者懷利以事
> 其君，爲人子者懷利以事其父，爲人弟者懷利以事其兄，諸侯必
> 曰何以利吾國，大夫必曰何以利吾家，士庶人必曰何以利吾身，
> 上下交征利，不至於篡弑奪攘，則不厭矣。故特稱「輸平」，以明
> 有國者必正其義，不謀其利，杜亡國敗家之本也。〔註138〕〔3〕

此段傳文非常明顯地留有孟子思想的痕跡。孟子曾對梁惠王說：「王何必曰利？亦有仁義而已矣。王曰：『何以利吾國』，大夫曰：『何以利吾家』，士庶人曰：『何以利吾身』，上下交征利而國危矣。萬乘之國弑其君者，必千乘之家；千乘之國弑其君者，必百乘之家。」〔註139〕胡安國所說的「上下交征利，不至於篡弑奪攘，則不厭矣」，則是對《孟子》這段話的概括。在胡安國看來，「謀利」乃是敗亡國家的根本原因，因此，「有國者必正其義」。

另一方面，胡安國還用歷史實踐來論證「利之能敗人國家」的道理。例如，昭公十四年「春，意如至自晉」，《胡傳》曰：

> 按《左氏》，季孫猶在晉，子服惠伯私於中行穆子曰：「魯事
> 晉，何以不如夷之小國，土地猶大，所命能具，若爲夷棄之，使
> 事齊、楚，何瘳於晉？」乃歸季孫。其始執之，爲乏邾、莒之供，
> 而非有扶弱擊強之義也。其終歸之，爲土地猶大，所命能具，而
> 非有不能救蔡，爲夷執親之悔也。然則晉人喜怒皆以利發，其勸
> 沮皆以利行，違道甚矣。故平丘之會，深加貶斥。自是而後，諸
> 侯不合二十餘年，至於召陵，又以賄敗十有八國之諸侯，而書侵
> 楚以譏之。於是晉日益衰，外攜內叛，不復振矣。利之能敗人國
> 家乃如此，《春秋》之深戒也。〔註140〕〔3〕

晉國原本是諸侯之主盟者，晉文公重耳的霸業也曾煊赫一時，然而以「土地猶大」的霸主之國終於日漸衰落，「外攜內叛，不復振矣」，到最後乃爲韓、趙、魏三家所分。胡安國認爲晉國日益衰弱的根本原因，就在於「晉人喜怒皆以利發，其勸沮皆以利行，違道甚矣」。晉國之敗，敗於一個「利」字。

此外，胡安國在《時政論》中也用春秋時期的史實來論證他認爲以利謀國終將害國、乃至亂國的觀點，他說：「《春秋》宋華督有不赦之惡，齊、魯、陳、鄭同會以成其惡，受賂而歸，天子不討，方伯不征，咸自以爲利也。未

〔註138〕胡安國，春秋傳（卷二）。
〔註139〕孟子‧梁惠王上。
〔註140〕胡安國，春秋傳（卷二十五）。

幾，陳有五父之亂，齊有無知之亂，鄭有子突釁儀之亂，魯有叔牙慶父之隨機，數十年間，四國舛逆，幾至喪亡，則以昧于堅冰之戒，不能辨之於早也。」〔註 141〕〔3〕

　　最後，與用天理人欲的對立關係論證義利之辨相呼應，胡安國又用禮和欲的對立來論證義利之辨，並主張用禮義來克制利欲。

　　因爲在宋代理學家的思想中，禮與理之間有著必然的、直接的聯繫，「以理釋禮」是宋儒的禮學共識，因而禮和欲的對立，在某種意義上又可以抽象爲天理與人欲的對立〔註 142〕。胡安國有時候也用禮與欲的對舉來解釋義與利的對立，春秋時期以適宜或合乎「禮」的要求即爲「義」的思想，在胡安國的《春秋傳》中也能找到蛛絲馬跡。例如：襄公二十一年，「邾庶其以漆閭丘來奔」，《胡傳》曰：

> 庶其，邾大夫也。《春秋》小國之大夫不書其姓氏，微也。其以事接我，則書其姓氏，謹之也。莒慶以大夫即魯而圖昏，接我不以禮者也。邾庶其以地叛其君而來奔，接我不以義者也。以欲敗禮，則身必危；以利棄義，則國必亂。《春秋》，禮義之大宗，故小國之大夫接我以利欲，則特書其姓氏，謹之也。〔註 143〕〔3〕

胡安國關於「邾庶其以地叛其君而來奔」的敘事，實際上是「事採《左傳》」，但其經義卻沒有從《公羊》、《穀梁》中吸取，而是自立其說。《公》、《穀》二傳均沒有涉及禮義與利欲關係〔註 144〕，而胡安國則特別強調禮與欲、義與利的對立，並從國家治理的高度來予以重視。邾庶其背叛自己的「祖國」，而以自己所佔據的采邑作爲「禮品」來投奔魯國。這種「不義」的行爲在魯國得到了掌權者的獎勵：「季武子以公姑姊妻之，皆有賜於從者」。季武子之所以要獎勵邾庶其，原因在於看重他帶來的那塊土地，正是「重利」欲望的表現，在胡安國看來，就是「以欲敗禮」、「以利棄義」。作爲執政者，這種行爲將使自己身陷危局；對於國家而言，利欲或物欲的橫行，必將導致社會的混亂。這件事對魯國當時的社會現實馬上就產生了不良影響：「於是，魯多盜」，而

〔註 141〕胡安國，時政論·立政論，引自胡寅，斐然集（卷二十五）·先公行狀，長沙：嶽麓書社，2009，511。

〔註 142〕關於宋儒以理釋禮的思想學術傳統，本文第 7 章有詳細的論述。

〔註 143〕胡安國，春秋傳（卷二十二）。

〔註 144〕《公羊傳》的解釋是：「此何以書？重地也。」《穀梁傳》則謂：「以者，不以者也。來奔者，不言出，舉其接我者也，漆閭丘不言及，小大及也。」

且「不可詰」，盜賊風起，不可禁絕。又如桓公十六年「夏四月，公會宋公、衛侯、陳侯、蔡侯伐鄭」，《胡傳》曰：

> 春正月會於曹，蔡先於衛。夏四月伐鄭，衛先於蔡。《王制》諸侯之爵次，其後先固有序矣。在《周官‧大司馬》設儀辨位以等邦國，猶天建地設，不可亂也。及春秋時，禮制既亡，伯者以意之向背為升降，諸國以勢之強弱相上下。蔡嘗先衛，今序陳下者，先儒以為後至也。以至之先後易其序，是以利率人，而不要諸禮也，豈所以定民志乎？後世有以釅賞誘人之趨事赴功，以重罰沮人之奉公守正，意亦如此。夫亂之所由生也，則儀位以為階。《春秋》防微杜漸，尤嚴於名分，考其所書，意自見矣。〔註145〕〔3〕

此經《公》、《穀》無傳，胡氏創發新義。諸侯的排列次序，「其先後固有序矣」，這種次序必然是按照一定的禮制安排的，不能隨意改變，陳、蔡兩國的次序卻前後不同，胡安國認為是「伯者以意之向背為升降，諸國以勢之強弱相上下」，這種做法就具有典型的功利主義色彩，深為胡氏所惡。也有儒者認為是根據赴會的先後次序而排名，胡安國認為，這也是「以利率人，而不要諸禮」。可見，禮與義一樣，與利相對，而且又是克制利欲的武器（以禮制欲的問題將在第 7 章詳論）。

5.4 理想的「爲治之體」：君臣一體共治天下

宋代政治堪稱「士大夫之政治」〔註146〕〔113〕，士大夫在宋代政治中發揮了非常重要的作用，也得到了格外的禮遇和尊重。宋太宗曾說：「朕於士大夫無所負矣」〔註147〕〔38〕；南宋理宗謝皇后亦稱：「我國家三百年，待士大夫不薄」〔註148〕〔1〕；士大夫也有人承認：「國朝待遇士大夫甚厚，皆前代所無」〔註149〕〔41〕。宋代立國之初，就擺出一副「與士大夫共治天下」的開明姿態，而格外的禮遇和尊重又使政權獲得了士大夫深刻而持久的認同，他們更加主動

〔註145〕胡安國，春秋傳（卷六）‧桓公十六年。
〔註146〕柳詒徵，中國文化史，上海：上海古籍出版社，2001，580。
〔註147〕彭百川，太平治蹟統類（卷三）‧太宗聖政，揚州：江蘇廣陵古籍刻印社，1990。
〔註148〕脫脫，宋史（卷二四三）‧理宗謝皇后傳，北京：中華書局，1999，7183。
〔註149〕王栐，燕翼詒謀錄（卷五），北京：中華書局，1981。

而自覺地參與了「共治天下」的事業，從而形成所謂「君臣一體」的格局。士大夫對「君臣一體共治天下」這一理想「爲治之體」模式的追求，是宋代政治文化的一大特徵，這在胡安國的《春秋傳》中得到了充分的體現。胡安國雖然堅持「《春秋》之義，尊君抑臣」〔註150〕〔3〕，但也強調「《春秋》貴大臣」〔註151〕〔3〕，認爲理想狀態應該是「人主大臣爲一體」；他並不贊同絕對君權，而認爲「卿大夫，國君之陪貳」，承認大臣也擁有相對於君主的獨立性和主體性；他還主張「大臣任大事」，強調大臣在政治生活中的重要作用和責任。這些都體現了宋儒強烈的政治主體意識，也渲染出宋代士大夫政治文化的特色。

5.4.1　人主大臣爲一體

「君臣一體」論並非胡安國的發明，這是中國古代政治學關於君臣關係的一般認識，它其實可以追溯至三代。早在殷周之際，臣在政治中的重要作用已經被人們所認識。例如，武王伐紂時宣稱：「紂有億兆夷人，亦有離德，余有亂（治）臣十人，同心同德。」〔註152〕由此可見，當時對君臣關係的認識已經相當深刻。春秋戰國時期，舊的君臣關係逐步瓦解，新的君臣關係正在形成，一時之間，新舊交替，君臣等級序列發生混亂。在王霸抗衡、政權更迭、君臣較量中，臣的地位和作用更加凸顯。錯綜複雜的君臣關係爲政治思想的深化提供了條件，君臣關係論成爲政治思維的關注熱點。「先秦諸子對於君臣關係進行了多角度、多層次的探討，涉及到君臣關係的方方面面，提出的理論豐富多彩。」〔註153〕〔142〕儒家推崇宗法式的君臣關係，強調倫理與道義在君臣之間的紐帶作用，主張以禮與仁維繫君臣關係。例如，《論語》記載：「齊景公問政於孔子，孔子對曰：『君君，臣臣』」〔註154〕；「定公問：『君使臣，臣事君，如之何？』孔子對曰：『君使臣以禮，臣事君以忠』」〔註155〕；「子路問事君。子曰：『勿欺也，而犯之。』」〔註156〕《孟

〔註150〕胡安國，春秋傳（卷八）・莊公十一年「冬，王姬歸於齊」條。
〔註151〕胡安國，春秋傳（卷一）・隱公元年「公子益師卒」條。
〔註152〕左傳・昭公二十四年。
〔註153〕參見張分田、蕭延中，中華文化通志・學術典・政治學志，上海：上海人民出版社，1998，200～203。
〔註154〕論語・顏淵。
〔註155〕論語・八佾。
〔註156〕論語・憲問。

子》也說:「孟子告齊宣王曰:『君之視臣如手足,則臣視君如腹心;君之視臣如犬馬,則臣視君如國人;君之視臣如土芥,則臣視君如寇讎。』」〔註157〕可見在孔孟的思想中,君主並非絕對至尊,人臣並非絕對卑賤,君臣之間存在一種對等的關係,臣「以道事君,不可則止」〔註158〕自孔子開始就是儒家士大夫進退出處的基本原則。孔子所謂「勿欺也,而犯之」一語更是成爲了中國兩千年政治史上名臣賢士對君主冒死直言、犯顏進諫的「聖人之道」的依據。《管子》指出:君臣雖「上下之分不同任,而復合爲一體」〔註159〕。「君臣一體」論得到了明確地表述。法家把君臣關係視爲政治關係、權力關係和利害關係,主張以法制和刑賞保持君臣統一體。墨家認爲兼愛、交利是人際關係的理想模式,主張把情感交融、利益分配和法制作爲「尙同」的手段,以「義」維繫君與臣的和諧。道家則著重依據自然無爲之道,主張君無爲、臣有爲的政治模式。先秦諸子大都把君與臣視爲相互聯繫、相互依存的政治統一體,這表明「君臣一體」論是超越學派的共同理論命題。諸子百家之爭,其主要分歧不在於君臣是否應當結爲統一體,而在於通過什麼途徑去維護這個統一體,以實現君主政治的功利和穩定。〔註160〕〔142〕秦漢以後,各種君臣關係論逐漸合流,凡是有利於君主政治的理論,都在儒家「尊王」與「王道」的旗幟下納入統治思想的範圍。漢代雜用王霸之術;隋唐諸帝廣泛採擇諸子百家,提出系統的君臣運作方略;宋明理學以孔、孟爲宗,在用「天理」論證了君尊臣卑、尊君抑臣的必然性和必要性之後,也對君臣一體論作了進一步的理論加工。

　　胡安國的「君臣一體」論就是宋代理學關於君臣關係思想的一個代表。南宋後期著名儒者魏了翁則以「君臣一體,榮辱共之」〔註161〕〔55〕表達了他對宋代君臣關係的體會,這也是宋儒對君臣關係的普遍認識,與胡安國的「君臣一體」論思想一脈相承。

　　胡安國的《春秋傳》吸收了《尙書》、《國語》、《左傳》等先秦儒家經典中所蘊含的君臣一體、君臣相需的觀念,提出了「人主大臣爲一體」、「天王宰相爲一心」的思想。《尙書》就有「君爲元首,臣爲股肱」的觀念,其中

〔註157〕孟子・離婁上。

〔註158〕論語・微子。

〔註159〕管子・君臣上。

〔註160〕張分田、蕭延中,中華文化通志・學術典・政治學志,上海:上海人民出版社,1998,203。

〔註161〕魏了翁,鶴山集(卷一○七)・周禮折衷,文津閣四庫全書本。

《皋陶謨》還說：「帝曰：臣作朕股肱耳目。予欲左右有民，汝翼；予欲宣力四方，汝爲。」〔註162〕這種說法在春秋時期的文獻中相當普遍，例如《國語·魯語上》追記成王在冊封周公和姜太公時曾說：「女股肱周室，以夾輔先王」；《左傳》記載晉人屠蒯曾說：「君之卿佐，是謂股肱」〔註163〕。西周宣王時的《師訇簋銘》有「乃聖祖考克左右先王，作厥肱股」。以「首德」喻君德，以「肱股」喻輔臣。「元首」與「股肱」就是不可分割的「一體」，二者合一，才是一個完整的整體，才具有生命力。胡安國將這種以「元首」與「股肱」關係比喻君臣關係的思想引入到《春秋傳》中。例如桓公八年，「天王使家父來聘」，《胡傳》說：

> 下聘弒逆之人而不加貶，何也？既名冢宰於前，其餘無責焉，乃同則書重之義，以此見《春秋》任宰相之專而責之備也，《虞史》以人主大臣爲一體，《春秋》以天王宰相爲一心。以爲一體，故帝庸作歌，則曰「股肱喜哉，元首起哉，百工熙哉」；皋陶賡歌，則曰「元首明哉，股肱良哉，庶事康哉」，而垂、益九官之徒不與也。以爲一心，故歸膰仲子，會葬成風，則宰咺書名於前，而王不稱天於後；來聘桓公、錫桓公命，則宰糾書名以正其始，王不稱天以正其終，而榮叔、家父之徒不與也。故人主之職，在論相而已矣。〔註164〕〔3〕

胡氏所謂「人主大臣爲一體」、「天王宰相爲一心」，可以簡約爲「君臣一體」論。此論是在強調君和臣互以對方爲自己存在的條件，彼此結成互相聯繫、互相依存的政治統一體。胡氏「人主大臣爲一體」、「天王宰相爲一心」的立意雖然明確，但對具體事件及《春秋》「書法」的解釋卻煞費苦心。按《尚書·益稷》：「（帝）乃歌曰：『股肱喜哉，元首起哉，百工熙哉。』」〔註165〕〔227〕《孔傳》曰：「股肱之臣喜樂盡忠，君之治功乃起。」所描繪的完全是一派王道樂土的理想政治圖景。後來「喜起」成爲一個表達君臣協和、政治美盛的詞彙。胡安國爲這種君明臣賢、政通人和的理想局面安排了一個「人主大臣爲一體」的先決條件，認爲君臣一體才能實現萬事俱興的「治世」。

〔註162〕尚書·皋陶謨。

〔註163〕左傳·襄公十四年。

〔註164〕胡安國，春秋傳（卷五）。

〔註165〕先秦無名氏《賡歌》詩亦曰：「股肱喜哉，元首起哉，百工熙哉；元首明哉，股肱良哉，庶事康哉。元首叢脞哉。股肱惰哉。萬事墮哉。」見逯欽立，先秦漢魏晉南北朝詩，北京：中華書局，1983。

相對於《尚書》所記載虞舜時期君臣一體的「喜起」狀態，春秋時期的狀況在胡安國看來，是遠遠不如了。他例舉了歸賵仲子、會葬成風、來聘桓公、錫桓公命這四件大事來論說春秋時期君臣互依政治統一體的解體。胡氏認為，《春秋》將宰咺與宰糾書名、王不稱天，其大義就在於「王之不王」、「宰之非宰」〔註166〕〔3〕，元首叢脞，股肱怠惰，君臣離心，萬事荒墮。在胡氏眼中，春秋時期王道失墮，世風日下，政治越來越敗壞，其根源也就在於此。《虞歌》中的「元首叢脞哉，股肱惰哉，萬事墮哉」〔註167〕〔227〕之詩，所表達的也正是此意。

如果說胡安國所謂「人主大臣為一體」的思想主要是對先秦典籍中「君為元首，臣為股肱」這種君臣一體論的繼承，那麼，胡氏提出的「天王宰相為一心」說，則是他對傳統君臣一體論的創新和發展，體現了宋儒政治主體意識與文化主體意識的深刻關聯。

首先，胡安國的「天王宰相為一心」論是傳統「君臣一體」論的重要補充。傳統的「君臣一體」論，更多地是關注在政權的機構組織以及政治權力的分配和運作等方面，君主與大臣之間要通過分工合作彼此相須而形成一個權力統一體。胡安國在「人主大臣為一體」之後，特地提出了「天王宰相為一心」的思想，用「天王」和「宰相」之間的「一心」來鞏固「人主」和「大臣」的「一體」，強調了君臣之間在精神或意志上的一致性。如果君主和大臣之間不能「一心」，沒有共同的政治意識和價值取向，那麼，即使由於政治體制或制度的安排而達成了權力結構或組織機構上的「君臣一體」，這種「一體」也只不過是「貌合神離」。也就是說，只有實現「君臣一心」，才會有真正的「君臣一體」。這樣，傳統「君臣一體」論就增加了新的內容：君臣之間不僅要「貌合」，而且要「神合」；「君臣一體」不僅是組織和權力的統一體，而且是心志與精神的統一體。從這個意義上來說，胡安國用君臣「一心」說為傳統的「君臣一體」論安裝了一個「保險栓」。

其次，「天王宰相為一心」論反映了胡安國以理學觀念解經的學術特色。「心」在胡安國思想體系中有著特別重要的意義。在《春秋傳》卷三中，他就曾提出「元者何？仁是也。仁者何？心是也」，將宇宙本體之「元」歸之

〔註166〕胡安國，春秋傳（卷一）·隱公元年「秋七月，天王使宰咺來歸惠公仲子之賵」條。

〔註167〕逯欽立，先秦漢魏晉南北朝詩，北京：中華書局，1983。

於人的本心，鮮明地體現出心學傾向。〔註 168〕〔73〕胡安國認爲，「在人則一心也，在物則一理也」〔註 169〕〔2〕，「心」與「理」是同一的本體存在。〔註 170〕〔73〕不僅天子應具備此心此理，大臣也同樣應該具備此心此理，胡安國說：「體元者，人主之職；而調元者，宰相之事」〔註 171〕〔3〕，「人主」和「宰相」雖然分工不同，但二者「爲一心」，都圍繞著「元」（即「仁」即「心」）而開展政治實踐。正因爲有了這樣一個共同的本體意義的「心」或「理」，人主和大臣才得以成爲一個精神和意志的共同體，才得以實現眞正的「君臣一體」。於是傳統的「君臣一體」論就獲得了一個本體意義的「理」（或「天理」）的觀照，這個討論君臣關係的古老命題也因此而被渲染上了宋代新儒學的時代色彩。

　　其三，「天王宰相爲一心」論體現了宋儒以「內聖」爲「外王」之基石的思想特徵。胡安國訓「元」爲「仁」，把詮釋《春秋》的目光投向現實社會與政治實踐領域，體現了宋代理學的「外王」向度；而他把「元」解釋爲「心」，則是「將面向三代的價值指向深化至人的內在世界」〔註 172〕〔214〕，體現了理學的「內聖」向度。宋儒強調，外王以內聖爲根基，而內聖工夫的最終目的又指向外王的事功。胡安國的「天王宰相爲一心」論也遵循並印證了這種思路。「內聖」就是以「正心」爲主要內容的精神修養，宋儒認爲，人主之心關乎天下安危治亂，正君心乃是正朝廷百官以至天下的根本，而儒家士大夫的使命就在於「格君心之非」。宰相作爲百官之首，是士大夫階層的領袖，理應以「格君心之非」爲己任。胡氏所謂「天王與宰相爲一心」，暗含了這樣一個意思：天子之心與宰相之心合一，表示天子接受了以宰相爲首的士大夫階層集體意識。這正是宋儒所期待並努力追求的目標。

5.4.2　卿大夫者，國君之陪貳

　　胡安國不僅以「元首」和「股肱」比喻君臣，爲了突出大臣的政治地位和作用，他還以「國君之陪貳」來稱呼卿大夫。例如襄公十年「冬，盜殺鄭公子騑、公子發、公孫輒」，胡安國說：

〔註 168〕朱漢民，湖湘學派與湖湘文化，長沙：湖南大學出版社，2010，88。
〔註 169〕胡寅，斐然集（卷二十五）・先公行狀，長沙：嶽麓書社，2009，523。
〔註 170〕朱漢民，湖湘學派與湖湘文化，長沙：湖南大學出版社，2010，89。
〔註 171〕胡安國，春秋傳（卷一）・隱公元年。
〔註 172〕劉昆笛，胡安國《春秋》學思想研究，〔蘇州大學博士學位論文〕，2009，49。

卿大夫者，國君之陪貳，政之本也。本強則精神折衝，聞有
偃息談笑而卻敵國之兵，勝千里之難者矣。乃至於身不能保，而
盜得殺之於朝，安在其為陪貳乎？故削其大夫，為當官失職者之
鑒也。〔註173〕〔3〕

胡氏所謂「為當官失職者之鑒」當本於程頤。程氏說：「盜殺三卿，不稱大
夫，失卿職也。」〔註174〕〔29〕但胡氏以卿大夫為「國君之陪貳」，則是其「己
意」。地位與責任往往是相匹配的，胡氏所謂「《春秋》任宰相之專而責之備」
〔註175〕〔3〕亦是此意。正因為具有「國君之陪貳」的政治地位，卿大夫也同
時肩負了擔任國家大事的重責。所謂「陪貳」，大體上相當於今日所說的「副
手」。稱卿大夫為「國君之陪貳」當然也不是胡安國的首創。據《左傳》的
記載，春秋時期晉人師曠就認為君主都需要他人的輔佐，大臣是君的「貳」、
「師保」〔註176〕。史墨答趙簡子之問時也說：「物生有兩、有三、有五、有
陪貳。故天有三辰，地有五行，體有左右，各有妃耦。王有公，諸侯有卿，
皆有貳也。天生季氏，以貳魯侯，為日久矣。」〔註177〕可見大臣為君主之
陪貳的觀點，原本就是儒家傳統政治思想的重要內容。但是《左傳》中這種
強調大臣政治地位的思想在漢唐以來的《春秋》學中似乎湮沒無聞，到了宋
代，由於特殊的政治環境和社會背景，在胡安國的《春秋傳》中重新得到彰
顯和體現。

　　胡安國以「卿大夫」為國君之「陪貳」的論點，在千百年後還能得到學
者的響應。錢穆先生的《國史大綱》說：「自秦以來，中央最高首領為天子，
而實際負行政職責者則為丞相。以字義言，丞相皆副貳之意，丞相即副天子
也。天子世襲而丞相不世襲，天子為全國共戴之首領，不能因負政治責任而
輕易調換。丞相乃以副貳天子而身當其衝，最好固為君相皆賢，否則天子以
世襲不必賢，而丞相足以彌其缺憾。縱使君相不皆賢，而丞相可以易置，如
是則一代政治不致遽壞。」〔註178〕〔127〕錢賓四以丞相為天子陪貳，胡安國
以卿大夫為國君之陪貳，二說是相通的。古代宰相制度的起源，可以追溯到

〔註173〕胡安國，春秋傳（卷二十一）。
〔註174〕二程集・河南程氏經說（卷四）・春秋傳，北京：中華書局，1981，1120。
〔註175〕胡安國，春秋傳（卷五）。
〔註176〕左傳・襄公十四年。
〔註177〕左傳・昭公三十二年，「公薨於乾侯」條。
〔註178〕錢穆，國史大綱，北京：商務印書館，1994，668。

春秋時期，各個諸侯國都有卿大夫，戰國時期則更有客卿，亦名為「相」，至於秦漢魏晉六朝，則發展為丞相制度，隋朝定三省制，三省長官都是宰相，宰相制度漸漸成熟，到宋代則形成了一個由宰相和執政組成的「宰執」集團。胡安國雖然指春秋時期的「卿大夫」為「國君之陪貳」，但實際上也就是認為宰相是天子的「陪貳」。胡安國認為君主可以世襲，但堅決反對大臣的「世官」、「世卿」制度，其現實層面的考慮也與錢穆所說的「天子以世襲不必賢，而丞相足以彌其缺憾」的意思相合。由是，則宰相為君主之陪貳乃是傳統政治思想中的一貫認識。

　　宰相「掌承天子，助理萬機」，一直是傳統政治的「治權」的核心，天子和宰相之間的合作與制衡關係到國家社會的安危興亡。「卿大夫」或宰相既然是「國君之陪貳」，而且是「政之本也」，在國家政治中佔有如此重要的地位，則理應得到國君的「尊重」。人主以何種方式來「尊陪貳」，在胡安國看來是關係到國君自身地位的鞏固與社會政治秩序穩定的大事。昭公三年，「北燕伯款出奔齊」，《胡傳》曰：

> 大夫，國君之陪貳。以公心選之，而不可私也；以誠意委之，而不可疑也；以隆禮待之，而不可輕也；以直道馭之，而不可辱也。否則，是忽其陪貳以自危矣。晉厲公殺三郤，立胥童，而弒於麗氏。漢隱帝殺楊史，立郭允明，而弒於趙村。衛獻公蔑冢卿，而信其左右，亦奔夷儀，久而後復也。故人主不尊陪貳，而與賤臣圖柄臣者，事成則失身而見弒，事不成則失國而出奔，此有國之大戒也。《春秋》凡見逐於臣者，皆以自奔為文，正其本之意也，而垂戒遠矣。〔註179〕〔3〕

按《左傳》，「燕簡公多嬖寵，欲去諸大夫而立其寵人」，而「燕大夫比以殺公之外嬖，公懼奔齊」〔註180〕。北燕伯出奔的根本原因，正如胡安國所說，是在於「不尊陪貳而與賤臣圖柄臣」，足為後世人主之戒。

　　胡安國提出的人主「尊陪貳」之道的四項原則，即「以公心選之」、「以誠意委之」、「以隆禮待之」、「以直道馭之」，這四條原則完全是在對宋代現實政治的君臣關係的觀察與反思中抽象而來，既有對歷史經驗的總結，也有對現實的不滿和反思，以及對理想君臣關係的期待。

　　宋代重視科舉取士，力求公平公正，推行殿試制度，天子直接參與人才

遴選。北宋的州縣長吏及待制以上官員幾乎都是由進士出身者擔任，在北宋一朝七十一名宰相中，有六十四名是進士或制舉出身〔註 181〕〔98〕，可以稱得上是「以公心選之而不私」。對宰相的任用，宋人的期待是「人主於宰相，疑則勿任，任則勿疑」〔註 182〕〔58〕，也確曾做到過「以誠意委之而不疑」，宋神宗與王安石之間的君臣相得無間即為明證，當時另一位宰相曾公亮謂「上與安石如一人，此乃天也」〔註 183〕〔5〕，足見神宗委任王安石的「誠意」也得到了時人的承認。整體上講，宋代也是歷史上對士大夫最講禮遇的朝代，士大夫不僅具有上書言事權、封駁權、恩蔭權，而且享受著相當高的俸祿，可謂「以隆禮待之而不輕」。此外，宋代有「不殺士大夫及上書言事人」的「祖宗之法」，而且對犯公罪的大臣多能從輕發落，主要是採取經濟懲罰的措施：以「罰俸」或「贖銅」了事。後世用來威懾、駕馭大臣的酷刑從來沒有施及士大夫，尤其是明代帶有人格侮辱性質的「廷杖」制度和廠衛機構的特務行動，在宋代更是聞所未聞，士大夫的人格和尊嚴得到尊重和保存，得以「體面」地參與政治，因此真可謂「以直道馭之而不辱」。因此，胡安國提出的四條「尊陪貳」之道，包含了他對歷史經驗的總結。

然而，胡安國時代的狀況並不理想，他對兩宋之際的現實進行了深刻的反思，而在這種反思中又表達出他的理想和期待。「崇寧以來……廢格法，棄公論。市井儇薄而居宰府，世卿愚子而秉兵柄。臺省寺監清望之班，雜用商賈胥吏技術之賤。於是仁賢退伏，姦佞盈廷」〔註 184〕〔3〕，則「以公心選之而不可私」的原則破壞無餘。神宗對王安石的「以誠意委之而不疑」，在宋代也堪稱孤例，「後王安石時代」的儒家士大夫們，雖然夢寐以求像王安石那樣獲得皇帝的充分信賴，但最終還是落空了。高宗對宰執大臣百般猜疑，胡安國因此委婉地致以微詞：「陛下以宰相不可非其人，頻有選任，可謂得人主之職矣。然而政事未立者，竊恐所以責任異於唐太宗，而宰相所以自任未若陳獻侯也。」〔註 185〕〔3〕於是「疑則勿任，任則勿疑」也流為空話。北宋末期，「士

〔註 181〕據何忠禮，宋代政治史，杭州：浙江大學出版社，2007，163。
〔註 182〕羅從彥，羅豫章集（卷五）·尊堯錄五·王旦，北京：商務印書館，1937。
〔註 183〕李燾，續資治通鑑長編（卷二一五）·熙寧三年九月庚子條，北京：中華書局，1986，5238。
〔註 184〕胡安國，上高宗皇帝書，引自胡寅，斐然集（卷二十五）·先公行狀，長沙：嶽麓書社，2009，494。
〔註 185〕胡安國，時政論，引自胡寅，斐然集（卷二十五）·先公行狀，長沙：嶽麓書社，2009，510。

大夫進爲於元祐之初與元符之末者，盡忠許國，不顧其私，乃誣以謗訕，竄逐下逮其子孫，追削上及其祖父」〔註186〕〔3〕，則有失於胡安國所謂「以隆禮待之」、「以直道馭之」的「尊陪貳」之道。人主「不尊陪貳」可能導致的後果就是「事不成則失國而出奔」，這樣的君主，不僅有春秋時期的北燕伯，更有北宋徽宗、欽宗二帝，胡安國的寓意恐怕更多還在於後者。有學者認爲胡安國是「刻以繩君而緩於誅逆」〔註187〕〔28〕，確實道出了胡安國「繩君」即約束君主的用意，但胡安國這種思想確實也體現了這個時代士大夫較高的政治地位與較強的政治主體意識，因爲「人主尊陪貳」可以視爲士大夫集團向最高統治者爭取權力和地位的呼聲與要求。

　　北宋亡國的原因固然是經緯萬端，但胡安國把人主不尊作爲「陪貳」的宰相也納入其中，確實頗有見地，足以引起後人的共鳴。一百多年後，文天祥即對徽宗時期人主不尊「陪貳」而「侵宰相之權」，最終導致亡國的歷史教訓作了總結，他說：「宣靖間創御筆之令，蔡京坐東廊，專以奉行御筆爲職，其後童貫、梁師成用事，而天地爲之分裂者數世，是可鑒矣」〔註188〕〔228〕。宋徽宗以「御筆」之制「奪中書之權」，嚴重破壞了「權歸人主，政出中書」的原則，使秉政大臣唯「御筆」是從，使政事失去糾偏補救的機會，使國事每況日下，終於亡國。胡安國與文天祥，一個在南宋之初警告君主「不尊陪貳」則將「失國而出奔」，一個在南宋之末感歎「奪中書之權」導致「天地爲之分裂者數世」，兩人相越百年，竟可謂彼此「心有戚戚焉」。

　　胡安國主張「卿大夫」（或宰相）應當作爲君主的「陪貳」，並要求人主恪守「尊陪貳之道」，無疑屬於胡氏「王道」政治理想的一部分，但理想終究是理想，這畢竟是士大夫的一廂情願，歷史總讓人惋惜，現實總會與理想狀況存在差距。儘管胡安國在南宋之初就向君主提出這樣的思想主張，但南宋的君主們似乎並不以爲然，以至於南宋寶祐四年（1256），宋王朝已在風雨飄搖之中，文天祥還要在其著名的《御試策》中大聲疾呼：「臣願陛下重宰相之權，正中書之體，凡內批必經由中書樞密院，如先朝故事，則天下幸甚、宗社幸甚。」然而，「風流總被雨打風吹去」，不論士大夫爲了理想如何呼號挽救，都已經無法阻止南宋王朝走向末路。

〔註186〕胡安國，上高宗皇帝書，引自胡寅，斐然集（卷二十五）‧先公行狀，長沙：嶽麓書社，2009，510。

〔註187〕春秋三傳之案語，上海：上海古籍出版社，1987，420。

〔註188〕文天祥，文山集（卷三）‧御試策，文津閣四庫全書本，1188 冊，262。

5.4.3　大臣任大事

在理想化的君臣關係中，君臣雖然彼此依賴構成一個政治共同體（君臣一體），但君與臣之間的政治職能畢竟還是有著根本性的區別。在君臣一體的政治權力結構之下，宰相作為百官眾臣之首，其政治地位與政治職能顯得格外重要和突出。在尊君及「君為政本」的前提之下，君主與大臣尤其是宰相之間的分工，非常值得關注。宋朝宰相的正式官名為「同中書門下平章事」，亦稱「中書」。而宋代士大夫的理想的政治格局無非就是「權歸人主，政出中書，天下未有不治」〔註 189〕〔66〕。這種理想的君權與相權的分割格局似乎是將政權與治權分開。胡安國《春秋傳》中也充分地表達了他對這種君相分權而又「一體」的理想政治構架的歡迎。胡安國對君主與宰相的政治分工原則可以概括為：「體元者，人主之職，而調元者，宰相之事」〔註 190〕〔3〕，「人主之職，在論相而已矣」〔註 191〕〔3〕。隱隱然似乎已經具有了「虛君」制的傾向，實際上是主張君主作為國家元首只需把握最高的人事大權，而對具體的事務性的工作則交給由宰相為首的執政集團與臣僚百工，完全符合前文所述「權歸人主，政出中書」的理想格局。胡安國認為，「夫宰相者，啟沃人主，進退賢才，阜安百姓，天下之事無所不統者也」〔註 192〕〔3〕，這似乎也是宋儒的共識，朱熹亦曾說過：「縣總於州，州總於諸路，諸路總於臺省，臺省總於宰相，而宰相兼統眾職，以與天子相可否而出政令。」〔註 193〕〔44〕在這樣的原則之下，胡安國又對君主與宰相的具體職責作了區分。桓公四年「夏，天王使宰渠伯糾來聘」，胡氏說：

> 操刑賞之柄以馭下者，王也。論刑賞之法以詔王者，宰也。以經邦國，則有治典。以安邦國，則有教典。以平邦國，則有政典。以詰邦國，則有刑典。治教政刑而謂之典，明此天下之大常也。大宰所掌而獨謂之建，以此典大宰之所定也。〔註 194〕〔3〕

南宋理宗紹定五年（1232）進士黃履翁的一段話堪為胡安國的同調，他說：

〔註 189〕黃淮、楊士奇，歷代名臣奏議（卷六十四），文津閣四庫全書本，433 冊，349。

〔註 190〕胡安國，春秋傳（卷一）·隱公元年。

〔註 191〕胡安國，春秋傳（卷五）·桓公八年。

〔註 192〕胡安國，致許景衡書，引自胡寅，斐然集（卷二十五）·先公行狀，長沙：嶽麓書社，2009，500。

〔註 193〕朱熹，朱子全書（第 20 冊）·朱文公文集（卷十一）·庚子應詔封事，上海：上海古籍出版社，合肥：安徽教育出版社，2002，586。

〔註 194〕胡安國，春秋傳（卷四）。

　　　　以天下之責任大臣，以天下之平委臺諫，以天下之論付士夫，

　　則人主之權重矣。……然人主之所謂總權者，豈必屑屑然親事務之

　　細哉？〔註195〕〔68〕

陳傅良的意見與胡安國也幾乎完全一致，他說：「人主之職論一相，一相之
職論百官」〔註196〕〔229〕。皇帝作爲最高統治者，「除禮樂征伐大事之外，
其餘細務，責成左右」〔註197〕〔58〕，「攬權不必親細務」，只需「論相而已」，
由宰相行使最高行政權而對皇帝負責，這也是宋代政治體制的正常運轉模
式。宋代皇權固然得到極大強化，但相權也並未弱化，而是同時得到加強
〔註198〕〔141〕，雖然設參知政事分散宰相行政權，並設樞密院使分掌原屬宰
相的軍權，三司使分掌財權，表面看來宰相權力似乎削弱了，但實際上由宰
相和執政組成的「宰執」集團的權力不僅沒有削弱，反而得到與皇權的同步
強化。因此，宋代政治權力格局的特點是「人主之權重」的同時，又有「宰
相之任重」〔註199〕〔68〕。同樣的思想傾向在胡安國的《時政論》中也有體
現，其《立政論》曰：「人主、宰臣必先明其所職，而後政可立。選擇忠賢
以爲輔弼，任而不疑者，人主職也。薦進人才，布列中外，賞罰不私者，宰
相職也。」〔註200〕〔3〕這樣就「賦予」宰相以極大的事權。

　　胡安國認爲，在宰相的諸多事權之中，最重要的一項就是「置君」。昭
公二十七年「夏四月，吳弒其君僚」，《胡傳》謂：「大臣任大事，事莫大於
置君矣。故君存而國本定，君終而嗣子立，社稷嘉靖，人無閒言。此秉政大
臣之任，伊召之所以安商周，孔明之所以定劉漢也。若廢立進退出於群小閹
寺，而當國大臣不預焉，則將焉用彼相矣。」〔註201〕〔3〕國君的廢立進退關
係到國本的安危，在君權高度集中的時代，往往被視爲君主一家一姓甚至是
天子一人的「私事」，而在胡安國看來，竟然是大臣所應承擔的大事。實際
上，宰執大臣擔當起「置君」重任的事例在宋代絕非罕見，胡安國認爲「大

〔註195〕黃履翁，古今源流至論（別集卷二）・君權，文津閣四庫全書本。
〔註196〕陳傅良，永嘉先生八面鋒（卷十二）・宰相得人則百官正，叢書集成初編本。
〔註197〕羅從彥，羅豫章集（卷三）・尊堯錄三・眞宗，北京：商務印書館，1937。
〔註198〕關於宋代皇權與相權都有加強的觀點，參見張邦煒，宋代政治文化史論，北
　　　　京：人民出版社，2005，1。
〔註199〕黃履翁，古今源流至論（別集卷二）・君權，文津閣四庫全書本。
〔註200〕胡安國，時政論，引自胡寅，斐然集（卷二十五）・先公行狀，長沙：嶽麓書
　　　　社，2009，510。
〔註201〕胡安國，春秋傳（卷二十六）。

臣任大事，事莫大於置君」的觀點亦當有堅實的立論依據。例如，太宗死後，李皇后及若干近臣欲改變太宗遺意另立新君，因遭到宰相呂端的抵制而沒有成功。英宗當初就是在文彥博、韓琦、范鎮、包拯、富弼、司馬光等大臣的一再奏請之下被立爲皇子，而繼位之後，因與曹太后矛盾尖銳，朝臣與宦官有廢立之議，范仲淹等大臣都堅定地支持英宗，紛紛上書太后，以防止廢黜英宗，宰相韓琦更是果斷採取非常措施，迫使曹太后撤簾歸政於英宗。這些都是典型的「大臣任大事」事例，在當時及後世都廣爲流傳，胡安國必然熟悉這些典故，在撰寫《春秋傳》時，或多或少受其影響而在潛意識裏將它們引爲宰執大臣可以干預帝王「家事」的「成例」或「故事」依據。不僅帝王「家事」可以干涉，即使胡安國多次強調「不可假人」的兵權，在實際運作中，獨掌兵權的君主亦應與大臣協商，胡氏說：「用兵大事也，必君臣合謀而後動」〔註202〕〔3〕。這些都反映了胡安國強烈的政治責任感和政治主體意識，與胡氏所處時代「與士大夫共治天下」的政治文化及士大夫們相對寬鬆的「政治生態環境」有著極其重要的關聯。

5.4.4 臣與君共天位治天職

胡安國認爲：「列國之卿，其君所與共天位治天職者」〔註203〕〔3〕，這也體現了宋代「與士大夫共治天下」的政治文化特徵。所謂「共天位治天職」亦即「共治天下」的另一種表達。前引朱熹所謂「宰相兼統眾職，以與天子相可否而出政令」也與胡安國此說可以互相發明，形象地描繪了一副作爲士大夫階層最高代表的宰相與作爲最高統治者的帝王之間協商共治的理想圖景。柳詒徵先生曾說：「宋之政治，士大夫之政治也。政治之純出於士大夫之手者，惟宋爲然。」〔註204〕〔113〕宋代是天子與士大夫「共治天下」的時代，也是士大夫政治主體意識空前高漲的時代。余英時先生曾指出：宋代士階層不但是文化主體，而且也是一定程度上的政治主體，至少他們在政治上所表現的主動性超過了以前的漢、唐和後面的元、明、清。〔註205〕〔139〕

〔註202〕胡安國，春秋傳（卷一）・隱公元年「夏五月鄭伯克段於鄢」條。

〔註203〕胡安國，春秋傳（卷十五）・文公十七年「春，晉人、衛人、陳人、鄭人伐宋」條。

〔註204〕柳詒徵，中國文化史，上海：上海古籍出版社，2001，580。

〔註205〕參見余英時，朱熹的歷史世界——宋代士大夫政治文化的研究，北京：三聯書店，2004。

「共治天下」之說其來有自，但並不始於宋代。西漢宣帝就曾說過：「與我共治天下者，其惟良二千石乎！」〔註206〕〔230〕曹操也曾宣稱：「自古受命及中興之君，曷嘗不得賢人君子與之共治天下者乎！」〔註207〕〔231〕何忠禮先生曾經指出：這裡所謂的「共治天下」實際上是州郡長官與賢人君子按照君主的意志管理百姓，「共治」者不過是帝王的工具。〔註208〕〔98〕其實問題的關鍵不在於「共治」者是否是帝王的統治工具，這是任何一個帝制王朝的共性，要緊處在於「共治」真正含義以及參與「共治」者的身份性質。漢代帝王所與「共治天下」的「二千石」實際上主要是指軍功地主和世家豪門，魏晉南北朝與君主「共治天下」的「賢人君子」則主要是門閥士族地主。這些「共治者」往往都有深厚的家族背景與獨立而強大的經濟基礎，因而也有自己相對獨立的政治經濟利益的訴求，在一定程度上足以與天子分庭抗禮，在皇權強大之時，尚能維持統一與「共治」的局面，一旦皇權式微，他們將對皇位構成威脅，要麼發生篡奪，要麼形成分裂割據的局面。因此，這種「共治」，並非真是「共同治理」，反而更具「分治」的意味，即皇帝與豪門士族分天下而治之，東晉時期的「王與馬共天下」格局即是這種「共治」的典型。

到了宋代，歷史完成了「從門閥政治到官僚政治，從『王與馬共天下』的封建分權局勢逐漸過渡到皇帝『與士大夫爲治』的中央集權制」〔註209〕〔141〕的轉變過程，「共治天下」就逐漸具備了新的含義。〔註210〕〔130〕參與「共治天下」的絕大多數都是科舉出身的士大夫，如宋末元初人戴表元所說，「名卿士大夫，十有八九出於場屋科舉」〔註211〕〔232〕。他們沒有門閥士族那樣深厚的根基和強大的實力，基本上以依附於皇權而獲得政治經濟地位，對皇權有極大的向心力。他們即使貴爲宰相，「一旦名位爵祿國家奪之，卻爲一措大」〔註212〕〔44〕，在帝王面前，宰相不過是「一書生耳」〔註213〕〔5〕。他們也沒

〔註206〕房玄齡，晉書（卷六九）・劉隗附孫波傳，北京：中華書局，1974。
〔註207〕陳壽，三國志・魏志（卷一）・武帝紀，北京：中華書局，1982。
〔註208〕何忠禮，宋代政治史，杭州：浙江大學出版社，2007，161。
〔註209〕張邦煒，宋代政治文化史論，北京：人民出版社，2005，416。
〔註210〕筆者按：日本學者內藤湖南的「唐宋變革論」也對漢唐學人與宋明學人的身份進行了區別，認爲前者多爲門閥士大夫，而後者基本上是科舉士大夫。參見王水照爲土田健次郎《道學之形成》（上海古籍出版社，2010）所撰的「前言」。
〔註211〕戴表元，剡源文集（卷九）・陳晦父詩序，文津閣四庫全書本，1198冊，109。
〔註212〕杜衍語，見朱熹，朱子全書（第12冊）・五朝名臣言行錄（卷七）・丞相祁國

有自己獨立的政治經濟利益訴求，而是把自己的榮辱進退與國家、朝廷的興衰安危繫於一體。這也是宋代既「看不見篡奪」〔註214〕〔95〕，也沒有發生藩鎮割據的深層原因。因此，宋代「與士大夫共治天下」，才是眞正的「共治」。宋代士大夫雖然沒有獨立的經濟基礎，但在持久而深入的儒學復興運動中，他們從先秦儒學中發掘出天道性理之學的思想因子，形成了強烈的道統意識與王道理想，促使他們從文化與道義上獲得了優越感和責任感，從而催生出強烈的政治主體意識。就胡安國而言，他與宋代其它主流理學家一樣，以聖人之道的傳承者自居，他發揮「聖人以天自處」〔註215〕〔3〕的《春秋》大義，而自期爲「天理之所在」〔註216〕〔3〕，從而使士大夫獲得「從道不從君」甚至與帝王爭是非的強大精神或文化力量。在這種力量的支撐下，宋代士大夫普遍具有以天下爲己任的擔當意識，以主人翁的姿態活躍在國家政治舞臺上，爲實現宋代政界與思想界共同的重建王道秩序的政治理想而貢獻著各自的聰明才智，爲宋代「與士大夫共治天下」政治局面的形成提供了基本的社會條件和文化資源。

宋朝建立之初，與士大夫「共治天下」就已被提上國家政治的「議事日程」，「藝祖皇帝有言曰：『國家科舉取士，本欲求賢以共治天下』」〔註217〕〔233〕。太宗也曾對士大夫說：「且天下廣大，卿等與朕共理。」〔註218〕〔5〕宋儒相信，三代之盛世，得力於君臣共治，爲了實現「迴向三代」的王道政治理想，他們極力堅持天子與士大夫共治天下的政治信條。仁宗朝是宋代士大夫政治權力發展史上最爲關鍵的時期，也是與士大夫「共治天下」的典型時期，士大夫開始參與國家重大政策方針的制定。據陳亮在《中興論·論執要之道》中所說，「仁宗朝有勸仁宗以收攬權柄，凡事皆從中出，勿令人臣弄威福。仁宗曰：『卿言固善，然措置天下事，正不欲專從朕出。若自朕出，

　　　　杜正獻公，上海：上海古籍出版社，合肥：安徽教育出版社，2002，205。
〔註213〕司馬光語，見李燾，續資治通鑑長編（卷三六八）·元祐二年閏二月庚寅條，北京：中華書局，1986。
〔註214〕宮崎市定，宋元的經濟狀況，宮崎市定論文選集（卷上），北京：商務印書館，1963。
〔註215〕胡安國，春秋傳序。
〔註216〕胡安國，春秋傳序。
〔註217〕樓鑰，攻媿集·敕賜進士及第陳亮承事郎簽書健康軍節度判官廳公事，文津閣四庫全書本，1157冊，82。
〔註218〕李燾，續資治通鑑長編（卷二十六）·雍熙二年十二月，北京：中華書局，1979，600。

皆是則可，有一不然，難以遽改。不若付之公議，令宰相行之，行之而天下不以爲便，則臺諫公言其失，改之爲易。』」〔註 219〕〔70〕仁宗之言，可以視爲對宋代政治體制的概括，可見宋代天子士大夫集體的分工合作是維持國家機器正常運轉的關鍵。神宗朝的熙寧變法是宋代「迴向三代」復興王道政治運動從「坐而言」轉向「起而行」的階段，也是士大夫作爲政治主體在權力世界正式發揮功能的時期。在神宗與王安石之間，達成了一個默契：皇帝必須與士大夫「共定國是」。這是宋代政治史上一項具有重大突破性的原則。〔註 220〕〔137〕有了這個原則，王安石才敢說：士之「道隆而德駿者，雖天子北面而向焉，而與之迭爲賓主」；文彥博才敢當面向神宗說：「爲與士大夫治天下」；程頤才敢說「天下治亂繫宰相」；而張載則以「爲天地立心，爲生民立命，爲往聖繼絕學，爲萬世開太平」的斯文自任。後來，陸九淵則站在一個足以俯瞰一切的高度，把重建秩序的政治責任概攬到儒者自己肩上，他說：「宇宙內事，是己分內事；己分內事，是宇宙內事」〔註 221〕〔234〕，體現了宋儒極強的政治主體意識。朱熹在慶元時曾當面對寧宗的獨斷專權提出了尖銳批評，他說：

> 今者陛下即位未能旬月，而進退宰執，移易臺諫，甚者方驟進而忽退之，皆出於陛下之獨斷，而大臣不與謀，給舍不及議。正使實出於陛下之獨斷，而其事悉當於理，亦非爲治之體，以啓將來之弊；況中外傳聞，無不疑惑，皆謂左右或竊其柄，而其所行又未能盡允於公議乎？〔註 222〕〔44〕

朱熹認爲君主必須接受宰執、臺諫及臣下等「公議」的監督，不能一人「獨斷」，即使「獨斷」正確，也不合「爲治之體」，表現出強烈的限制君權的思想，也透露出朱熹對天子與士大夫共治天下這一「爲治之體」的認同與維護。

　　正是在這種天子與士大夫「共治天下」的政治文化背景之下，「天下事當與天下事之，非人主所可得私也」成爲宋代士大夫普遍的政治意識。胡安國也才敢於說出「列國之卿，其君所與共天位治天職者」之類的解經之義來。

〔註 219〕陳亮，陳亮集（卷二），北京：中華書局，1974，27。
〔註 220〕參見余英時，士與中國文化，上海：上海人民出版社，2003，519。
〔註 221〕陸九淵，象山先生全集（卷二二）・雜說，濟南：齊魯書社，1997。
〔註 222〕朱熹，朱子全書（第 20 冊）・朱文公文集（卷十四）・經筵留身面陳四事箚子，
　　　　　上海：上海古籍出版社，合肥：安徽教育出版社，2002，680。

文公十七年「春，晉人、衛人、陳人、鄭人伐宋」，按《左傳》，統兵伐宋者分別是晉荀林父、衛孔達、陳公孫寧、鄭石楚，即胡氏所謂「列國之卿」。當時「宋有弒君之亂」，其它諸侯則有討伐弒逆者的「天職」，胡安國認爲「列國之卿」俱應與其國君共同承擔這份「天職」，即「欲行天討而伐宋，乃其職也」。然而，這些卿大夫們最終卻「復不能討而成其亂，是不足爲國卿，失其職矣」〔註223〕〔3〕，因而被胡安國重重貶斥，「皆貶而稱人」。由此可見，在胡安國看來，與君主「共天位治天職」不僅僅是卿大夫們可以享有的政治權利，更是一種不可推卸的政治責任了。如此響亮的呼聲，恐怕也只有具備強烈主體意識和擔當精神的宋儒才能夠發出。

　　總之，「君臣一體共治天下」儘管帶有濃鬱的理想主義色彩，但它的確是宋代政治文化的一大特色，對理想主義王道政治的追求也正是宋代士大夫所致力的目標。如果說「君臣一體」是宋代「士大夫政治」之「體」的話，「共治天下」則是其「用」。「君臣一體」爲宋代與士大夫「共治天下」政治權力分配格局和國家治理方式的形成提供了思想理論的支撐，而與士大夫「共治天下」則使「君臣一體」的政治觀念落實到現實政治實踐中。胡安國《春秋傳》的「人主大臣爲一體，天王宰相爲一心」、「卿大夫，國君之陪貳」等君臣關係論既是對傳統儒家王道思想中「君臣一體」論的繼承，更是宋代與士大夫「共治天下」政治文化絢麗之花的精彩結果。〔註224〕

〔註223〕胡安國，春秋傳（卷十五）。

〔註224〕應該注意的是，與儒家王道理想主義的「君臣一體」思想相對立的是視大臣爲君主之附庸與奴才的觀念。雖然這種觀念並非歷史的主流，但在宋以後曾經大行其道，特別是在清代，大臣甚至自稱爲「奴才」。視君臣如主僕關係的思想傾向歷來就備受批評。秦漢以後，君主不可以獨治也是朝野上下的共識。例如，隋唐諸帝一致認爲君不可以獨治，必須君臣共治。即使隋煬帝也宣稱：「天下之重，非獨治所安；帝王之功，豈一士之略。自古明君哲后，立政經邦，何嘗不選賢與能」，並表示「冀與群才共康庶政」（《隋書·煬帝紀上》）。唐太宗明確指出：「夫六合曠道，大寶重任。曠道不可以偏治，故與人共治之；重任不可以獨居，故與人共守之。」（《帝範·建親》）武則天反覆強調：「九域之至廣，豈一人之獨化！必佇材能，共成羽翼。」（《武則天集·求訪賢良詔》）又說：「正位辨方，體元建極。不憑群彥，孰贊皇猷！」（《武則天集·求賢制》）她認爲歷代成功之主皆由於君臣「唱和相依，同功共體」，「休戚是均」（《武則天集·臣軌序》）。君不可獨治論承認臣是君主治理國家不可或缺的助手，肯定了臣在政治生活中的重要地位。君臣「同功共體」的思想充分肯定了君臣結成政治統一體（亦即「君臣一體」）的必然性和必要性，從政治結構和政治運作的角度，承認了君對臣的依賴性和臣對君的相對制約。（張分田、蕭延

中《中華文化通志・學術典・政治學志》）宋明以後，批判絕對君權的思潮一
波強似一波。思想批判的武器既來自先秦諸子，更來自宋明理學的「王道」、
「天理」學說。胡安國《春秋傳》的「人主大臣爲一體」、「天王宰相爲一心」
論以及大臣爲「國君之陪貳」、「天子之職在論相而已」的思想都含有限制君
權、張揚道義的因素，爲反對君權絕對論、批判君臣關係主僕論提供了有力
的思想武器。君臣一體論與大臣爲「國君之陪貳」說被常常被廣爲引述。君
主不可以獨治論成爲批評絕對君權的重要思想武器。例如，丘濬在《大學衍
義補》中主張「正朝廷」，「格君非」，他爲帝王設置的規範之一就是不能獨治。
丘濬認爲國家權力的分配必須「君總治於上，臣分治於下」，雖然權力「統宗
會元」於中央，集中於君主手中，但因天下之大，萬民之眾，事機之繁，「非
立官以分理之不能得也」。道理很簡單：「夫人君以一人之身，雖日居尊以臨
卑，然實以寡而御眾，以理言固可以以一人統，以勢言則不能以一人周也。」
因此必須設官分職，劃分郡邑，「以分理之」（《大學衍義補・分民鄉牧》）。黃
宗羲在批判主奴式的君臣關係時說：「臣之與君，名異而實同」，「原夫作君之
意，所以治天下也。天下不能一人而治，則設官以治之；是官者，分身之君
也」。君臣雖有上下之分，卻屬同一個體系，「非獨至於天子遂截然無等級也」。
黃宗羲以「曳大木」來比喻君臣實同名異的道理，他說：「夫治天下猶曳大木
然，前者唱『邪』，後者唱『許』。君與臣，共曳木之人也。」（《明夷待訪錄》）

第6章　胡安國《春秋傳》的民本思想與王道

如果說「崇道」思想主要是圍繞君臣關係、政治權威與道德權威的關係而展開，那麼「民本」思想則主要是在討論君民關係、統治集團與被統治階層之間的關係。在君主與民眾之間，儒家既有「尊王」的思想傳統，也有「重民」的政治要求。「尊王」是《春秋》學的一個主題，也是胡安國《春秋傳》的主要論點。但「民本」思想同樣也是胡安國《春秋傳》所欲闡釋的一個重要主題。民本思潮在宋代顯得格外的活躍。「民本」既屬王道政治的題中應有之義，又與王道政治理想本身一樣，既可以論證、維護王權，還具有制約、規範王權的政治功能。胡氏並未因為強調「尊王」而忽略了對「民」的重視，而是在「尊王」的旗幟之下，將王者引向「重民」的方向，是尊君與重民的統一。胡氏《春秋傳》的主要成就之一，就是把宋代理學的「天理」論引入到《春秋》學中，論證了王道政治秩序的合理性，強調了王者的統治權威對民意民心的依賴性，將「以民為本」納入到「王者之道」的範圍中。在「民本」思想的指導下，胡安國對君主的治民政策提出了一系列的政治規範和要求，再一次顯示了其「王道」理想干預現實政治的意圖。

6.1　民本思想及其與王道的內在關聯

君與民的關係很早就是思想家和政治家們廣泛關注並深入探討的問題，圍繞這個問題，歷史上形成了各種各樣的思想理論。在諸多的思想學說當中，又以「以民為本」、「民惟邦本」最具有理論概括性和抽象性，而「民本」思

想，就是這一組關於君民政治關係理論概括的簡稱。

6.1.1　民本思想的淵源與內涵

　　中國古代思想家無論是進行思辨哲理的探討還是進行政治經驗的理論總結，都善於或習慣於使用「本」的概念。「本」字的本意是樹之根、木之幹。《說文解字》中對「本」的解釋是：「本，木下曰本」，又說：「幹，一曰本也」。在中國古代的政治詞彙中，原本沒有「民本」這個概念。「民本」是一個現代學術界創造的學術概念，用來對應中國古代的「民惟邦本」、「國以民為本」等思想命題。所謂「民本」，是「民為邦本」或「國以民為本」的簡約化，即指國之有民，猶如樹之有根、木之有干，意在比喻民眾是國家政治的基礎、根基。最先使用「民本」這一學術範疇的是梁啟超，其《先秦政治思想史》專闢「民本的思想」一章，用「民本主義」討論先秦有關政治思想問題。任公認為，重民思想都可以稱之為「民本思想」。從此以後，「民本」逐漸流行開來，成為研究中國古代「重民」的治民政策和思想的一個通行的學術範疇。也有人使用「重民思想」概括中國古代同一類的思想現象，一般而言，「民本」與「重民」沒有本質不同，都是用來指稱中國古代「以民為本」的政治思想以及相關的治民政策。〔註1〕〔143〕

　　「民本」思想起源於《尚書‧五子之歌》：「皇祖有川，民可近，不可下，民惟邦本，本固邦寧。」「民惟邦本」即為中國民本思想的源頭活水。此後，《墨子‧內篇》曰：「卑而不失尊，曲而不失正，以民為本也」，賈誼《新書》謂：「聞之於政也，民無不以為本貞，國以為本，君以為本，吏以為本，故國以民為安危，君以民為威侮，吏以民為貴賤，此之謂民無不以為本也」，劉勰之《新論》說：「衣食者民之本也，民者國之本也，民恃衣食，猶魚之須水，國之恃民，如人之恃足，魚無水而不可生，人失足必不可以步，國失民亦不可以治」，清末湘人譚嗣同於《仁學》中亦暢言「因民而後有君，君，末也；民，本也」。這些都是直接標明「民本」二字者。但並非一定要有「民本」二字的言論才算是「民本」思想。孟子「民為貴，社稷次之，君為輕」，雖沒有標出「民本」二字，卻不失為儒家傳統民本思想的主流。民本思想在中國傳統政治思想史上佔有極重要的地位，孫中山即認為民本思想為中國政

〔註1〕　張分田教授對與此相關的觀點論述尤多，參見民本思想與中國古代統治思想，天津：南開大學出版社，2009，27～34。

治哲學中最精彩也最主要之一部分，梁任公也特別指出民本思想是我國政治思想的三大特色之一。

　　現代學術界所說的「民本思想」始終是中國古代統治思想的重要組成部分。甚至可以說，中華帝制的政治原理是以民本思想爲基礎框架而精心構築的龐大的思想體系。中國古代無論是思想家還是統治者，都承認民是國家政治的總根本。賈誼曾說：「聞之於政也，民無不以爲本。國以爲本，君以爲本，吏以爲本。故國以民爲安危，君以民爲威侮，吏以民爲貴賤。此之謂民無不爲本也。」〔註2〕〔235〕漢唐以降，歷代統治者也都承認民是國家政治的根本。唐太宗承認「君依於國，國依於民」〔註3〕〔236〕；武則天曾經親自撰寫了包含濃厚民本思想的《臣軌》；五代後蜀孟昶曾作《令箴》說：「爾俸爾祿，民膏民脂。下民易虐，上天難欺」，既承認了民是國家財賦的來源，也提出了愛民保民的要求；宋太宗將《令箴》中這十六個字頒行天下，告示海內；宋高宗命將此箴頒行天下，勒石立於衙門公案之側，稱爲「戒石箴」；明太祖朱元璋也常把「國以民爲本，民以食爲天」掛在嘴邊。

　　「以民爲本」是專門界定廣大民眾與國家政權關係的理論命題。據《禮記‧緇衣》記載，孔子曾說：「民以君爲心，君以民爲本。」如果說「民以君爲心」旨在明確政治定位，即君爲主宰者而民爲從屬者，那麼「君以民爲本」則旨在明確君主的政治責任和施政理念，即君主必須關愛與自己利害攸關的民眾，因爲「君以民存，亦以民亡」。「民以君爲心」與「君以民爲本」共同構成了民本思想最基本的思維邏輯。《五子之歌》所謂「民惟邦本，本固邦寧」的命題就是對「民本」思想的高度概括。一般而言，「民本」思想首先是一種政治理念，主張「民本」的思想家都會要求統治者樹立「國以民爲本」的政治理念。「儒家民本思想第一義是以人民爲政治之主體」〔註4〕〔105〕，先秦即有「天下非一人之天下也，天下之天下也」〔註5〕的思想主張。宋代朱熹猶有「天下者，天下之天下，非一人之私有故也」〔註6〕〔143〕的經解。「民本」思想也是一種治民政策的施政原則，在「民本」政治理念的指

〔註2〕賈誼，新書（卷九）‧大政上，濟南：山東畫報出版社，2004。

〔註3〕司馬光，資治通鑑（卷一九二）‧唐紀八，北京：中華書局，1957，6025。

〔註4〕金耀基，中國民本思想史，北京：法律出版社，2008，11。

〔註5〕呂氏春秋‧貴公。

〔註6〕朱熹，朱子全書（第6冊）‧孟子集注‧萬章章句上，上海：上海古籍出版社，合肥：安徽教育出版社，2002，374。

導之下，對民眾的治理，必須貫徹「不竭民力」、「使民以時」等施政原則。「民本」思想同時還是一種政治境界，只有眞正做到了「以民爲本」，關心民瘼，心繫民事，才能達到「與民同樂」的政治境界。本文即從政治理念、施政原則和政治境界三個層面來分析胡安國《春秋傳》的「民本」思想。

民本思想並不是「民主」思想，但這不能妨礙我們從傳統「民本」思想中尋找具有普適性的政治理念和思想價值。在中國古代政治思想中，蘊含著許多在現代社會依然適用的政治法則。「民本」思想是富有人文關懷、人道理念的政治思想和理論，它包含著許多與現代「民主」思想相似的思想因子和普適性價值，諸如：人本主義的政治精神、政權爲人民大眾而設的政治本體論、人民大眾是國家根本的政治哲學、政治權力歸根結底來自人民群眾的權源觀念、符合廣大民眾利益要求的治國治民理念等等。〔註 7〕〔143〕所有這些具有普適性價值的因子，都可以成爲現代民主政治建設可資利用的思想文化資源。

6.1.2 民本思想的政治功能

前文已述，「王道」思想所具有雙面的政治功能，也就是既論證王權的合法性、維護君主統治的功能，又對君主提出了最高的道德和行爲的制約，對君權的行使提出了「道」、「禮」、「天理」的規範。「民本」思想與「王道」政治思想同樣具有兩面的政治功能，即一方面論證和維護君主的權力和統治，另一方面又對君主及君權的行使設有一定的限制和規範，對中國古代社會政治秩序的穩定起到了十分重要的作用。

立君爲民、民爲國本、政在養民是古代中國社會人群的政治價值共識。立君爲民思想既是對君權的論證，又是對君權的限定。其基本思路是：民眾不能自治，必須立君以治之，而君主又必須時刻爲民眾著想，養育萬民，安定眾生。〔註8〕在中國古代占主流地位的君民關係論的基本思路是：君主是國家政治的核心和主宰，關乎庶民和社稷的安危存亡。但是，庶民和社稷是國家的根本和基幹，民是國之本，而君是政之本。就國家存亡而言，庶民群體比在位之君更重要；就政治盛衰而言，在爲之君比庶民群體更重要。「君爲政本」與「民爲國本」相提並論、并行不悖，形成一種「組合命題」。孟子堪稱

〔註 7〕 張分田，民本思想與中國古代統治思想，天津：南開大學出版社，2009，744。
〔註 8〕 張分田，民本思想與中國古代統治思想，天津：南開大學出版社，2009，435。

這種思想現象的典型。他一方面主張「民貴君輕」，抨擊「率獸食人」的暴政；另一方面又主張「民無二王」，斥責「無父無君」的言行。前者屬於「民本」思想，後者屬於「君本」思想〔註9〕〔143〕，「君本」是對君權的論證，「民本」就是對君權的制約。

　　中國古代思想家普遍認為，設立君主的目的之一就是養育人民。天子「作民父母，以為天下王」〔註10〕。這樣將像父母愛養子女一般對待人民的責任託付給了天子。程頤說：「天之生民，必有出類之才，起而君長之，治之而爭奪息，導之而生養遂，教之而倫理明，然後人道立，天道成，地道平。」〔註11〕〔29〕為養育民眾而立君的觀點要求君主承擔管理社會、關愛民生的責任，其主旨是為治權在君或主權在君提供理論依據，但它同時也認識到國家管理社會的職能，為君權的行使提出了要求和規範。這正是民本思想的主要功能之一。「民本」思想既賦予君主以統治民眾、索取於民眾的最高權力，但同時又把重民、愛民、恤民、保民的責任託付於君主，這也就是為君主的治民行為提出了要求和規範，對君主權力的行使至少在觀念和輿論上將形成一定的制約力量。各種「設君之道」都蘊含規範君主的思路，從而為君權的存在和行使設定了條件與範圍。例如：既然「天作君」，那麼君主就必須對天負責，以德配天；既然為維護道義立君，那麼君主就必須體道、行道，成為道德的楷模；既然立君之旨在養育民眾，那麼君主就必須貫徹政在養民的理念；既然立君為天下公益，那麼君主就不能謀求私利等等。〔註12〕〔143〕「天之生民，非為君也。天之立君，以為民也。……豈其使一人肆於民上，而剝天下以自奉哉！」〔註13〕「民本」思想不僅沒有追求「絕對君權」主義，反而自我設定了一系列規範性、制約性、警示性的政治理念，包含著豐富的政治智慧和政治理性。自古以來的人們無不以這些「民本」思想為理論武器，抨擊暴政，捍衛民眾自身生存、發展的權力；也無不根據「民本」的思維邏輯，對現實政治的是非好壞做出或褒或貶的評價。如果一個政府或官員能夠重視民眾利益，推行改善民生的政策，使民眾獲得「實惠」，共享社會發展的成果，那麼這個政府或官員必將因其「親民」而受到民眾的擁戴和稱讚，

〔註9〕張分田，民本思想與中國古代統治思想，天津：南開大學出版社，2009，34。
〔註10〕尚書·洪範。
〔註11〕二程集·河南程氏經說（卷四）·春秋傳序，北京：中華書局，1981，1124。
〔註12〕張分田，民本思想與中國古代統治思想，天津：南開大學出版社，2009，422。
〔註13〕呻吟語（卷五）·外篇·書集·治道。

也將獲得更加堅實的統治基礎。

6.1.3　民本與王道的內在關聯

「民本」思想作爲中國古代統治思想組成部分，與儒家「王道」政治理想具有內在的溝通性。除了上文已經談到的兩者在政治功能方面所具有的共通性以外，「王道」與「民本」之間的內在關聯，主要還可以從以下三個方面來考察。

首先，「民意」充實了「王道」的內涵，而王者對「天道」的遵循與踐履，也就是對民意的尊重。

前文已述，「王道」的一個重要政治功能就在於爲政治提供合法性論證，王之所以成爲王者，其終極依據就在於遵循了「道」的規範。這個「道」，首先就是「天道」，由於有王者的遵循和踐履，就變而爲「王道」。從這個意義上講，「王道」就是「天道」體現。那麼「天道」又究竟以什麼東西爲實質呢？傳統的「天民合一」論爲這個問題提示了答案。陳來教授指出，儒家政治哲學中有一個重要的思想主題，就是「天民合一」論。〔註14〕〔210〕天民合一論同樣涉及政治的合法性問題。在古代政治哲學中，圍繞統治與服從的問題，爲了保持統治，始終注重君——民關係。君、民之間的關係問題不僅是討論君主怎樣統治的問題，同時還關涉到政權和統治的終極合法性問題。而「民本」思想也正是這樣一種君民關係論。於是，「民本」與「天道」、「王道」就發生了深層次的連結。根據「天命」論的思想，任何君主或王朝統治的最終合法性來自天命或天道，而天命的實質內涵恰恰就是民意。《尚書》即謂「天工，人其代之」〔註15〕，即天對人間世界的統治管理需要由人來執行，這個人便是天子。天子的行爲必須遵循天意，或者說王者之道，必須本於天道。但天本身是無言無語、不行不動的，「昊昊之天」如何才能將「天意」傳達給自己在人間的代理人天子呢？在先秦政治思想中，「天子」之意並非就直接代表「天意」，「天意」往往是通過「民」的好惡意思來展現，即「民意」被擬定爲天意，這就將民的地位上升到天的位置，於是就產生了「天聰明，自我民聰明；天明畏，自我民明畏」；「天視自我民視，天聽自我民聽」；「天畏棐

〔註14〕陳來，中國早期政治哲學的三個主題，余敦康先生八十壽辰紀念集，首都師
　　　　範大學出版社，2009，6。
〔註15〕尚書・皋陶謨。

枕，民情大可見」〔註16〕；「民之所欲，天必從之」〔註17〕等等一系列天民合
一的命題。「這樣一來，真正駕臨在君王頭上者，不是抽象的『天』，而是圓
顱方趾的具體的『民』了。」〔註18〕〔105〕

　　宋代的儒學復興，也將先秦儒家這種以「民意」為「天意」之實質的思
想發揚光大。例如，張載說：「帝天之命，主於民心而已」〔註19〕〔63〕，認為
民心是判定天命所歸的重要依據。胡安國在《春秋傳》中也把「歸民心」等
同於「合天德」，把「民心」視為「天德」的實質內容。〔註20〕〔3〕因此，「王
道」表面上看，是王者對「天道」或「天命」的遵循，而實質上，卻是對「民
意」（或民心）的尊重，「王道」本於「天道」，也就是「以民為本」了。

　　其次，愛民、保民等民本措施是王道政治的重要內容，也是實現王道理
想的基本途徑。

　　王道政治不僅是儒家對理想政治秩序和狀態的描述，同時還是為了實現
理想秩序而設計的治國之道，包含了一系列的治理方案和政策措施。王道政
治的理念落實到具體的政治治理與政策措施之上，首先就是愛民與保民，這
本來也是儒家傳統的政治主張。孔子主張「仁者，愛人」，曾說：「道千乘之
國，敬事而信，節用而愛人，使民以時。」《說苑・理政篇》記載有子貢與孔
子之間的問答，「子貢問治民於孔子，孔子曰：『懍懍焉如以腐索御奔馬。』
子貢曰：『何其畏也？』孔子曰：『夫通達之國皆人也，以道導之，則吾畜也。
不以道導之，則吾仇也。若何而毋畏？』」〔註21〕〔50〕由此可見孔子主張以道
治民，只有導之以道，才能獲得民的支持與合作，否則將使民成為仇寇。春
秋時期鄭國賢相子產曾得到孔子多次讚揚，《論語》記載：「子謂子產：『有君
子之道四焉：其行己也恭，其事上也敬，其養民也惠，其使民也義』」〔註22〕，

〔註16〕尚書・康誥。
〔註17〕左傳・襄公三十一年。
〔註18〕金耀基，中國民本思想史，北京：法律出版社，2008，31。
〔註19〕張載，張載集・正蒙・天道篇，北京：中華書局，1978，14。
〔註20〕昭公二十四年「夏四月，陳災」，《胡傳》曰：今楚已滅陳，……必不遣使告
　　　　於諸侯，言亡國之有天災也，何以書於魯國之策乎？當是時，叔弓與楚子會
　　　　於陳，則目擊其事矣。雖彼不來告，此不往弔，叔弓使畢而歸語陳故也，魯
　　　　史遂書之耳。……仲尼作經，存而弗革者，蓋興滅國，繼絕世，以堯舜三代
　　　　公天下之心為心，異於孤秦罷侯置守，欲私一人以自奉者，所以歸民心，合
　　　　天德也。見胡安國《春秋傳》卷二十四。
〔註21〕轉引自蘇輿，春秋繁露義證，北京：中華書局，1992，101。
〔註22〕論語・公冶長。

可見養民、愛民、恤民也是作為統治者的「君子」所應具備的道德。孟子所說的「保民」內涵較廣，實際上包含有安民、養民、教民等「民本」思想的主要內容，是實現王道理想政治的主要措施。〔註23〕〔237〕

只有以民為本的政治才稱得上是「王道」政治。儒家思想家大多認為，三代聖王之所以能夠締造王道盛世，是因為他們「立國規模則皆以安民為本」〔註24〕。孟子說：「堯舜之道，不以仁政，不能平治天下。今有仁心仁聞，而民不被其澤，不可法於後世者，不行先王之道也。……《詩》云：『不愆不忘，率由舊章。』遵先王之法而過者，未知有也。」〔註25〕可見，儒家理想中的上古三代的王道政治，即是以民為本位、以民為中心的「民本」政治。「先王之道」與「先王之法」都在於行仁政，「仁政」是儒家政治學說的中心，而「仁政」的具體表現就是要使「民被其澤」，用現代的語言來說，就是要使人民群眾得實惠。所以孟子以為「民為貴，社稷次之，君為輕」，主張「施仁政於民」。「儒家言道言政，皆植本於仁」〔註26〕〔80〕，「仁」是儒家的最高境界，「仁政」則是最理想的政治，亦即「王道」政治。程頤說：「王道之本，仁也。」〔註27〕〔29〕朱熹也說：「先王之道，仁政是也。」〔註28〕〔44〕因而，王道政治的具體體現就是施仁政。「仁者愛人」，仁政的精髓就是「仁心」，即朱熹所謂「愛人之心也」〔註29〕〔44〕。陸九淵亦謂「『德惟善政，政在養民』，行仁政者，所以養民也」〔註30〕〔238〕。可見「民本」乃是王道理想政治的題中必有之義。胡安國也說：「凡志災，見《春秋》有謹天戒恤民隱之心，王者之事也。」〔註31〕〔3〕這些思想言論都透露出儒家的「民本」與「王道」之間存在密切的內在關聯。概言之，「以民為本」既是王道政治理想的重要內容，又是通向王道理想政治的必然途徑。

〔註23〕 參見楊澤波，孟子評傳——走向內聖之境，南寧：廣西教育出版社，1994，161。

〔註24〕 季本，詩說解頤（卷二十四）·公劉，文津閣四庫全書本，74冊，416。

〔註25〕 孟子·離婁上。

〔註26〕 梁啓超，先秦政治思想史，上海：上海書店，1992，67。

〔註27〕 二程集·河南程氏文集（卷五）·上仁宗皇帝書，北京：中華書局，1981，513。

〔註28〕 朱熹，朱子全書（第6冊）·孟子集注（卷七），上海：上海古籍出版社，合肥：安徽教育出版社，2002，336。

〔註29〕 朱熹，朱子全書（第6冊）·孟子集注（卷七），上海：上海古籍出版社，合肥：安徽教育出版社，2002，336。

〔註30〕 陸九淵，陸九淵集·雜著（卷二十二），北京：中華書局，1980，274。

〔註31〕 胡安國，春秋傳（卷八）·莊公十一年「秋，宋大水」條。

再次，人心的歸往和民眾的擁護，是王者之所以成爲王者的必要條件，王者之道必須以民爲本。

「民本」主張並非僅僅出於理想主義，同時也有現實政治層面的考慮。儒家之所以如此重民愛民，乃是因爲看到了民的力量對於王者的重要意義。孟子所謂「諸侯之寶三：土地、人民、政事」〔註32〕，諸侯尚且以民爲寶，更何況王者。要成爲王者，首先要獲得民眾的支持和擁護，否則，王就成爲孤家寡人，而王道也將不復存在。所以孟子認爲「保民而王，莫之能禦也。」〔註33〕此外，《國語·周語》謂：「眾非元后，何戴？后非眾，無與守邦。」《尚書·太甲》說：「民非后，罔克胥匡以生；后非民，罔以辟四方。」這些思想都在試圖論證民眾是守邦衛國的主要力量。董仲舒說：「王者，民之所往。君者，不失其群者也。故能使萬民往之，而得天下之群者，無敵於天下。」〔註34〕〔7〕《白虎通·號篇》：「王者，往也，天下所歸往。」《韓詩外傳》：「王者，往也，天下往之謂之王。」《春秋元命苞》：「王者，往也，神之所輸向，人之所樂歸。」〔註35〕〔50〕這些關於「王者」的解釋，都無一例外地把「民」的歸往追隨視爲「王」之所以成爲「王者」的必備條件，正如清儒蘇輿所謂的「未有民不嚮往而能爲王者」〔註36〕〔50〕。正因爲民對於王者具有如此重要的意義，所以王者之道，必須保民愛民，以民爲心，關注民生。

總而言之，王者之道就是要「以民爲本」。因而討論胡安國《春秋傳》的王道思想，必然要分析其「民本」思想。

6.2　民本思潮在宋代的活躍

歷代政治家和思想家熱衷於「民本」問題的探討，兩宋亦不例外。金耀基先生的《中國民本思想史》認爲宋、元、明雖然是哲學思想史上的偉大光輝時期，但民本思想則「幽潛不明，萬籟俱寂，鮮可陳述，可付闕如」，因此，他將隋唐與宋明均列入「民本思想之消沉時期」〔註37〕〔105〕。筆者認爲

〔註32〕孟子·盡心下。
〔註33〕孟子·梁惠王上。
〔註34〕董仲舒，春秋繁露·滅國上，北京：中華書局，1991，72。
〔註35〕轉引自蘇輿，春秋繁露義證，北京：中華書局，1992，133。
〔註36〕蘇輿，春秋繁露義證，北京：中華書局，1992，133。
〔註37〕金耀基，中國民本思想史，北京：法律出版社，2008，142。

這種意見不符事實。從歷史視角來看，宋代的民本思想非但不是「幽潛不明」，反而因為特殊的歷史背景和政治環境而顯得格外活躍。

6.2.1　歷史原因

　　民本思想在宋代的活躍，有其獨特的歷史背景和原因。

　　趙宋王朝獲取政權的途徑和經過相較於漢、唐時代有其獨特之處。漢、唐政權的建立都經歷了農民起義運動的過程，開國之君都曾在農民起義的浪潮中經歷了冲洗磨刷，因而君主們對「民為邦本」、民心向背對於國家安危的意義有更深刻更切身的認識，所以能夠有意識地主動採取寬民、恤民的治民政策，與民休息。而宋代的建國，成功於一場兵變，對農民起義的破壞力並無很深的認識，也無直接的體會。立國之初，雖然也會如其它朝代的統治者一樣把保民、愛民寫在聖旨和詔書之上，但在實際的治民政策上，卻似乎並未以民生為念，一開始就存在種種弊端。例如，不抑兼併、役法繁苛、大量養官被視為宋代三代弊政，「三冗」問題也成為長期困擾朝廷的難題，而這些弊政和難題都直接給民生帶來災難。「三冗」的直接後果就是增加了政府的財政負擔，為了解決財政危機，就不得不增加各種苛捐雜稅，加強對民眾的剝削，從而造成「內則省庭，外則轉運司以至州縣，勤勞供職，嚴峻用刑，所急支須，惟財是務。盡農畝之稅，竭山澤之利，舟車屋宇、蟲魚草木，凡百所有，無一不徵，共知窮困，都為賦斂」〔註38〕〔239〕的局面。宋代的「賦斂」可謂繁苛，據《宋史・食貨上二》記載，宋代賦稅主要有五種：一是公田之賦，「凡田之在官，賦民耕而收其租者是也」；二是民田之賦；三是城廓之賦，「宅稅、地稅之類是也」；四是丁口之賦，「百姓歲三輸身丁錢米是也」；五是雜變之賦，「牛革蠶鹽之類，隨其所出，變而輸之是也」〔註39〕〔98〕。「民田之賦」中的「二稅」又派生出許多雜稅，如：「支移」、「折變」、「加耗」、「和糴」、「和買」。而這些雜稅之下又有派生，如「加耗」又有倉耗、省耗、稱耗、正耗、水腳耗、明耗、暗耗、雀鼠耗等等，可謂名目繁多，層出不窮。就像胡安國所說：「及部使者取之折變，則有一折、兩折、三折，收糴則有均糴、敷糴、補糴，散引則有曲引、鹽引、茶引，受納則有一加、

〔註38〕　富弼，宋朝諸臣奏議（卷一三一）・上仁宗論西夏八事，上海：上海古籍出版社，1999。

〔註39〕　何忠禮，宋代政治史，杭州：浙江大學出版社，2007，124。

再加、倍加。」〔註40〕〔2〕後來朱熹也說：「古者刻剝之法，本朝皆備」〔註41〕〔44〕。

百般刻剝的後果，就是「百姓愁苦，轉而爲盜」〔註42〕〔3〕，危及政權穩定。苛政繁多，民變不已，這是北宋中後期以來兩個互爲因果的社會問題。到慶曆年間，各地民變「一年多如一年，一火（夥）強如一火（夥）」〔註43〕〔54〕，仁宗皇帝下詔說：「如聞京東西盜賊充斥，其令轉運司委通判或幕職官與逐縣令佐，擇鄉民之武勇者，增置弓手兩倍，仍令流內銓選歷任無贓罪、年未六十者爲縣尉督捕之」〔註44〕〔5〕，說明此時朝廷對於民變已經窮於應付。徽宗朝以後，這種情況愈演愈烈，最終形成不可收拾的局面。崇寧元年（1102）童貫在蘇州、杭州設立造作局，役使工匠數千人，宮廷所需一切材料皆在民間科配。崇寧四年在蘇州設立應奉局，以「花石綱」搜刮漁奪民間，「民一與此役，中人之家悉破產，至賣鬻妻子以供其須」〔註45〕〔240〕。宣和間設立「西城所」，掠奪百姓土地，「致死者千萬」〔註46〕〔1〕。無休無止的勒索，把百姓逼入絕境，走投無路的百姓只能揭竿而起。宋江、方臘先後率眾起義，雖終遭失敗，但極大地刺激了北宋王朝的神經。

北宋的社會問題在南宋並未得到緩解。由於連年戰爭，軍費猛增，只有加大對農民的剝削。當時「江西、湖南北路正賦外，多別科米，則有正耗、補欠、和糴、斛面等，自一石輸及五六石。錢則有大禮、免夫、綱夫、簹夫、贍軍等，自一緡輸及七八緡」，百姓「困於軍興」，「民不堪命」，只好「據險結黨，抗拒縣官，既免征徭之苦，且獲攘掠之利，故多去爲盜」〔註47〕〔35〕。「兵興累年，饋餉悉出於民，無屋而責屋稅，無丁而責丁稅，不時之需，無

〔註40〕 胡安國，時政論·恤民論，引自胡寅，斐然集（卷二十五）·先公行狀，長沙：嶽麓書社，2009，509。

〔註41〕 朱熹，朱子全書（第18冊）·朱子語類（卷一一○），上海：上海古籍出版社，合肥：安徽教育出版社，2002，3565。

〔註42〕 胡安國，時政論·恤民論，引自胡寅，斐然集（卷二十五）·先公行狀，長沙：嶽麓書社，2009，508。

〔註43〕 歐陽修，文忠集·奏議（卷四）·再論置兵禦賊箚子，文津閣四庫全書本。

〔註44〕 李燾，續資治通鑑長編（卷一三五）·慶曆二年四月丁酉條，北京：中華書局，1985。

〔註45〕 王偁，東都事略（卷一○六）·朱勔傳。

〔註46〕 脫脫，宋史（卷四六八）·宦者三，北京：中華書局，1999，10579。

〔註47〕 李幼武，宋名臣言行錄（別集下卷二），臺北：文海出版社，1970。

名之斂，殆無虛日，所以去而爲盜。」〔註48〕〔33〕南宋初年，農民起義的次數特別頻繁。據何忠禮《宋代政治史》記載，以建炎元年（1127）至紹興四年（1134）這八年時間統計，大小不等的農民起義有五十餘次之多，對社會的破壞十分嚴重。此起彼伏的農民起義給統治者以及士大夫階層帶來深刻的教訓，使他們認識到官逼民反的鐵律，因而都有減輕賦稅、舒緩民力的願望，只是苦於實際困難，無法實行罷了。宋高宗雖然有意減輕民眾賦稅，但因形勢所迫而無能爲力，他曾無限感慨地說道：「省刑罰、薄稅斂，王道之本。國步艱難，未能弭兵，斯民稅斂，無術可以薄之。」〔註49〕

簡而言之，北宋爲了鞏固統治，不抑兼併，大量養官、養兵，加上對外政策的失誤，以至每年需要大筆經費支出，帶來了嚴重的財政危機。爲了解決財政危機就加大稅收賦斂的力度，從而造成更加嚴重的社會危機，引起民眾的反抗，最終又將危及整個國家統治秩序的安全。南宋由於延續了北宋的種種社會矛盾，再加上對金戰爭的拖累和破壞，情況較北宋更爲嚴重。在這種背景下，如何實現民富國強，減輕民眾負擔，緩和社會矛盾，維護秩序穩定，始終是兩宋政界和思想界共同關心的問題，「民本」思想也就始終活躍在宋代政治與思想文化領域。

6.2.2　具體表現

民本思想在宋代活躍的主要表現，就是成爲朝廷政治實踐的重要理論依據，成爲大臣、學者們議政參政所討論的主要問題，成爲宋代政治文化中佔主流地位的政治意識和思想觀念。

北宋兩次致力於擺脫「積貧積弱」的局面、解決現實政治難題、志於復興王道的改革運動，都有「民本」的向度。范仲淹認爲「聖人之德，惟在善政，善政之要，惟在養民」，他主持的「慶曆新政」的著力點之一就是「興公家之利，救生民之病」。王安石變法雖然被時人及後人指責爲「聚斂」和「擾民」，范仲淹次子純仁還攻擊王安石「變祖宗法度，剖克財利，民心不寧」〔註50〕〔1〕，但王安石最初的本意卻是爲了趙宋王朝的長治久安而有意

〔註48〕李心傳，建炎以來繫年要錄（卷四二）·紹興元年二月戊辰條，北京：中華書局，1956。
〔註49〕宋史全文（卷二十一上）·宋高宗十三，文津閣四庫全書本。
〔註50〕脫脫，宋史（卷三一四）·范純仁傳，北京：中華書局，1999，8292。

減輕農民負擔、改善民眾生活，例如：均輸法就是爲了使富商不得乘時牟利，使農民免於重斂；青苗法爲了抑制兼併之家在青黃不接的時候對農民進行高利貸盤剝。王安石以安定民生爲君主的職責，他說：「夫天之所愛育者，民也；民之所繫仰者，君也。聖人上承天之意，下爲民之主，其要在安利之。」〔註51〕〔241〕無論是主張變法還是反對變法的一方，都以民本思想爲其理論的依據。就在宋代社會變革與秩序重建的思想與政治潮流的激蕩中，儒家傳統的民本思想也隨之活躍起來。

民本思想是宋代政治文化中佔主流地位的政治意識和思想觀念。宋代隨著孟子在國家祭祀系統中的地位上升以及《孟子》的經典化、權威化，由孟子首倡的「民貴君輕」〔註52〕觀念以及以民爲本的思想越來越深入人心。可以說，以民爲本和民心向背關乎國家盛衰、社稷存亡的思想，在北宋中期以後已然是普遍的政治認識，無論是皇帝還是士大夫都對此有廣泛的認同。民本問題常常成爲朝堂議政的主要話題，保民、重民、愛民、養民也成爲朝廷施政治民的政策目標。宋仁宗的聖旨中就有「民惟邦本，不可侵擾」〔註53〕〔65〕的旨意。曾孝序上書指責蔡京搜刮民財不遺餘力，致使「民力殫竭」，並指出：「民爲邦本，一有逃移，誰與守邦？」〔註54〕〔1〕林之奇說：「孟子曰：『民爲貴，社稷次之，君爲輕。』蓋民心附，則社稷固，社稷固則君安矣。故邦以民爲本，本既固則邦未有不寧者。苟民心離，則其本先拔，雖強如秦，富如隋，亦無救於滅亡也。」〔註55〕宋欽宗曾下詔表示：「朕託於兆庶之上，永念民惟邦本，思所以閔恤安定之。」〔註56〕〔1〕紹興年間，胡安國上《時政論》，其《恤民論》開篇就說：「保國必先恤民」。史浩亦說：「孟子曰：『民爲貴，社稷次之，君爲輕。是故得乎丘民而爲天子。』太康失邦，失其民也。失其民者，不可以爲君矣。」〔註57〕孝宗時期，豪強兼併，官吏聚斂，導致民變紛紛，「皆能一呼嘯聚千百」。辛棄疾曾上奏：「夫民爲國

〔註51〕王安石，王安石文集（卷三十二）・風俗，上海：上海人民出版社，1974，380。
〔註52〕按：「民貴君輕」雖然由孟子明確提出，但其思路可以上溯到三代，《尚書・召誥》謂「以小民受天永命」就已經透露出民貴君輕的思想意識。
〔註53〕范仲淹，范文正奏議（卷下）・奏乞將所舉許元張去惑下三司相度任使，文津閣四庫全書本。
〔註54〕脫脫，宋史（卷四五三）・忠義傳八，北京：中華書局，1999，10346。
〔註55〕林之奇，尚書全解（卷一二）・五子之歌，文津閣四庫全書本，50冊，221。
〔註56〕脫脫，宋史（卷一七九）・食貨志下一，北京：中華書局，1999，2927。
〔註57〕尚書講義（卷六）・五子之歌。

本，而貪吏迫使爲盜，今年剿除，明年劃蕩，譬之木焉，日刻月削，不損則折。」〔註58〕〔1〕寧宗時「民生困窮，衣食不贍」，李孟傳進言：「國之安危，以民爲本，今根本既虛，形勢俱見，保邦之慮，宜勤聖念。」〔註59〕〔1〕在宋代史冊中，皇帝與朝臣們反映民本思想的詔旨和奏議十分之多，足以反映「民生」是當時政治議論的一大主題，民本思想是當時政治文化中的重要內容。

民本思想作爲宋代政治文化的重要內容，不僅體現在參與朝堂議政與制定治民治國政策的統治者的言論之中，在很多著名學者的著述中，也同樣佔有極重要的分量，是尋求解決現實問題的途徑和方法的重要理據。司馬光著《資治通鑑》，認爲「國保於民」，「非民無以保國」，而「欲敘國家之興衰，著生民之休戚，使觀者自擇其善惡得失，以爲勸誡」〔註60〕〔236〕；他以「元祐更化」取代「熙寧新法」，其理據之一就是「陛下幸念『民惟邦本，本固邦寧』，知元元困窮，於國家非便，欲救而安之」〔註61〕。歐陽修《新五代史》亦主民本論，謂「夫國之所以存者以有民」，因五代時期「生民膏血塗草野，骸骼暴原隰」而嚴厲譴責「甚哉，五代不仁之極也」〔註62〕〔47〕。范祖禹的《唐鑑》也強調「苛政猛於虎」、「剝民不已必害於君」，「暴斂失民之心」，「君失民心則不可得而復收也」〔註63〕〔37〕，並指出「自古盜賊之起，國家之敗，未有不由暴賦重斂」〔註64〕〔37〕。鄭樵的《通志》評說歷代政治的興亡盛衰，保存了大量的民本思想材料，諸如「天之所監在民」、「夫有民立君，將以利之」、「登封之禮，告功皇天，垂後無窮，以爲萬民也」〔註65〕〔242〕。

以上都是史學家言。理學家的民本思想更加蔚爲可觀。道學宗師周敦頤在《通書》中就一方面主張「天下之眾，本在一人」，另一方面又主張「以政養民，肅之以刑」，既論證王權的獨尊，又對君主行政提出了「養民」的要求，符合儒家傳統的王道理念。張載依據「天視聽以民，明威以民」的經

〔註58〕脫脫，宋史（卷四〇一）·辛棄疾傳，北京：中華書局，1999，9546。
〔註59〕脫脫，宋史（卷四〇一）·李孟傳，北京：中華書局，1999，9573。
〔註60〕司馬光，資治通鑑（卷六九）·魏紀一·文帝黃初二年，北京：中華書局，1957，2185。
〔註61〕司馬光，傳家集（卷五〇）·奏章三十三·乞罷提舉官箚子。
〔註62〕歐陽修，新五代史·附錄四·新五代史記序，北京：中華書局，1974。
〔註63〕范祖禹，唐鑑（卷六）·德宗一，上海：上海古籍出版社，1984，179。
〔註64〕范祖禹，唐鑑（卷十一）·僖宗，上海：上海古籍出版社，1984，314。
〔註65〕鄭樵，通志（卷四三）·禮略二·吉禮下·封禪，北京：中華書局，1987。

義，提出了「帝天之命，主於民心」〔註66〕〔63〕的命題，他所說的「民吾同胞，物吾與也」也已成爲名句。程頤也指出：「民不能自保，故戴君以求寧；君不能獨立，故保民以爲安」〔註67〕〔29〕，他用「民惟邦本」的理念詮釋《剝卦》：「下者，上之本，未有基本固而能剝者也，故上至剝必自下，下剝則上危矣。爲人上者，知理之如是，則安養人民，以厚其本，乃所以安其居也」〔註68〕〔29〕。程頤在經筵講《論語》時曾說：「人主所以有崇高之位者，蓋得之於天，與天下之人共戴也，必思所以報民。古之人君，視民如傷，若保赤子，皆是報民也」。程頤在解讀《春秋》和《詩經》的時候也常常闡發民本思想，且多爲胡安國所吸收。胡安國之後，朱熹的《四書集注》系統地闡釋了儒家的政治價值和民本思想，特別是把《孟子》的民貴君輕、天從民意、仁心仁政思想融入到其經典詮釋之中。陸九淵也贊同《孟子》民貴君輕的思想，認爲其旨在強調立君「所以爲民」，表明「天下之事」以「百姓之命」〔註69〕〔238〕爲最重。

　　總之，重民愛民的民本思想，不僅是統治者制定、實行治國治民政策的理論依據，也是儒者參政議政所強調的政治目標，更是宋代理學家所欲論證的價值理念，因而在宋代士大夫政治文化的整體構造中，具有重要的地位和意義。

　　「民本」思潮雖然是貫穿整部古代中國政治思想史的思想潮流之一，但在宋代確乎顯得格外活躍。宋代政治家和思想家們的「民本」政治思想和政策主張是否在現實政治生活中落到了實處，是否發揮了實際的政治效果，這已經超出了本文所能探討的範圍，但有一個歷史現象似乎值得引起人們的關注，那就是從秦朝以來，中國歷史上的所有王朝（甚至包括「蔣家王朝」），除了宋代以外，幾乎無一不是亡於民眾造反和農民起義。宋代雖然也有農民起義，但規模和影響相較於其它任何朝代，都要小得多，遠遠沒有達到亡國的地步。例如宋代影響較大、後世流傳頗廣的宋江起義，也以「替天行道」、「忠君愛國」爲標榜，是典型的「反貪官不反皇帝」，一開始就有接受朝廷

〔註66〕張載，張載集（卷二）·正蒙·天道篇，北京：中華書局，1978，14。
〔註67〕二程集·周易程氏傳（卷一）·周易上經上·比卦，北京：中華書局，1981，737。
〔註68〕二程集·周易程氏傳（卷一）·周易上經下·剝卦，北京：中華書局，1981，812。
〔註69〕陸九淵，陸九淵集（卷二三）·大學春秋講義，北京：中華書局，1980，283。

「招安」的打算。兩宋國祚延續三百餘年，而都不亡於農民起義，與宋代的「民本」思想、「民本」政治之間或許也有一定的因果聯繫，本文無暇求證，權做一個「節外生枝」的大膽假設。

6.3 胡安國《春秋傳》的民本與王道

前文已述，儒家王道政治與「民本」思想之間存在深刻的內在關聯。「王道」本於「天道」，而「天道」以「民意」為實質，故而王者之道也就在於「以民為本」了。同時，「保民」、「愛民」、「養民」等一系列的「民本」政策既是王道理想政治的重要內容，又是儒家所設計的通向王道政治理想的必然途徑。可以說，王者之所以成為王者的根本依據之「道」，就其實質內涵而言，在於民心的歸往。故此試析胡安國《春秋傳》的「民本」思想。

6.3.1 《春秋》學的民本傳統

首先，胡安國《春秋傳》「民本」思想的學術淵源來自《春秋》學的傳統。

《春秋》學自始即有愛民、重民、恤民、養民的思想傳統。從整體上看，「民本」思想的傳統在《春秋》三傳皆有體現。例如：《左氏傳》有「凡土工，龍見而畢務，戒事也。火見而致用，水昏正而栽，日至而畢」之例。隱公七年「夏，城中丘」，左氏以為「書不時也」，所謂「不時」，意思是使用民力不以其時。《公羊》謂「城中丘」是「以重書也」。何休《解詁》說「明其功重與始作城無異」，是「猥苦百姓，空虛國家」。可見公羊學亦有愛惜民力之義。《穀梁》則更加直接明白：「城為保民為之也。民眾城小，則益城，益城無極。凡城之志，皆譏也。」范甯說：「夫保民以德不以城也，如民眾而城小，輒益城，是無極限也。」又如：莊公二十九年「春，新延廄」，《左傳》曰：「書不時也。」《公羊》曰：「此何以書？譏。何譏爾？凶年不修。」《穀梁》曰：「古之君人者，必時視民之所勤。民勤於力，則功築罕，民勤於財，則貢賦少，民勤於食，則百事廢矣。多築微，春新延廄，以其用民力已悉矣。」〔註70〕〔28〕可見三傳之學，都有愛民保民之旨，是為《春秋》學的傳統。

胡氏的保民愛民之說雖然折衷三傳，但主要以《穀梁》為本。重民、養

〔註70〕春秋三傳，上海：上海古籍出版社，1987，135。

民、愛民、恤民的思想雖是三傳所共有，但在《春秋》三傳之中，並非同等重要。大概而言，《公羊》、《左傳》言之較少且較隱晦，而《穀梁》則談得更多更明白。例如：僖公三年「春王正月，不雨。夏四月不雨。六月，雨」，《左傳》說：「春不雨，夏六月雨，自十月不雨至於五月，不曰『旱』，不爲災也。」左氏之說，明顯難以服人，以古代的水利設施，連續七個月不下雨，不可能不旱而「不爲災也」。《公羊傳》則說：「何以書？記異也。」雖不言災，但七個月不下雨，爲「記異」，略勝於左氏之說。而《穀梁傳》說「不雨者，勤雨也」，「一時言不雨者，閔雨也，有志乎民者也」，「雨云者，喜雨也。喜雨者，有志乎民者也」。可見三傳之中，以《穀梁傳》更多養民愛民之義。所以，胡氏《春秋傳》在涉及這個問題的時候，就主要採用《穀梁》之說。又如：襄公二十四年，「大饑」。《左氏》、《公羊》無傳，何休也僅說：「有死傷曰大饑，無死傷曰饑。」未爲愛民之說。獨有《穀梁傳》曰：「五穀不升爲大饑，一穀不升謂之嗛，二穀不升謂之饑，三穀不升謂之饉，四穀不升謂之康，五穀不升謂之大侵。大侵之禮，君食不兼味，臺榭不塗，馳侯，廷道不除，百官布而不制，鬼神禱而不祀，此大侵之禮也。」〔註 71〕〔28〕由此看來，又見《穀梁》對民本思想的發明比它二傳爲多。胡安國在這條經文的解釋中，本於《穀梁》之說，以其愛民恤民之心，提出了在他那個時代堪稱可行的救災方案。

　　胡安國在三傳皆沒有表達愛民之義的地方，有時候也隨興之至，獨立創發。如：莊公二十八年，「冬，築郿」，三傳都沒有及於愛惜民力之說。胡氏則在三傳之外，創發其關心民生的儒者情懷。其《春秋傳》曰：「郿，邑也。凡土工，大曰城，小曰築，故館則書築，臺則書築，囿則書築。郿邑而書築者，創作邑也，其志不視歲之豐凶，而輕用民力於其所不必爲也，則非人君之心矣。」〔註72〕〔3〕胡氏作爲理學家，其「格君心之非」、「治國先正其心，以正朝廷與百官」的經世目的與思路，顯然可見。

　　其次，胡安國《春秋傳》對「民本」思想的闡發也受宋代其它儒者的影響，特別是受到了孫復與程頤的影響。

　　宋代儒者在《春秋》學中，多能折衷三傳，於災異、土木工程等事情的解說之上，以儒家的仁愛思想爲導向，闡發出立君爲民、愛民養民的經學經

〔註71〕春秋三傳，上海：上海古籍出版社，1987，382。
〔註72〕胡安國，春秋傳（卷九）。

世之大義。例如，孫復《春秋尊王發微》就認為《春秋》關於城、築之事的記載表達了聖人「愛民」之義。隱公七年「夏，城中丘」，孫復說：

> 此年夏城中丘、桓五年夏城祝丘、莊二十九年冬十有二月城諸
> 及防、文十二年冬十有二月季孫行父帥師城諸及鄆、定十四年秋城
> 莒父及霄、僖二十年春新作南門、定二年冬十月新作雉門及兩觀之
> 類是也，時謂周之十二月、夏之十月，非此不時也。然得其時者，
> 其惡小；非其時者，其惡大。此聖人愛民力，重興作，懲僭忒之深
> 旨也。〔註73〕〔12〕

這是論使民以時的治民原則。此外，孫復還曾說：「述職者，述所職也，是故春省耕而補不足，秋省斂而助不給」〔註74〕〔12〕，這是論君主有養民恤民的職責。又：莊公二十有九年「春新延廐」，孫復說：「惡不愛民也。冬大無麥禾，臧孫辰告糴於齊，則民饑矣。延廐雖壞，未新可也。莊公春新延廐，不愛民力若此」〔註75〕〔12〕，這是論君主應當愛民重民，不得輕易使用民力。孫復此類以「民本」思想解釋《春秋》的經義大多被胡安國《春秋傳》吸收。

孫復之後，伊川程頤把宋儒《春秋》學養民愛民之旨說得更加詳細，胡安國對程頤之說的吸取也更多，不少經文的解釋都先徵引程頤之說，然後再論述自己的觀點，有時甚至徑直以程氏之說為解而絲毫不加損益。例如，胡氏在《春秋傳綱領》中就直引程頤之語說：「《春秋》之文一一意在示人，如土功之事無大小，莫不書之，其意止欲人君重民力也。」〔註76〕〔3〕再如，程頤曾說：

> 為民立君，所以養之也。養民之道，在愛其力。民力足則生養
> 遂，生養遂則教化行而風俗美。故為政以民力為重也。後之人君知
> 此義，則知慎重於用民力矣。然有用民力之大而不書者，為教之意
> 深矣。僖公修泮宮，復閟宮，非不用民力也，然而不書，二者興廢
> 復古之大事，為國之先務，如是而用民力，乃所當用也。人君知此
> 義，則知為政之先後輕重矣。〔註77〕〔29〕

〔註73〕孫復，春秋尊王發微（卷一）‧隱公七年「夏城中丘」條，上海：上海書店，1984，291。
〔註74〕孫復，春秋尊王發微（卷一）‧隱公五年，上海：上海書店，1984，291。
〔註75〕孫復，春秋尊王發微（卷三），上海：上海書店，1984，301。
〔註76〕胡安國，春秋傳綱領。
〔註77〕二程集‧程氏經說（卷四），北京：中華書局，1981，1096。

伊川此論也被胡氏採納。胡安國繼承了孫復與程頤《春秋》學的「民本」思想，把愛民、養民、重民、恤民的理念貫徹到其《春秋》詮釋與政治實踐之中。

　　當然，胡安國《春秋傳》「民本」思想的學術淵源當不止於三傳與孫復、程頤，而應當是來自於整個《春秋》學史上的「民本」思想傳統，也必定受到宋代其它《春秋》學者的影響。他在給高宗的上書中建議：「人君職在養民，有國必先固本。按《春秋》凡臺囿門廄土木之工必書於冊者，重民力也。願自今修明軍政，保固邦本，以去外事邊功之八失。」〔註78〕〔2〕這是他對自己民本政治思想的直接表述。這樣的思想在其《春秋傳》中得到了深入而廣泛的展開。

6.3.2　王道政治的立國理念：國以民為本

　　根據胡安國的王道政治理念，民是國家的「元氣」所在。他說：「夫國之有斯民，猶人之有元氣，不可不恤也」，因而強調「人君職在養民，有國必先固本」〔註79〕〔2〕，要求君主應當確立「國以民為本」的政治理念。隱公五年，「螟」，《胡傳》謂「國以民為本，民以食為天。《詩》去螟螣，害稼也。《春秋》書螟，記災也。聖人以是為國之大事也，故書。」〔註80〕〔3〕這次蟲災之所以被胡氏視為「國之大事」，乃因螟螣害稼，危及民生，而民卻是國家的根本。國君治國，必以民為本。如果人民離散，則國將不國。成公九年，「楚公子嬰齊帥師伐莒，庚申，莒潰，楚人入鄆」，《胡傳》曰：

> 按《左氏》：「楚子重自陳伐莒，圍渠丘，城惡眾潰，楚師圍莒，莒城亦惡。庚申，莒潰，楚遂入鄆。」孟子曰：「鑿斯池也，築斯城也，與民守之，效死而民不去，是則可為也。」夫鑿池築城者，為國之備，所謂事也。效死而民不去，為國之本，所謂政也。莒恃其陋，不修城郭，浹辰之間，楚克其三都，信無備矣。然兵至而民逃，其上不能使民效死而不去，則昧於為國之本也。雖隆莒之城，何益乎。故經於「莒潰」特書日以謹之者，以明城郭溝池重門擊柝皆守邦之末務，必以固本安民為政之急耳。〔註81〕〔3〕

〔註78〕胡寅，斐然集（卷二十五）·先公行狀，長沙：嶽麓書社，2009，497。
〔註79〕胡寅，斐然集（卷二十五）·先公行狀，長沙：嶽麓書社，2009，530。
〔註80〕胡安國，春秋傳（卷二）·隱公五年「螟」條。
〔註81〕胡安國，春秋傳（卷二十）。

楚公子嬰齊之所以能破莒入鄆，是因莒之民人不能效死而不去。國家的邊防政事，既需要有城郭溝池與重門擊柝，更需要有廣大民眾的效力死守。而修建城池溝廓不過「守邦之末務」，固本安民才是「為政之急」。這種觀點，並非胡氏孤見。許翰亦說「恃城保國，亦已末矣」〔註82〕〔28〕。如果人民效死而不潰，即使城池「陋不設備」，寇亦不能入。成公九年「城中城」，胡安國說：

> 經世安民，視道之得失，不倚城郭溝池以為固也。穀梁子謂『凡城之志皆譏』，其說是矣。莒雖恃陋不設備，至使楚人入鄆，苟有令政，使民效死而不潰，寇亦豈能入也？城非《春秋》所貴，而書城中城，其為儆守益微矣。〔註83〕〔3〕

國君為國之本，在於能「使民效死而不去」。如果不施德政於民，不能使民效死不去，則必將導致國家破亡的悲劇。昭公二十九年「冬十月，鄆潰」，《胡傳》曰：

> 民逃其上曰潰。自是昭公削跡於魯，尺地一民皆非其有矣。公之出奔，處鄆四年，民不見德，亡無愛徵，至於潰散，豈非昏迷不返，自納於罟擭陷穽之中。其從者又皆艾殺其民，視如土芥，其下不堪，所以潰歟。然則，去宗廟社稷出奔，而猶不惕然恐懼，蘄改過以補前行之愆也，自棄甚矣，欲不亡，得乎？噫，故書以為後世戒。〔註84〕〔3〕

昭公因季氏專權而欲伐之，其時魯國民眾多依附於季氏，子家子諫曰：「季氏得民久，君無多辱。」昭公不聽，失敗出奔於鄆。昭公失敗的根本原因在於「季氏得民」，而自己失民即失去了政權的根基。經歷這次失敗之後，昭公「猶不惕然恐懼，蘄改過以補前行之愆」，在鄆四年之久，非但不施德政，其從者反而艾殺其民，視民為土芥，致使「其下不堪」，「民逃其上」。從此以後，昭公不再擁有魯國的尺地一民，其最終客死他鄉，乃是必然的結果。可見立國之本在恤民，得民心者得天下。

胡安國要求君主確立「以民為本」的政治理念，對君主及其權力的行使具有一定的規範性和制約性。君、民之間的關係問題不僅是討論君主怎樣統治的問題，同時還關涉到政權和統治的終極合法性問題。「民本」思想主要

〔註82〕轉引自春秋三傳，上海：上海古籍出版社，1987，57。
〔註83〕胡安國，春秋傳（卷二十）。
〔註84〕胡安國，春秋傳（卷二十六）。

討論並規範君、民關係。根據儒家政治哲學的「天民合一」論，論證君主和王朝統治終極合法性的「天命」又以「民意」為其本質內容。因而，「以民為本」的思想又隱隱含有「以民意為本」的意蘊，意指君主統治權力的最終合法性來自民意的認可。民意通過天命授予君主統治權力，是判定天命所歸的重要依據。天意在民心，民意即天意，在這種類似泛神論結構的民意論中，原本神秘而不可把捉掌控的天意，被人間社會所投射去的民意充實，從而具有了明確的倫理和人文內涵。根據「以民為本」的政治理念，人民對君主具有本體論和價值論的優先性和重要性〔註85〕〔210〕。胡安國並沒有承認民眾必須無條件地服從和忍受無道之君主的統治，因為有了「天意」作為終極的支持者，民眾有權力要求君主推行仁政德政；如果君主不行德政而施暴政，則民眾可以視君主為寇讎，正所謂「撫我則后，虐我則仇」。胡安國這些思想無疑與他的王道政治理想之間存在血脈相通的關係。

6.3.3　王道的治民原則：使民以時、不竭民力

王道的治民政策，最根本的精神在於「仁愛」，具體的表現就是養民、恤民，使民以時，不竭民力。無論是思想家還是統治者，都認識到對於民力民財不能竭澤而漁，一旦民力衰竭，國力也必定衰落，因而都會主張不竭民力，使民以時，在勞役征伐和賦稅徵收方面有所節制。《論語》、《孟子》中關於輕用民力，使民以時的思想有很多表述。「使民以時」的提法本身就常出現在《論語》中。此外，《尚書》有言：「我后不恤我眾，舍我穡事而割正夏」〔註86〕，唐孔穎達以為是「言奪農功，而為割剝之政」，正體現了儒家輕用民力的思想。《管子》也說「取於民有度，用之有止，國雖小必安。取於民無度，用之不止，國雖大必危」，提出了「取民有度」的思想。歷代統治者中的「英明之主」也多有這樣的思想。最著名的是唐太宗，他明白「竭澤取魚，非不得魚，明年無魚；焚林而畋，非不獲獸，明年無獸」〔註87〕的道理，曾御撰《自鑒錄》，用了一個生動的比喻來說明輕用民力的政治策略原則，在他看來，民眾就像是馬，「能代人勞苦者也，以時消息，不盡其

〔註85〕陳來，中國早期政治哲學的三個主題，余敦康先生八十壽辰紀念集，北京：首都師範大學出版社，2009，5。
〔註86〕尚書·湯誓。
〔註87〕吳兢，貞觀政要（卷二）·納諫·附直諫，四部叢刊續編本。

力，則可常有馬也」。不竭民力，才可以保證有源源不斷的民力供給。用今天的話語來說，這是「可持續發展」的思想觀點。

胡安國主張君主的治民政策應當以「不竭民力」、「使民以時」爲施政原則。他從國家安全的高度來重視治民政策的作用，認爲民力是保國之本，勞民將導致邦本動搖。莊公九年「冬，濬洙」，《春秋傳》曰：

> 固國以保民爲本。輕用民力，妄興大作，邦本一搖，雖有長江巨川限帶封域，洞庭、彭蠡、河漢之險猶不足憑，而況洙乎？書「濬洙」，見勞民於守國之末務，而不知本，爲後戒也。〔註88〕〔3〕

胡氏認爲國君守國的根本在於能夠保有民力。隱公七年「夏，城中丘」，《左傳》謂「書不時也」〔註89〕〔28〕，胡氏亦以爲「不時」，他首先引用伊川之語，再加以推闡。他說：「程氏曰：『爲民立君，所以養之也。』養民之道在愛民力，民力足則生養遂、教化行、風俗美，故爲政以民力爲重也。《春秋》凡用民必書，其所興作不時害義，固爲罪矣，雖時且義亦書，見勞民爲重事也。人君而知此義，則知愼重於用民力矣。凡書城者，完舊也。書築者，創始也。城中丘，使民不以時，非人君之心也。」〔註90〕〔3〕養民乃是國君的職責，而養民之道，在於愛民力。在胡安國看來，勞民爲重事，使用民力必不能違誤農時，即使不誤農時且符合道義，也應愼之又愼。按照元儒汪克寬的理解，「經於他事書春夏秋冬，而繼書次月，則凡書時，皆指四時之首月」〔註91〕〔28〕，那麼經書「夏，城中丘」，則說明「城中丘」的時間是在夏季的首月，即夏正四月，此時的中原大地，正是春耕農忙的時候。此時築城，當然是「使民不以時」，所以受到胡安國的譴責。又如：隱公九年，「夏，城郎」，《胡傳》曰：

> 城者，御暴保民之所。而城有制，役有時。大都不過三國之一，邑無百雉之城，制也。魯嘗城費，城邱，其後復墮焉，則越禮而非制矣。凡土功，龍見而戒事，火見而制用，水昏正而栽，日至而畢，時也。隱公城中丘、城郎而皆以夏，則妨農務而非時矣。城不踰制，役不違時。又當分財用，平板幹，稱畚築，程土物，議遠邇，略基址，揣厚薄，仞溝洫，具餱糧，度有司，量功

〔註88〕 胡安國，春秋傳（卷八）。
〔註89〕 春秋三傳，上海：上海古籍出版社，1987，53。
〔註90〕 胡安國，春秋傳（卷二）。
〔註91〕 春秋三傳，上海：上海古籍出版社，1987，53。

命，日不愆於素，然後爲之可也。況失其時制，妄興大作，無愛

養斯民之意者，其罪之輕重見矣。〔註92〕〔3〕

對於築城等工程興作之類的事情，胡氏的評判標準中有兩樣東西最爲重要：
一是民生，二是禮制。胡氏強調的是役不違時，城不逾制。爲人君者，應有
愛養斯民之心。「城郎」不僅與「城中丘」一樣，都是妨礙農務，違背農時，
而且還違背了有關的禮制，因而見責。民生與禮制，恰恰就是胡氏王道理想
政治秩序的兩大支柱。又如僖公二十年「春，新作南門」，《胡傳》曰：

言新者，有故也；言作者，創始也。其日南門者，南非一門也。
庫門，天子皋門。雉門，天子應門。書「新作南門」，譏用民力於所
不當爲也。魯人爲長府，閔子騫曰：「仍舊貫，如之何？何必改作。」
孔子曰：「夫人不言，言必有中。」〔註93〕〔3〕

新作南門之所以見譏，因「用民力於所不當爲」，既屬違制之作，又輕易使用
民力，故而遭胡氏責備。實際上，胡氏強調「城不逾制，役不違時」，也可視
作是爲其保民養民主張確立制度的保障。莊公二十九年「春，新延廐」，胡安
國也說：

言新者，有故也。何以書？昔韓昭侯作高門，屈宜白曰：不時。
所謂時者，非時日也，人固有利不利時。前年秦拔宜陽，今年旱，
君不以此時恤民之急，而顧益奢。此所謂時，詘舉贏者也。故穀梁
子曰：古之君人者，必時視民之所勤。民勤於力，則功築罕；民勤
於財，則貢賦少；民勤於食，則百事廢矣。大無麥禾，告糴於齊，
冬築郿，春新延廐，以其用民力爲已悉矣。〔註94〕〔3〕

《左傳》曰：「書不時也。」《公羊》曰：「新延廐者何？修舊也。修舊不書。
此何以書？譏。何譏爾？凶年不修。」〔註95〕〔28〕胡氏傳雖只引用穀梁原文，
但實際上對《左傳》和《公羊》的解釋都有所吸收。「前年秦拔宜陽，今年旱」，
「大無麥禾，告糴於齊」，正是公羊所謂的「凶年」景象，此時興作，當然不
是時候。胡氏對「時」作了一個新的解釋，「所謂時者，非時日也」，而是選
擇在合適的時候做應該做的事情。國君應該根據民眾之所勤而做出政策決
定，不能用盡民力。在此凶年，昭公最應該做的事情是「恤民之急」而不是

〔註92〕胡安國，春秋傳（卷三）。

〔註93〕胡安國，春秋傳（卷十二）。

〔註94〕胡安國，春秋傳（卷九）。

〔註95〕春秋三傳，上海：上海古籍出版社，1987，135。

大興土木，其新延廄，則「用民力為已悉矣」。

胡安國雖然主張輕用民力，但並非一概地反對土木興作，凡是有益於教民化民養民的興作，如修建宗廟、學校等等，胡氏認為都「與妄興土木困民力以自奉者異矣」，故而並不完全反對。他說：「《春秋》凡用民力，得其時制者，猶書於策，以見勞民為重事，而況輕用於所不當為者乎？然僖公嘗修泮宮，復閟宮矣。奚斯董其役，史克頌其事，而經不書者，宮廟以事其祖考，學校以教國之子弟，二者為國之先務，雖用民力，不可廢也。其垂教之意深矣。」〔註96〕〔3〕桓公十四年「秋八月壬申，御廩災」，胡安國解釋說：「門觀災而新作則書。御廩，粢盛之所藏，其新必矣，何以不書？營宮室以宗廟為先，重本也。御廩災而新則不書，常事也，以為常事而不書，垂教之意深矣。知其說者，然後知有國之急務，為政之後先，雖勤於工築，而民不怨勞，與妄興土木困民力以自奉者異矣。」〔註97〕〔3〕此外，因為城池也具有防禦暴亂、保護人民的功能，所謂「城者，禦暴保民之所」，故而胡氏對於築城的事件，只要符合禮制、不違農時，還是基本認可的。

上引胡安國關於築城土工事件的闡釋，主要內容就是要求君主節制對民眾的勞役徵發。不竭民立的核心內容除了節制勞役徵發以外，還有減輕對民眾的賦稅徵收。胡安國關於減輕賦稅的思想在《春秋傳》中也有涉及。哀公十二年「春，用田賦」，《胡傳》說：

> 哀公問於有若曰：「年饑，用不足，如之何？」有若對曰：「盍徹乎？」曰：「二，吾猶不足，如之何其徹也？」曰：「百姓足，君孰與不足？百姓不足，君孰與足？」古者，公田什一，助而不稅。魯自宣公初稅畝，後世遂以為常，而不復矣。至是二猶不足，故又以田賦也。夫先王制土，籍田以力而砥其遠邇，賦里以人而量其有無。今用田賦，軍旅之征非矣。田以出粟為主而足食，賦以出軍為主而足兵。周制，宅不毛者有里布，無職事者征夫家。漆林之稅，二十而五，則弛力薄征，當以農民為急，而增賦竭作，不使末業者獨幸而免也。今二猶不足，而用田賦，是重困農民，而削其本，何以為國？書曰「用田賦」，用者，不宜用也。近世議弛商賈之征，達於時政者，欲先省國用，首寬農民，後及商賈，知《春秋》譏田賦

〔註96〕胡安國，春秋傳（卷十二）。
〔註97〕胡安國，春秋傳（卷六）。

之意矣。〔註98〕〔3〕

胡安國並不完全反對對民眾徵收賦稅，因為賦稅是實現「足食」、「足兵」的來源和保障，但他所認可的是「先王」的賦稅制度，他所讚揚的是「弛力薄征」、「以農民為急」的周制。按「先王之制」，從數量上來講，是「什一之稅」，即所謂的「徹」，可謂是「薄征」；從徵收原則上來講，是「籍田以力而砥其遠邇，賦里以人而量其有無」，可謂是「以民為急」。

　　胡安國處於以取法三代、復興王道為理想政治模式的宋代，對於恢復體現古代先王愛惜民力的民本思想的賦稅制度滿懷熱情，因而對於「近世」（筆者按：胡安國《春秋傳》中所謂「近世」往往都是指的北宋）關於「弛商賈之征」、「省國用」、「寬農民」之類的政治議論表示了肯定。北宋仁宗嘉祐年間的治民政事，「其大要本於愛民」，其具體表現就是減輕賦稅，不行擾民之政。胡氏還引用《論語》中魯哀公與孔子弟子有若關於增加稅收的討論，秉持儒家傳統的愛民、富民思想，堅決反對增稅，堅持要減輕賦稅。魯國在哀公時所徵田稅的稅率是十分之二，二倍於先王的「什一之稅」，即便如此，國家的財政仍然「用不足」，故而想提高稅率。有若非但沒有支持哀公的增稅計劃，反而勸誡哀公削減田稅，改行「徹」稅即什一稅率，為老百姓減輕經濟負擔，他認為只要百姓富足了，國家就不會貧窮；反之，如果對百姓徵收過甚，這種短期謀利的賦斂行為必將使民不聊生，國家經濟也必定會隨之衰退。胡安國的觀點與有若如出一轍。宣公十五年，魯國「初稅畝」，《胡傳》的解釋如下：

　　　　孟子曰：「耕者助而不稅，則天下之農皆悅，而願耕於其野矣。」書「初稅畝」者，譏宣公廢助法而用稅也。殷制，公田為助。助者，藉也。周因其法為徹。徹者，通也。其實皆什一也。古者上下相親，上之於下，則曰：「駿發爾私，終三十里。」惟恐民食之不給也。下之於上，則曰：「雨我公田，遂及我私。」惟恐公田之不善也。故助法行，而頌聲作矣。世衰道微，上下交惡。民惟私家之利，而不竭力以奉公。上惟邦賦之入，而不側怛以利下。水旱凶災相繼而起，公田之入薄矣，所以廢助法而稅畝乎。初者，志變法之始也。其後作丘甲，用田賦，至於二猶不足，則皆宣公啓之也。故曰：做法於涼，其弊猶貪，做法於貪，弊將若何？有國家者，必欲克守成法而不變，其必先務本乎。〔註99〕〔3〕

<hr />

〔註98〕胡安國，春秋傳（卷三十）。
〔註99〕胡安國，春秋傳（卷十八）·宣公十五年「初稅畝」條。

這是儒家傳統經濟思想的重要內容，即使到了現代，仍有其值得借鑒的價值，似乎也與時下流行的「藏富於民」的言論若合符節。胡安國常常用《春秋傳》的「不竭民力」思想來指導他的參政議政，他向高宗所上《時政論》之《恤民論》以爲「恤民之事有五」，其中之一就是「輕賦」。

當然，胡安國的民本思想服務於理想政治秩序的建立，無論是以民爲本，還是輕用民力、使民以時等等，都具有作爲政治的手段和工具的意義，其根本目的還是在於要求當政者按照儒家的王道理想，通過改良現狀來鞏固政權，維護秩序。例如：宣公十三年「夏，楚子伐宋」，胡安國說：

> 楚人滅蕭，將以脅宋，諸侯懼而同盟。爲宋人計者，恤民固本，輕徭薄賦，使民効死親其上，則可以待敵矣。計不出此，而急於伐陳，攻楚與國，非策也。故楚人有詞於伐，而得書爵。〔註100〕〔3〕

胡氏在千百年之後爲宋國人出謀劃策，要求宋人實行「恤民固本，輕徭薄賦」的政策，以達到「使民効死親其上」的政治效果。由此看來，「恤民固本，輕徭薄賦」只是一種統治策略，而「使民効死親其上」才是根本的戰略目標。又如：桓公六年，「秋，八月，壬午，大閱」，《胡傳》曰：

> 先王寓軍政於四時之田，訓民禦暴，其備豫也。懼鄭忽，畏齊人，不因田狩而閱兵車，屬農失政甚矣，何以保其國乎？《春秋》非特以不時非禮書也，乃天未陰雨，徹彼桑土，綢繆牖戶之意。〔註101〕〔3〕

無論是「使民以時」還是輕用民力，都是爲了「保其國」，前者是統治策略，後者才是政治目標。因此，「民本」與「君本」共存的理論結構再次得到體現，「恤民固本，輕徭薄賦」是對君主提出的要求和限制，「以民爲本」的主體是君主，維護君主的統治才是根本性的目的。這樣，對君主行爲的規範與限制和對君主統治的肯定與維護天然地結合在一起。展現了「民本」與王道之間的同構關係。

6.3.4 王道的爲政境界：與民同其憂、與民同其樂

胡安國要求國君心繫民事，達到「與民同其憂」、「與民同其樂」的政治境界。

〔註100〕胡安國，春秋傳（卷十八）。
〔註101〕胡安國，春秋傳（卷五）。

「與民同樂」本來是孟子所提出的政治主張。孟子說：「今王田獵於此，百姓聞王車馬之音，見羽旄之美，舉欣欣然有喜色而相告曰：『吾王庶幾無疾病與，何以能田獵也？』此無他，與民同樂也」〔註102〕，又曰：「古之人與民偕樂，故能樂也」，「樂民之樂者，民亦樂其樂；憂民之憂者，民亦憂其憂。樂以天下，憂以天下，然而不王者，未之有也」。孟子的基本思路是：有仁人之心和王者之風的君主能夠與民同樂，所以也能獲得真正的快樂；而暴君殘暴貪戾，結果使民怨沸騰，自己的統治也因此受到威脅，也就不再有真正的快樂。

宋代由范仲淹首先唱響的「先天下之憂而憂，後天下之樂而樂」，相較於孟子的「憂民之憂」、「樂民之樂」，政治境界更高，人格魅力更美。誠如與胡安國同時代人王十朋《讀〈岳陽樓記〉》詩所贊：「先憂後樂范文正，此志此言高孟軻」。范仲淹的人格精神與政治境界，影響了整個宋代士大夫群體，對宋代政治文化的鎔鑄形成具有重要的意義。胡安國《春秋傳》「民本」思想的政治境界與追求，既受范仲淹等先儒高尚人格與境界的影響，又擴展了這種政治追求，從而也融入宋代士人心憂天下的政治文化洪流之中。

胡安國提出的「與民同其憂」、「與民同其樂」的主張既是對孟子思想的繼承，也沿著孟子思路有了進一步的發展。一方面，胡氏不僅強調君主要與民眾共享快樂，更強調君主把個人的喜好建立在滿足民眾需要的基礎上，建立在「急於民事」的基礎上；另一方面，胡安國要求君主既要與民同樂，又要「與民同其憂」。儘管「與民同樂」的命題本身就已經包含了「與民同憂」的意蘊，但胡安國明確地將「與民同其憂」、「與民同其樂」並列標出，在宋儒倡導「先天下之憂而憂，後天下之樂而樂」的政治文化背景之下，就更加折射出儒家民本主義思想的光芒。

胡安國認為，按照先王流傳下來的傳統，王者之心當以民事為急。急民眾之所急，想民眾之所想，為民眾解決實際問題，與民眾同憂樂，乃是「仁人之心」與「王者之務」，這是一種崇高的政治境界，也體現了胡安國的復興王道秩序的政治理想。莊公七年「秋，大水，無麥苗」，《胡傳》曰：

> 書「大水」，畏天災也；「無麥苗」，重民命也。畏天災、重民命，見王者之心矣。忽天災而不懼，輕民命而不圖，國之亡無日矣。《春

〔註102〕孟子·梁惠王下。

秋》所以謹之也。〔註103〕〔3〕

王者之心繫於民命之重，此為《春秋》之所謹，更為胡安國所謹。宣公十五年「冬，蝝生」，《胡傳》曰：

> 始生曰蝝，既大曰螽。秋螽未息，冬又生子，災重及民也。而詳志之如此者，急民事，謹天災，仁人之心，王者之務也。遇天災而不懼，忽民事而不修，而又為繁政重賦以感之，國之危無日矣。

〔註104〕〔3〕

面對災荒，仁人之心與王者之務都要以民事為重，而民事又以務農重穀為要，這是災荒之年的為政之本。莊公二十八年冬，「大無麥禾」，《胡傳》云：

> 麥熟於夏，禾成在秋，而書於冬者，莊公惟宮室臺榭是崇是飾，費用浸廣，調度不充，有司會計歲入之多寡虛實，然後知倉廩之竭也。故於歲杪而書曰「大無麥禾」，大無者，倉廩皆竭之詞也。古者三年耕，餘一年之食；九年耕，餘三年之食。今莊公享國二十八年，當有九年之積，而虛竭如此，所謂寄生之君也。民事，古人所急；食者，養民之本。不敦其本而肆侈心，何以為國？故下書臧孫告糴以病公，而戒來世為國之不知務也。〔註105〕〔3〕

在農耕時代的平常之年，為政治國的一項緊要任務在於充實倉廩。充實倉廩並不是為了供給「寄生之君」的奢侈揮霍，而是為了預備災荒之年救濟民生之用。莊公當國二十八年，倉廩虛竭，不得不使「臧孫辰告糴於齊」，既可見莊公是「寄生之君」，平常多「肆其侈心」；又可見其心中不急民事，不以民生為本。所以胡氏接著說：

> 劉敞曰：不言如齊告糴，而曰告糴於齊者，言「如齊」，則其詞緩，「告糴於齊」，則其情急，所以譏大臣任國事治名而不治實之蔽也。魯人悅其名，而以急病讓夷為功，君子責其實，而以不能務農重穀、節用愛人為罪。〔註106〕〔3〕

面對災害饑荒，首先想到的是民生，這才是王者的為政之道。憫農、恤民的「仁者之心」以及「急民事」、「養民本」的「王者之務」，在胡氏心中有著非

〔註103〕胡安國，春秋傳（卷七）。
〔註104〕胡安國，春秋傳（卷十八）。
〔註105〕胡安國，春秋傳（卷九）。
〔註106〕胡安國，春秋傳（卷九）。

同一般的分量。胡氏之所以特別重視在災害饑荒事件上發揮經義，其根本原因在於「以示後世爲國之不可不敦本也。」〔註107〕〔3〕

只有把民生憂樂繫於心上的君主才堪稱「仁君」、「賢君」。僖公三年「春王正月，不雨。夏四月，不雨」，《胡傳》云：

> 穀梁子曰：「不雨者，勤雨也。每時而一書，閔雨也。閔雨者，有志乎民者也」。歷時而總書，不憂雨也。不憂雨者，無志乎民者也。按《詩》稱僖公儉以足用，寬以愛民，務農重穀，則誠賢君也。其有志乎民審矣。故冬不雨而書，春不雨而書，夏不雨而書，以著其勤也。文公以練祭則緩於作主，以宗廟則世室屋壞，以賦政則四不視朔，以邦交則三不會盟，其無志乎民亦審矣。故自十有二月不雨，至於秋七月而書，自正月不雨至於秋七月而書，以著其慢也。

〔註108〕〔3〕

春夏季節，本應是雨水充沛的時候，也是農忙耕作的時候，此時連月不雨，必至於乾旱稼穡，影響農耕，而危及民生，王者之政當以民生爲重，則應長存「閔雨」、「憂雨」之心。所謂「閔雨」、「憂雨」，就是擔憂天不下雨，而期待下雨。胡氏認爲，僖公就是一位有「閔雨」、「憂雨」之心的君主。之所以得出這樣的結論，胡氏的依據是《春秋》的書法。胡安國以爲，從春正月到夏四月一直不下雨，如果《春秋》對「不雨」「每時而一書」，則是「閔雨也」；如果「歷時而總書」，那就是「不憂雨也」。事實上《春秋》經文是「每時而一書」，在胡氏看來，這就是僖公「勤雨」和「閔雨」的表現了，因此可見僖公心中有民生，是「有志乎民」者。故而胡氏引用《詩經》，稱讚僖公爲「儉以足用，寬以愛民，務農重穀，則誠賢君也」。該年的乾旱一直延續到六月才下雨，經書「六月雨」，《胡傳》接著說：

> 雨云者，喜雨也。閔雨與民同其憂，喜雨與民同其樂。此君國子民之道也。觀此義，則知《春秋》有懼天災、恤民隱之意。遇天災而不懼，視民隱而不恤，自樂其樂而不與民同也，國之亡無日矣。

〔註109〕〔3〕

連月不雨則民憂，六月雨而民必喜，而作爲國君，就應當與民同憂樂。經文

〔註107〕胡安國，春秋傳（卷十八）。
〔註108〕胡安國，春秋傳（卷十一）。
〔註109〕胡安國，春秋傳（卷十一）。

之所以這麼書寫，在胡氏看來，是因爲僖公有恤民之意和與民同憂樂的政治
境界。

和僖公的恤民愛民和與民同憂樂相比，魯莊公和魯文公則正好是兩個反
面的典型。文公二年，「自十有二月不雨，至於秋七月」，《胡傳》曰：

> 書「不雨，至於秋七月」，而不曰「至於秋七月不雨」者，蓋後
> 言不雨，則是冀雨之辭，非文公之意也。夫書不雨至於秋七月而止，
> 即八月嘗雨矣。然而不書八月雨者，見文公之無意於雨，不以民事
> 繫憂樂也，其怠於政事可知，而魯衰自此始矣。〔註110〕〔3〕

胡安國認爲經書「不雨至於秋七月」，是「歷時而總書」，這與僖公三年的「每
時而一書」完全不同，反映了文公是「無志乎民者」。此年八月必定有雨，而
經未書，這與僖公三年書「六月雨」又不同，可見文公不似僖公，而不把民
事放在心上，「不以民事繫憂樂」，即不與民同憂樂。文公也因此而被《胡傳》
貶責。

魯莊公也不能與民同樂。莊公三十一年「春築臺於郎」，《胡傳》曰：

> 何以書？屬民也。天子有靈臺以候天地，諸侯有時臺以候四
> 時。去國築臺於遠而不緣占候，是爲遊觀之所，屬民以自樂也。屬
> 民自樂，而不與民同樂，則民欲與之偕亡，雖有臺，豈能獨樂乎？
> 〔註111〕〔3〕

「郎」地偏遠，胡氏據「去國築臺於遠而不緣占候」而推斷這次築臺純粹是
莊公爲了滿足個人遊觀之樂而興起。爲了個人遊樂而在偏遠之地築臺，當然
是屬民之政而無愛民之心，作爲國君，本應與民同樂，而莊公卻「屬民自樂，
而不與民同樂」，則必將遭到民眾的唾棄。

胡安國「與民同憂樂」的政治主張深刻地體現了其王道思想中制約君權
的用意。胡氏承認，天子和諸侯並非不能築臺，按照上古先王之制，天子築
靈臺以候天地，諸侯築時臺以候四時，因此「靈臺」和「時臺」都有其重要
的政治意義，是天子和諸侯統治權力的象徵，故而「築臺」從一定的意義上
來說是有正當性的。《孟子》也說：「文王以民力爲臺爲沼，而民歡樂之，謂
其臺曰『靈臺』，謂其沼曰『靈沼』，樂其有麋鹿魚鼈。古之人與民偕樂，故
能樂也。」〔註112〕胡安國對莊公「築臺於郎」的批評，顯然與《孟子》這段

〔註110〕胡安國，春秋傳（卷十四）。
〔註111〕胡安國，春秋傳（卷九）。
〔註112〕孟子・梁惠王上。

話的精神是一貫的。但是，胡氏也把天子和諸侯築臺的範圍限制在國家政治生活中，反對爲了君主個人遊樂而築臺。

上引《胡傳》關於「築臺於郎」的經解中還透露出一個非常重要的消息，即「民欲與之偕亡」中所隱含的「革命」思想，胡氏認爲君主如果「不與民同樂」，那麼民將不與之合作，而「欲與之偕亡」。「革命」思想也是其來有自的儒家傳統思想。《尚書·湯誓》曰：「時日害喪？予及女偕亡」，《孟子》引之，並進而闡發說：「民欲與之偕亡，雖有臺池鳥獸，豈能獨樂哉？」〔註113〕胡安國接受並發揮了這種富有「革命性」的思想，無疑爲民眾的反抗行爲提供了合理的依據。胡安國這種觀點在宋代也並非「異端」，而是一種普遍的政治意識，諸多學者均持同類說法，例如：朱熹亦以爲「四海歸之，則爲天子；天下叛之，則爲獨夫」〔註114〕〔44〕；范祖禹也說：「天子者，以一身而寄天下之上，所恃者，眾心之所戴也。合而從之則爲人君，離而去之則爲匹夫。天下常治則能保人君之尊，亂則眾散，眾散則與匹夫何異哉」〔註115〕〔37〕。大多數思想家和統治者都能認識到「厲民自樂而不與民同樂」最終必將導致民眾的反抗和鬥爭，從而危及政權的穩定和統治的延續。因此在討論和實行治國治民政策的時候，都會考慮到民眾的利益，重視民眾的訴求。這也是「民本」思想之所以得到統治階層認可和重視的根本原因。從這個角度來說，胡安國要求君主確立以民爲本的政治理念，實行重民、愛民、養民的治民政策，保持與民同樂的政治境界，最終目的還是有意警示人君避免引起民眾的反抗，這既是出於維護君王統治的最高目的，也對君主權力的行使設下了限制條件。

胡安國把「與民同其憂」、「與民同其樂」視爲「君國子民之道」，主要的用意，在於勸導後世人君以愛民保民爲念，鼓勵高宗做一個儉以足用、寬以愛民、務農重穀、有志於民的「賢君」。胡氏以《春秋》經世的目的，於此也可略見一斑。把自己的政治理念和思想用來指導社會政治實踐，是大多數儒者包括理學家的共同心願。胡安國也不例外，在他的政治實踐中，特別是在他的政論文章和奏議上書中，時時流露出《春秋傳》所闡發的「民本」思想。

〔註113〕孟子·梁惠王上。
〔註114〕朱熹，朱子全書（第6冊）·孟子集注（卷二）·梁惠王章句下，上海：上海古籍出版社，合肥：安徽教育出版社，2002，269。
〔註115〕范祖禹，唐鑑（卷五）·玄宗下，上海：上海古籍出版社，1984，147。

6.4　胡安國政治實踐中的民本精神

　　胡安國「自登第逮休致凡四十年」〔註116〕〔243〕，曾先後擔任過荊南教授、太學錄、太學博士、提舉湖北路學事、提舉湖南路學事、太常少卿、給事中、起居郎、中書舍人、侍讀等職務。從這些任職經歷來看，胡安國一生基本上沒有機會直接參與中央或地方民政的政治實踐，也就無法把《春秋傳》的「民本」思想直接運用於治民實踐中，但這並非否認胡安國的政治實踐，也不表示其「民本」思想沒有得到實踐。胡安國參與朝廷政治實踐的形式主要就是通過朝堂議政、上書諫言、奏章論事等方式對朝廷決策施加影響，而胡安國「民本」精神的實踐也就主要體現在他的政治言論——奏議和上書諫言之中。上疏進諫，甚至犯顏直諫，本是儒者「以道事君」從而實現經邦濟世目的的主要手段之一。進諫本身既是儒者從政的方式，同時也就包含了儒家用「道」或「理」來制約、規範王權的意義。在給皇帝的上書、奏章以及與宰相大臣的書信中，胡安國常常以「民本」思想為理據而大膽進諫，既對現實政治中違背「民本」理念的施政行為提出批評，又對朝廷的治國治民政策提出符合「民本」精神的建議。

　　胡安國強調君主應當心繫民事，達到「與民同憂樂」的政治境界，樹立「國以民為本」的政治理念，實行以「不竭用民力」、「使民以時」為原則的治民政策，雖然是接續了儒家民本思想的老傳統，但在經歷了宋徽宗、蔡京集團殘酷掠奪之後的兩宋之際，這種思想就顯得更有現實的針對性。正如胡安國所說的，「自崇寧以來，從政者以擾民為事，不務於安民」〔註117〕〔2〕。本著「國以民為本」的精神，胡安國向高宗皇帝上書針砭時弊，對徽宗崇寧以來的虐民厲民之事進行批駁。他說：「建石泉於成都，置珍播於巴峽，開古平於五嶺，築振武於河外，饋運艱險，勞民費財，積怨連禍，實基於此，八失也。牛羊用人，窮極奢侈，道宮王府御幸之館，園林池沼花竹之勝，運土塞路，伐木空山，民困而不恤，財竭而不慮，九失也。」〔註118〕〔2〕胡氏指陳時政之失凡九條，勞民、困民占其二。徽宗統治集團為了自己享樂而牛羊用人，勞民困民，正是胡氏所謂的「視民隱而不恤，自樂其樂而不與民同也」。短短二十多年後，就發生了靖康之難，北宋覆亡，歷史不幸地證實了

〔註116〕朱熹，伊洛淵源錄（卷一三）·胡文定公行狀，上海：商務印書館，1936。
〔註117〕胡寅，斐然集（卷二十五）·先公行狀，長沙：嶽麓書社，2009，497。
〔註118〕胡寅，斐然集（卷二十五）·先公行狀，長沙：嶽麓書社，2009，495。

胡氏「國之亡無日矣」這句頗帶書生意氣的斷言。胡安國在《春秋傳》中總結梁國滅亡的教訓說：「而況好土功，輕民力，湎於酒，淫於色，心昏而出惡政者乎？其亡可立而待矣。」〔註119〕〔3〕這又何嘗不是北宋亡國的教訓呢！

　　南宋建立之初，朝廷面臨嚴峻的軍事、經濟困難，爲了應對時局，採取了一些增加賦稅、加強軍隊建設的措施。胡安國一方面對朝廷「欲理兵政以強國」表示認可，一方面又對「不知恤民」的「擾民之事」深感憂慮。胡安國於建炎三年致書宰相呂頤浩說：「伏讀四月八日赦書，首稱遵用嘉祐條法，遠方傾耳拭目，固以仁宗皇帝盛德大業跂望主上，而以魏國忠獻輔佐勳績期於相公也。夫嘉祐政事，其大要本於愛民，始於審謀，成于果斷，置寬恤司，詔均田稅，募耕唐鄧，……至於軍政修明，戎行輯睦，六軍聳聽而驕惰革，邊方震懾而暴橫消，則其政事本於愛民、審謀、能斷之明驗也。今朝廷欲理兵政以強國，而官吏不知恤民以養兵，是欲稼之長而涸其水，欲木之茂而去其根，則與嘉祐本於愛民之意異矣。……惟相公深究嘉祐政事本末，專務愛民，凡新舊法度與增添創置，一切擾民之事，置司討論，參稽眾謀，窮極利病而後罷行，則政事可立，民心可安，軍旅可強，讎恥可雪，宗社可寧矣。」〔註120〕〔2〕這封信原文頗長，此處爲節引，大致表達了三個意思：一是對本朝（高宗朝）的國事民政提出批評，而批評的理據則是「民本」的思想，認爲朝廷政事不愛民恤民反而擾民；二是對北宋仁宗嘉祐年間的政事表示讚揚，而讚美的依據同樣是「民本」思想，認爲當時天下太平和秩序穩定的根本原因在於「愛民」；第三個意思就是基於兩個不同時期政治狀況的比較，對當朝天子和宰相提出了期待，希望高宗以仁宗爲榜樣，希望呂頤浩以名相韓琦爲榜樣，革除擾民弊政，推行「民本」新策，以安定民心，加強軍事，最終復仇雪恥，鞏固政權。

　　胡安國於紹興元年向高宗所上《時政論》之《恤民論》更是全面地表達了他的「民本思想」，全文較長，分段來看：

　　　　《恤民論》曰：保國必先恤民，而恤民之事有五。一曰除暴，
　　　二曰擇令，三曰輕賦，四曰革弊，五曰省官。〔註121〕〔2〕
此爲總論，因民爲國家之本，故保國必先恤民。這是胡氏立論的根本依據，

〔註119〕胡安國，春秋傳（卷十二）・僖公十九年「梁亡」條。
〔註120〕胡寅，斐然集（卷二十五）・先公行狀，長沙：嶽麓書社，2009，501。
〔註121〕胡安國，時政論・恤民論，引自胡寅，斐然集（卷二十五）・先公行狀，長沙：嶽麓書社，2009，508。

又是其論證的目的，後面分述恤民之五事，都圍繞這個總目標進行。

恤民之事，以除暴爲首。胡氏說：

> 近歲除外暴者主通和，竟爲敵國所誤，不敢用兵，而其流毒遍
> 中國自若也。除內暴者用招安，竟爲盜賊所誤，不敢用兵，而盜賊
> 毒遍天下自若也。爲民父母，安得若是恝，又官爵之，其與成湯爲
> 童子報讎不亦異乎？今劉忠殘黨躁數郡，曹成反覆劫帥臣，理無可
> 赦，宜早加殄滅，肅清江湖。然後精擇縣令，一意撫綏，則民心安，
> 邦本固矣。〔註122〕〔2〕

「暴」有內外之分，所謂「外暴」，乃指「敵國」的侵擾，胡氏批評「不敢
用兵」而「主通和」的政策導致了流毒遍中國。「內暴」即指對抗朝廷統治
的遊寇土匪和盜賊亂民，他們對南宋社會構成極大的危害，如胡安國提到的
劉忠、曹成，都是當時規模較大的遊寇集團的首領，每日以攻城略地、搶劫
擄掠爲能事，對社會生產和人民生命財產帶來極大威脅。這些遊寇「遞相屠
掠，千百爲群，不可勝計」，所到之處州縣殘破、民不聊生。故而胡氏主張
採取強硬措施，「早加殄滅，肅清江湖」。這看似與其《春秋傳》中「不以暴
易暴」的觀點互相矛盾，實則不然。因爲除暴之後尚有更加重要的事情要做，
即「一意撫綏」。胡氏看到了南宋社會的動蕩不安，民眾的造反暴動已經危
及到「邦本」，認識到「民心安」才能「邦本固」，他所提出的應對辦法是「除
暴」與「撫綏」並用，「用兵」與「招安」兼施的手段，在當時大概也捨此
而別無他法。

恤民之政，需要有恤民之心的官吏來推行。因而，胡氏主張精選縣令，
增其事權，責以重任，以安民爲地方官員的首要職責。他說：

> 近歲此官冗濫已極，宜以五說稍革其弊。籍中外嘗爲臺省寺監
> 官，依仿漢制，分宰百里，俟有殊績，即不次擢用。又增重事權，
> 優假其禮，許借服色，厚給廩餼。凡軍馬駐本縣者，並聽節制；其
> 經由者，悉從階級，以免將士陵辱。示百姓瞻仰之尊，則又據今縣
> 分戶口賦入多寡輕重，分爲三等，上縣朝廷選差，中縣吏部注擬，
> 下縣帥臣監司通共奏辟，不得侵互，立爲定格。仍用宋元嘉法，以
> 六期爲斷，革去三年爲任，兩考成資，與堂選數易之弊，使吏無苟

〔註122〕胡安國，時政論·恤民論，引自胡寅，斐然集（卷二十五）·先公行狀，長沙：
嶽麓書社，2009，508。

免，民心有繫。凡三等縣皆以四條糾正稅籍，團結民兵，勸課農桑，

敦勉孝悌。俟及三年考其事效，已就緒者，就行旌賞，未有倫者，

嚴加程督，如此則民心安，邦本固矣。〔註123〕〔2〕

胡安國提出了革除其弊的五條辦法，核心的內容就在於「使吏無苟免，民心有繫」，「民本」精神深嵌其中。不論胡氏這五條辦法是否可行、是否被當朝者採納並行之有效，不能忽視的是他銳意改革北宋以來百年積弊之政的勇氣，以及其改革措施中以「安民心」、「固邦本」的政治理念。

最直接體現「民本」思想中的「重民」、「恤民」精神的還是輕徭薄賦、不竭民力的政策主張。胡安國《恤民論》說：

焚林而田，非不得獸，而明年無獸；竭澤而漁，非不得魚，而

明年無魚。以近事驗之，京東西路歲入凡一千萬，其餘山澤之利，

在祖宗時捐以與民，不盡取也，百姓歸戴，無有二心。及李彥等取

爲西城之租，窮竭民力，其時若有言罷此掊克，然後國用足，則必

指爲妄言也。然百姓愁苦轉而爲盜，今此四路所入，不歸王府五年

矣。荊湖南北歲入凡五百萬，其外豈無遺利。在祖宗時捐以與民，

不盡取也，百姓歸戴，無有二心。及部使者取之折變，則有一折兩

折三折，收糴則有均糴、敷糴、補糴，散引則有曲引、鹽引、茶引，

受納則有一加、再加、倍加，其時若有言罷此諸色然後國用足，亦

必指爲妄言也。然百姓愁苦，轉而爲盜，今此兩路所入，不歸王府

三年矣。乃知有若所爲百姓足君孰與不足，信不誣也。今封境日蹙，

賦斂日重，百姓日貧，田萊日荒，更臨之以貪吏，困之以弊法，是

爲敵國驅民也。願詔大臣速講輕賦恤民之事，爲生財足用之源，以

京東、西，湖南、北，爲至戒，則民心安、邦本固矣。〔註124〕〔2〕

胡氏對窮竭民力終將致使「百姓愁苦轉而爲盜」的危害有清醒的認識，他所提到的「李彥等取爲西城之租」，就是指的北宋宣和初年楊戩創「西城所」以掠奪百姓土地之事。楊戩死後，李彥主管其事，大肆掠奪民間物資，「凡竹數竿用一大車，牛驢數十頭，其數無極，皆責辦於民，經時閱月，無休息期。農不得之田，牛不得耕墾，殫財靡芻，力竭餓死，或自縊轅軛間」

〔註123〕胡安國，時政論・恤民論，引自胡寅，斐然集（卷二十五）・先公行狀，長沙：
　　　　嶽麓書社，2009，508。

〔註124〕胡安國，時政論・恤民論，引自胡寅，斐然集（卷二十五）・先公行狀，長沙：
　　　　嶽麓書社，2009，508。

〔註125〕〔1〕。此種刻剝之下，民眾人心離散，非但不會有忠君愛國之心，反而對朝廷充滿怨恨之意。因此胡氏要求高宗引以爲戒，輕賦恤民，以安定民心，鞏固國本。胡安國的「輕賦恤民」之論，應該是理學家的共識，朱熹所謂「恤民之實在省賦」〔註126〕〔44〕，與胡氏之說也是一脈相連。

民本思想必然引起「義利之辨」的問題。〔註127〕〔105〕義利之辨從來就是儒家王道政治理念的重要內容，也與「民本」思想緊密相關。「君子喻於義，小人喻於利」等重義輕利的說法，僅就內聖修己上說，而非就外王治人上說的，儒家所反對之利，只是私人之利，君主一己之私利。「所以義利之辨，在政治上是抑制統治者的特別利益，以保障人民的一般權利的」〔註128〕〔123〕。胡氏《春秋傳》已對義利之辨多有闡發（見5章3節），而在《恤民論》中，更是大倡還利於民，反對與民爭利。他說：

　　凡爲國以利不以義者，皆自小人始，爲其所見者小，不知大體，法所以弊也。祖宗時以義爲利，四海無困窮之苦，天祿永安，所利大矣。姑以鹽法論之。行於西者與商賈共其利，行於北者與編戶共其利，行於東南者與漕司共其利，大計所資，均及中外，所謂以義爲利也。崇寧首變此法，利出自然者，禁而不得行，則解池是也；利在編戶者，皆入於官府，則河朔是也；利通外計者，悉歸於朝廷，則六路是也。諸路空乏，乃復百種誅求，尤不能給，民窮爲盜，遂失歲入常賦以數千萬計，則鹽法實致之耳。陛下宜鑒前失，有所改更，久而未也，天下望焉。略以湖南一路言之，昔日歲課一百萬緡，本路得自用者居其半，故斂不及民而上下足。變法以來，既盡歸之朝廷，則本路諸色支費皆出橫斂，至如上供，舊資鹽息者猶不蠲除，民所以益困也。又略以道州一郡言之，歲認上供錢二萬緡，往時本州島歲賣鹽息常倍此數，故斂不及民，而上下足。今上供錢仍舊，而鹽息不復有矣，乃至以曲引均科，此民所以益困也。又略以來陽一邑言之，有未變法前官所自運鹽，有既變法後客所拘納鹽，封椿日久，既緣軍期支用，而鹽司必欲追索，朝旨亦令撥還，不知何自

〔註125〕脫脫，宋史（卷一七四）·食貨上二，北京：中華書局，1999，2813。
〔註126〕朱熹，朱子全書（第20冊）·朱文公文集（卷十一）·庚子應詔封事，上海：上海古籍出版社，合肥：安徽教育出版社，2002，518。
〔註127〕金耀基，中國民本思想史，北京：法律出版社，2008，11。
〔註128〕徐復觀，學術與政治之間（甲集），上海：華東師範大學出版社，2009，156。

而出，豈得不取於民，此民所以益困也。以一路一郡一縣觀之，則
他處可知矣。今榷貨所入，歲以千萬計，其利至厚，謂宜遍下諸路，
一一檢會，凡若此類悉蠲除之，以活百姓，使稍安其業，不至爲盜，
長納二稅，存國家大利之原，不亦善乎。榷酤之弊亦極矣，略以道
州言之，課額既高，歲有虧欠，即抑勒專知牙校令兼管州倉俾，因
受納取足於稅戶，其害爲如何，此民所以益困也。又以邵陽言之，
酒課歲約二萬餘緡，而折稅爲糯者凡六千斛，糯貴於粳，價幾一倍，
其它固未論，此民所以益困也。近者嘗下諸路會計，而州縣利此，
爲造弊之端，不以實聞，固當斷以必行令。凡係官監酒務，許百姓
買撲，入納淨利，與轉運司及本州島支用收官務年費米麥等，專以
贍軍，兼濟公私，存活百姓，使稍安其業，不至爲盜，長納二稅，
存國家大利之原，不亦善乎。如此庶幾民心安，邦本固矣。〔註129〕
〔2〕

單純從胡安國在《春秋傳》中所論的義利之辨來看，未免覺得空疏迂腐而不
切實際。他曾說：「利者，人欲之私，放於利，必至奪攘而後厭；義者，天
理之公，正其義，則推之天下國家而可行。《春秋》惡易許田，孟子極陳利
國之害，皆拔本塞源杜篡弒之漸也」〔註130〕〔3〕，是典型的理學家言。然而
作爲理學家的胡安國同時也是一個政治思想家，表面空疏的義利之辨卻有指
導政治實踐的實質內涵，《恤民論》就指出了義利之辨的實際意義，在於指
導政府朝廷以義爲利，讓利於民，藏富於民，使民不爲盜賊，而甘心納稅，
從而鞏固了「國家大利之源」。表面上不爲利，實際上是謀求更大更根本的
利益。胡安國指出了徽宗崇寧年間，蔡京用事以來所施行的財政政策是與民
爭利，不僅使民不聊生，最終又導致了國家利稅受損。

　　民眾賦稅負擔過重的一個重要原因就在於國家養官太多，胡氏對宋代的
「冗官」之弊深有認識，他說：

　　　　自崇寧以來，中外創添員局，重以濫賞，不勝其冗，蠹國生亂，
　　　　至今未革，而又加甚。兵官舊係兩員者，添差至於七員八員而未止
　　　　也；監當舊係一員者，添差至於四員五員而未止也。其餘荒殘州縣，

〔註129〕胡安國，時政論・恤民論，引自胡寅，斐然集（卷二十五）・先公行狀，長沙：
　　　　嶽麓書社，2009，509～510。
〔註130〕胡安國，春秋傳（卷四）・桓公元年「鄭伯以璧假許田」條。

> 未有百姓，先置官司。凡是舊員一一填足，又多不應差注之人，其
> 爲民害，不異寇賊。考於《春秋》，以民爲重，而大夫次之：考於《孟
> 子》，以民爲貴，而社稷次之。故養民者，陛下之職也。願亟行並省，
> 以建武爲法，既不病民，所省官吏使居閒散，稍捐廩祿養之，亦無
> 失職之歎，庶幾民心安，邦本固矣。〔註131〕〔2〕

胡氏認爲「冗官」之弊對民眾的爲害，「不異寇賊」。因此要減輕人民負擔，
就必須「省官」，即裁減官吏，使居閒散，這樣才能安民心、固邦本。

胡安國的《恤民論》是在紹興元年（1131）十二月進呈高宗的，次年七
月，胡安國「入對於臨安行在」，再次向高宗提出了「恤民」的政治要求，
他說：「制國以守，必先恤民。夫國之有斯民，猶人之有元氣，不可不恤也。
除亂賊，選縣令，輕賦斂，更弊法，省官吏，皆恤民之事也」〔註132〕〔2〕。
胡安國基於「民心」是「邦本」，「斯民」是國家「元氣」的政治意識，向高
宗提出的「除暴」、「擇令」、「輕賦」、「革弊」、「省官」等五條建議，是「恤
民」之政的五項內容，最終的目的是安定民心，鞏固國本。這些建議實際上
也是爲了使政治權力的運作遵循一定的規範，因而具有對權力的限制、制約
的傾向。這仍然是理學家借「民本」以闡發「致君堯舜」思想的老路子，即
以「格君心之非」爲起點，最終實現王道流行的理想秩序。後來朱熹在發揮
民本思想時，將這種思想路徑明確指出：「臣嘗謂天下國家之大務，莫大於
恤民，而恤民之實在省賦，省賦之實在治軍。若夫治軍省賦以爲恤民之本，
則又在夫人君正其心術以立綱紀而已矣。董子所謂『正心以正朝廷，正朝廷
以正百官，正百官以正萬民，正萬民以正四方』，蓋謂此也」〔註133〕〔44〕。
胡安國爲了突出其以「格君心之非」爲目的的諫議的重要性，他對當前的政
治現實進行了嚴厲的批判。因爲只有把現實中的政策失誤明白地指出來，才
有可能讓君主知曉事態的嚴峻，並引起內心的警覺，從而接受他的意見和規
誡。當然，胡氏對現實政治的批判只是手段和工具，建議才是其主要用意，
而根本的目的還在於確立一種合乎王道理想的社會政治秩序。大而言之，儒
家政治思想是批判性與建設性的統一，通過限制君主、規範君主權力的運

〔註131〕胡安國，時政論·恤民論，引自胡寅，斐然集（卷二十五）·先公行狀，長沙：
　　　　嶽麓書社，2009，510。
〔註132〕胡寅，斐然集（卷二十五）·先公行狀，長沙：嶽麓書社，2009，516。
〔註133〕朱熹，朱子全書（第20冊）·朱文公文集（卷十一）·庚子應詔封事，上海：
　　　　上海古籍出版社，合肥：安徽教育出版社，2002，581。

作，最終達到使現實政治向理想政治趨近的目的。胡安國的「民本」思想準確而深刻地反映了儒家政治思想這一特徵。

　　總之，胡安國《春秋傳》王道政治思想的核心主張便是德政愛民，要求君主在國家政治治理中以民爲本，重視民眾的利益訴求。胡安國的「國以民爲本」，也並非是主張「民爲政治主體」，而是強調了民心或民意對於國君的治國爲邦具有根本性的意義。也是由於這個原因，君主採取愛民、惠民、保民的政策措施才有其內在的驅動力，儒者也因此而有充分的理由來諫議和要求君主關注民生，維護民眾的利益。這也可以形成一種對王權的制約作用。民本思想不僅以規範、制約、評價君權爲主要導向和重要功能，而且包含著若干超越時代的政治思想價值。

第 7 章　胡安國《春秋傳》的禮治思想與王道

　　因爲「秩序必依制度始能建立，制度是秩序的客觀保障者」〔註1〕〔104〕，而禮正是這樣的制度，「禮毫無遺漏地規劃生活的各個方面，爲世界提供了一個有秩序與和諧的模式」〔註2〕〔84〕，所以，儒家認爲，欲建設一個有秩序的和諧的社會模式，就必依「禮治」的途徑。宋代秩序重建的終極目標，就是恢復「三代之治」，重建三代時期的王道理想政治。圍繞這個終極目標，宋儒設計的具體途徑之一，就是試圖恢復「先王」的禮制。這在許多儒者的思想主張中都能找到相關的內容。胡安國的《春秋傳》則在解釋《春秋》經典的過程中，闡述了他頗具有時代特色的禮學觀，並根據理學家們普遍贊同的經由「內聖」工夫而實現「外王」事功的爲學爲治之途徑，構築了一個人君「以禮爲治」的治國模式，要求君主「以禮制心」、「以禮守身」、「以禮齊家」、「以禮爲國」，最終實現「禮樂征伐自天子出」，重建一個「君君、臣臣、父父、子子」理想秩序。而這種理想的社會政治秩序，已如前文所論，就是「王道」秩序。

7.1　禮與王道、天理之間的內在關聯

　　宋儒「王道」政治理想秩序歸根到底是一種「禮治」秩序，「禮治政治是

〔註1〕　蔣慶，政治儒學——當代儒學的轉向、特質與發展，北京：三聯書店，2003，198。
〔註2〕　包弼德，歷史上的理學，杭州：浙江大學出版社，2010，207。

王道政治之具體落實」〔註3〕〔104〕。按照儒家的歷史觀，古代社會的道德倫理水平似乎處於倒退的過程中，在上古時代是符合禮義的大同社會，後來逐漸變爲小康，發展到「今世」，則是禮義被破壞無餘。無論是大同還是小康，都是符合禮義規範的，都是「禮樂征伐自天子出」的理想社會。在後世要重建理想秩序，重返理想社會，必經恢復禮治的途徑。通過健全禮制，實現天下有道，進而達到以禮爲社會秩序根本砥柱的「三代之英」，這也正是宋儒集體王道政治理想的一種表達形式和實現途徑。

礼與天理、王道之間形成了一條可以互相詮釋的概念鏈條。宋儒王道政治理想欲將君主和君權置於「道」或「天理」的制約與規範之下，這是「王道」理想的潛在政治功能。但無論是傳統的「道」還是宋儒「體貼」出來的「天理」，都畢竟只是虛擬的存在，是一種觀念或意識上的範疇，本身缺乏可操作性，如果沒有具體的規則和法式來落實，宋儒「道高於君」、「以道事君」、用道和天理來制約、規範君主和君權的理想就完全只能成爲幻想。又因爲王道秩序本爲禮治秩序，故而道或天理制約規範君權的落實，最終仍然由禮來完成。禮乃是天理秩序在人間秩序上的體現，天理是禮的最終依據和根源。這就是歷代儒者所欲極力打通禮與理之間的關聯，特別是宋儒以禮釋理的政治文化意義所在。

7.1.1　禮與王道

中國傳統政治文化是一種禮樂文明，儒學也是一種以「禮」爲核心的倫理政治學說，因而，「禮」完全可以被認爲是中國傳統文化的精神與內核。「禮」一方面體現爲一種尊卑、貴賤、長幼有序的政治倫理等級秩序，古代典籍多有論述，例如：《荀子》說：「故先王案爲之制禮義以分之，使有貴賤之等、長幼之差，知愚能不能之分，皆使人載其事而各得其宜，然後使慤祿多少厚薄之稱，是夫群居和一之道也。」〔註4〕《禮記》亦謂：「禮者所以定親疏、決嫌疑、別同異、明是非也。」〔註5〕《管子》也說：「上下有義，貴賤有分，長幼有等，貧富有度，凡此八者，禮之經也。」〔註6〕另一方面，禮又是一種

〔註3〕　蔣慶，政治儒學──當代儒學的轉向、特質與發展，北京：三聯書店，2003，370。
〔註4〕　荀子・榮辱篇。
〔註5〕　禮記・曲禮上。
〔註6〕　管子（卷三）・五輔。

道德與行爲規範，與忠孝仁義等道德價值緊密相連，成爲社會成員所應履行的道德義務，對社會政治行爲具有調節作用，也是建立和維繫社會秩序的手段。例如：《左傳》說：「夫禮，天之經也，地之義也，民之行也。天地之經，而民實則之。」〔註 7〕《禮記》說：「道德仁義，非禮不成；教訓正俗，非禮不備；分爭辯訟，非禮不決；君臣上下，父子兄弟，非禮不定；宦學事師，非禮不親；班朝治軍，涖官引法，非禮，威嚴不行。」〔註 8〕簡言之，「禮」既是中國傳統社會理想秩序的體現形式，又是維繫這種秩序的手段和工具。禮制的目標也就是爲了實現或維繫理想的社會政治秩序亦即王道秩序。

儒家「治國（爲國）以禮」的命題就建立在禮所具備的這種特質和功能的基礎之上。《左傳》記載了當時許多政治家和思想家對禮的認識，說：「禮，政之輿也。……怠禮失政，失政不立，是以亂也」〔註 9〕，「夫禮，生死存亡之體也」〔註 10〕，「有禮無敗」〔註 11〕，「無禮必亡」〔註 12〕。關於禮的作用，《左傳》還說：「禮以體政，政以正民，是以政成而民聽，易則生亂」〔註 13〕，「禮，所以整民也」〔註 14〕，「禮之於政，如熱之有濯也，濯以救熱，何患之有？」〔註 15〕《國語‧晉語》也說：「夫禮，國之紀也，國無紀不可以終」〔註 16〕。這些材料都表達了一個共同的思想，即認爲禮關係到國家的存亡治亂，是國家政治生活中的重要綱紀，是實現國家政治治理的重要工具。

禮是王道政治的核心內容。傳統儒家所追求的理想人間秩序——王道理想，也就是一種禮治秩序。傳統的政治思考也以突出「禮」爲特色。按照《禮記‧禮運》篇的描述：「謹於禮……以著其義，以考其信，著有過，刑仁講讓，示民有常」〔註 17〕，符合「禮」或者說由「禮」所構建的社會秩序，雖然不是至善至美、無憂無慮的「大同之世」，但這種由周公所創立的禮制所維繫的「小康之局」，也仍然屬於王道理想的秩序。三代之後，政與教、聖

〔註 7〕　左傳‧昭公二十五年。
〔註 8〕　禮記‧曲禮上。
〔註 9〕　左傳‧僖公二十一年。
〔註 10〕　左傳‧定公五年。
〔註 11〕　左傳‧襄公二十六年。
〔註 12〕　左傳‧昭公二十五年。
〔註 13〕　左傳‧桓公二年。
〔註 14〕　左傳‧莊公二十三年。
〔註 15〕　左傳‧襄公三十一年。
〔註 16〕　國語‧晉語。
〔註 17〕　禮記‧禮運。

與王的分離，被視爲王道失墮的開端，而其標誌之一就是「禮崩樂壞」。所以，「禮」以及由「禮」所維繫的社會政治文化秩序，就是儒家王道政治理想的根核。

「禮」本身只是一種社會政治和文化制度，作爲一種制度，它必然以某種精神爲原則，這個精神原則就是「理」或「天理」。或者說，禮的制定，就是以「理」或「天理」爲終極依據。作爲制度條文，禮就是「天理」在社會關係和政治生活中的具體體現，或者說是把「天理」制度化的成果，正所謂「禮，天理之節文」。而在宋儒的思想世界中，「王道」也體現著天理，是「一理」在王者或王政上的「分疏」。因此，王者之「道」，也就是禮的根本精神，也是先王制禮的終極依據。

三代之先王是宋儒王道理想中的王道的承擔者，而「王道」首先表現爲先王的「治國之道」，作爲政治制度和行爲規範的「禮」當然能夠體現先王之「道」。胡安國的《春秋傳》非常重視禮的政治作用，他認爲「禮者，所以別嫌明微，制治於未亂，不可不謹也。」〔註 18〕〔3〕在胡安國的思想中，先王之道與先王之禮是互相聯通的，因而，他認爲《春秋》之義也在於「復先王之禮」。他說：「諸侯歲時或朝覲於京師，或會同於方岳，或從兵革征討之事，越境踰時，不以爲難，何獨難於奔喪，而薄君臣始終存歿之義哉？大非先王之禮，失《春秋》之義矣。」〔註 19〕〔3〕

胡氏以《春秋》經世，經世落到實處，就需要禮的推行。社會成員按照「禮」對各自社會角色的要求來履行自己的職責和義務，也就是儒家的倫理綱常。在強敵環伺、內政不舉的環境下，尤其需要以禮來維繫社會秩序，胡氏謂：「爲國以禮者，無憚於強。」〔註 20〕〔3〕這對宋代重建秩序的時代主題具有極重要的意義，因爲重建理想的王道社會秩序，就是要恢復理想狀態中由禮所規定的秩序。胡安國的王道政治思想在國家治理層面上的直接表現，就是國君應該「以禮爲治」。

7.1.2 禮與天理

關於禮與理的關係的討論由來已久。在先秦、兩漢的文獻中，一般用「理」

〔註 18〕胡安國，春秋傳（卷四）‧桓公三年「夫人姜氏至自齊」條。

〔註 19〕胡安國，春秋傳（卷一）。

〔註 20〕胡安國，春秋傳（卷二十）‧成公八年「春，晉侯使韓穿來言汶陽之田歸之於齊」條。

來指明禮中所蘊含的條理、義理、等分，用「理」來強調禮的存在及作用的必要性和重要性。理既是禮之所以爲禮的內在本質屬性和內涵，也指外在可分辨的制度和節文。〔註21〕〔215〕《管子》說：「因人之情，緣義之理，而爲之節文者也。故禮者，謂有理也。理也者，明分以諭義之意也。」〔註22〕《荀子》也說：「禮之理誠深矣，堅白異同之察，入焉而溺；其理誠大矣，擅作典制辟陋之說，入焉而喪；其理誠高焉，暴慢恣睢輕俗以爲高之屬，入焉而隊。……禮者，人道之極也。」〔註23〕「深」、「大」、「高」都是「禮之理」的特徵，而「理」則是「禮」之所以爲禮的道理或緣由。《禮記》中關於禮與理的關係的討論，也包含了上述的思想，但內容更加豐富多彩，出現了禮、理互訓的命題，如《仲尼燕居》就有「禮者，理也」的命題。《樂記》中亦有「樂也者，情之不可變者也；禮也者，理之不可易者也」的表述。鄭玄注曰：「禮者，體也，履也。統之於心曰體，踐而行之曰履。」表達出一種以「知行」來詮釋禮的傾向。孔穎達對上引《禮記》禮理互訓命題的解釋是：「理，謂道理，言禮者，使萬事合於道理也」，「理，事也，言事之不可改易也」，「禮在於貌，故云理也。」〔註24〕〔4〕可見以「理」來闡釋「禮」的內涵上，漢、唐儒者已經增加了新的內容，並爲後代學者做進一步的延伸闡釋提供了豐富的思想與學術資源。

　　宋儒關於禮理關係的討論，最大的特點和成就，就是針對宋代復興王道政治理想、重建合理社會秩序的時代課題，提出了「禮即理」的命題，使得作爲形而下的社會制度與行爲規範的禮得到了形而上的最高本體天理的論證。宋代思想界和政界一直對重建理想的社會秩序深懷渴望與焦慮。所謂秩序，常常就是指禮治秩序。如何從理論上重新構建、論證儒家倫理禮法制度，爲現實政治秩序服務，是儒家士大夫所面臨的一個重大時代課題。宋儒「禮即理」命題的提出，既是唐宋思想轉型中「由禮轉理」、「以禮合理」的理論成果，也是宋儒渴望將理想的社會政治秩序建立在理性與人文的基礎之上的根本精神的體現。〔註25〕〔171〕在這種精神的引導下，宋代思想家和政治家

〔註21〕參見殷慧，朱熹禮學思想研究（第五章第二節），〔湖南大學博士學位論文〕，2009。

〔註22〕管子‧心術上。

〔註23〕荀子‧禮論。

〔註24〕阮元，十三經注疏，北京：中華書局，1980，1537。

〔註25〕何俊，由禮轉理抑或以禮合理：唐宋思想轉型的一個視角，北京大學學報（哲學社會科學版），2007（6）。

們面向社會實踐，進行了許多有益的探索。

「禮即理」的思想命題，既是對歐陽修、李覯、王安石等從制度層面尋求禮學建構的反思，也是理學家如二程、朱熹等從道德哲學層面對禮學的提升，同時還體現了宋代理學家們「以禮修身」的修養工夫論〔註 26〕〔215〕。歐陽修撰作《本論》，以爲修身齊家治國之本在於重視、恢復儒家傳統的禮儀。李覯則把禮提升到國家最高制度的層面，提出「禮是總名」的思想觀點，認爲禮既是人間秩序的準則，又是政治教化的根本，「夫禮，人道之準，世教之主一也。聖人之所以治天下，修身正心，無他，一於禮而已矣。」〔註 27〕〔244〕他主張進行禮的制度改革和建設，將禮從其原本與仁、義、智、信和樂、刑、政等並列的地位拔擢到一個更高的層次，明確了禮治的重要性。這種思想在某種意義上成爲了慶曆新政的思想基礎。李覯的禮論強調從外在的秩序和制度上來約束人，而忽略了眞正和諧穩定的社會秩序都必須建立在內心道德和倫理的基礎上，因而體現出無法有效應對秩序重建現實需要的思想局限性。王安石則在李覯的思想上向前邁進了很大的一步。王安石認爲「禮始於天而成於人，注意到通過天人關係的溝通來認識禮義」，表現出以周禮爲現實政治制度建設之借鑒的經世致用傾向。「王安石等新學學者的學術活動主要是圍繞收拾人心、重振儒家倫常、挽道德綱常於不墜的時代課題而展開，其學術的主要內容爲道德性命之學。」〔註 28〕〔79〕而王安石的道德性命之學，注重心性理論的建構和闡釋，正是爲了直接服務於北宋現實禮治秩序的重建。然而，王安石經世致用的努力終究還是歸於失敗了，其原因固然是深刻而複雜的，但他從政治和制度層面上重建禮治秩序的路徑，在心性之學已成潮流的當時，顯然是行不通的。如何能使人心服膺天理的要求，如何能推行正心、誠意、修身、齊家、治國、平天下的儒家理想，溝通最高本體的天理與人間秩序的禮，就成爲理學家理論建構的必然要求與任務。

理學家們大多都曾致力於禮和理的關係的探討，試圖從更高的層面對禮做出深度解釋，爲宋代的思想建設和制度建設做出了重大的貢獻。

北宋理學家對禮理關係的溝通，從理學開創者周敦頤（1017～1073）開始就已經受到關注，此後沿波不返，成爲理學家們共同探討的重要話題。周敦頤在《通書》中用理來解釋禮，說：「理曰禮」，「禮，理也；樂，和也。禮，

〔註 26〕殷慧，朱熹禮學思想研究，〔湖南大學博士學位論文〕，2009。
〔註 27〕李覯，李覯集，北京：中華書局，1985，5。
〔註 28〕朱漢民、肖永明，宋代《四書》學與理學，北京：中華書局，2009，130。

陰也；樂，陽也。陰陽理而後和，君君、臣臣、父父、子子、兄兄、弟弟、夫夫、婦婦，萬物各得其理然後和，故禮先而樂後。」〔註29〕〔245〕看起來是在講禮和樂的關係，但也把禮和理並舉，用理來闡釋禮對社會秩序的規範、協調作用，即使得君臣、父子、兄弟、夫婦等倫常關係「各得其理」。當然，周敦頤此處所論的「理」，尙與二程所謂「天理」並非完全相同，理學此時還在「聖學淵源」階段，但眼光投向的目標，始終是現實社會的秩序重建。

　　張載試圖將周敦頤所論禮理之間的含混關係說得更加明晰。其《正蒙》曰：「生有先後，所以爲天序；小大高下相併而相形焉，是謂天秩。天之生物也有序，物之既形也有秩。知序然後經正，知秩然後禮行」〔註30〕〔63〕，把禮與宇宙秩序聯繫起來，把人道與天道溝通起來，認爲禮的本源在於天地之自然，是天地秩序的體現。關於禮理關係，張載說：「蓋禮者，理也，須是學窮理，禮則所以行其義，知理則能制禮，然則禮出於理之後」〔註31〕〔63〕，這就將理先禮後、理上禮下，理是禮的法則和所以然之理的關係點明了。正如林樂昌所論，張載對禮理關係的判斷，「禮是理之固有秩序或規則在社會生活中的體現，換言之，禮是理在社會生活中的制度性或操作性的要求」〔註32〕〔246〕。張載還認爲只有懂得性與天道才能制禮作樂，「不聞性與天道，而能制禮作樂制者未矣」，而「性與天道」在理學家的思想中，也就是「理」或「天理」，在掌握「性與天道」之後，才能「制禮作樂」，而「制禮作樂」就是爲了建立一種社會秩序。因此，有學者認爲，「從一開始，理學家就強調，禮不應該只被理解爲一種儀式，實際上它是實現理的社會手段」〔註33〕〔84〕。

　　二程「自家體貼出來」的「天理」論也是對宋代秩序重建這一時代要求與任務的回應。二程對禮的認識和討論，就是從天理的高度，賦予禮以天然的合理性。程顥說：「禮者，理也，文也。理者，實也，本也。文者，華也，末也。」〔註34〕〔29〕理已經具備了作爲禮的本體的意義。程頤則說：「視聽言動，非理不爲，即是禮。禮即理也。不是天理，便是私欲」〔註35〕〔29〕，認爲

〔註29〕周敦頤，周敦頤集・通書，長沙：嶽麓書社，2002，20。
〔註30〕張載，張載集・正蒙・動物篇，北京：中華書局，1978，264。
〔註31〕張載，張載集，北京：中華書局，1978，326。
〔註32〕林樂昌，張載禮學論綱，哲學研究，2007（12），49。
〔註33〕包弼德，歷史上的理學，杭州：浙江大學出版社，2010，208。
〔註34〕二程集，北京：中華書局，1981，125。
〔註35〕二程集，北京：中華書局，1981，144。

「不合禮則非理」〔註36〕〔29〕。理相對於禮，也取得了優先的地位。如朱漢民先生所論，二程「天理」論的重大文化意義在於，一方面將作爲宇宙主宰的「天」與人文法則的「理」統一起來，另一方面又將超越存在的天理與個人內在的人性統一起來，貫通了天道和人道，確立了儒家人文之道的形上依據，實現了儒家人文信仰的重建。〔註37〕〔163〕二程天理論從「天即理」、「性即理」、「禮即理」三個維度展開論證〔註38〕〔215〕，一方面使自先秦以來儒家傳統中具有人格神意義的「天」轉換爲具有理性色彩的「理」，成爲最高的規範和本體；另一方面把對人性的認識上升到天理的高度，通過對人性的本質屬性和內涵的界定，強調人們對理性原則和倫理道德的服從是理所當然的。此外，從社會生活實踐方面來看，禮作爲一種社會秩序或者人際交往「灑掃應對」的行爲規範，具備了天理的觀照，這也就是理學家關於「禮即理」命題的現實意義。

「禮即理」這一觀念，可以說是北宋理學家的共識。「禮即理」也是北宋儒學把對現實秩序的反思與對理想秩序的構建有效結合起來而形成的一個響亮的命題。理學最根本的理論目標，在於論證儒家理想的倫理制度和道德規範的永恒性、合理性，理學的全部論題都直接或間接地支撐著這一目標，然而直接顯示這個目標的命題就是「禮即理」〔註39〕〔88〕。「禮即理」的命題的提出，使儒家理想的社會秩序即禮治秩序再次得到理論上的建構，使理想中的三代之治和現實政治治理之間的關係得到溝通。於是宋代以「迴向三代」爲號召的王道復興與秩序重建就在「理世界」中得到了呼應，宋儒的王道政治理想既獲得了最高本體之「天理」的觀照，也在理論上看到了實現的可能性。

北宋理學家關於重建禮治秩序的討論還在學術論爭與政治黨爭中糾纏不休，理想秩序尚無蹤影，現實秩序卻隨著「靖康之變」而轟然坍塌。秩序重建的問題再一次更加嚴峻而緊迫地擺在了南宋政治家和思想家的眼前。號稱當時儒林領袖的胡安國，面對這一緊迫的時代任務，也進行了深入的探索，並有出色的表現。他發揮《春秋》經世的功能，一方面在個人的政治實踐（主要是朝堂議政與上書進諫的方式）中時時援引《春秋》大義，以維護

〔註36〕二程集，北京：中華書局，1981，699。
〔註37〕朱漢民，二程天理論的文化意義，湖南大學學報（哲社版），2001（4），14。
〔註38〕殷慧，朱熹禮學思想研究，〔湖南大學博士學位論文〕，2009。
〔註39〕崔大華，儒學引論，北京：人民出版社，2000，602。

禮治秩序；另一方面在《春秋傳》的撰述中，處處強調禮的必然性和重要性，以禮爲一切是非善惡的評判依據，同時把二程天理論引入《春秋》學中，使原本「見於行事之著明」的統治經驗具備了形而上的天理依據。例如：桓公元年，「春，王正月，公即位」，《胡傳》說：

> 惠公欲以桓爲嫡嗣，禮之所不得爲也。禮不得爲，而惠公縱其
> 邪心而爲之，隱公又探其邪志而成之，《公羊》又肆爲邪說而傳之，
> 漢朝又引爲邪議而用之，夫婦之大倫亂矣。《春秋》明著桓罪，深加
> 貶絕，備書終始討賊之義，以示王法、正人倫、存天理、訓後世，
> 不可以邪汨之也。〔註40〕〔3〕

魯惠公欲立桓，胡氏認爲是「禮之所不得爲」的「邪心」、「邪志」，《公羊》及漢代學者都以桓公爲當立，胡安國一律斥爲「邪說」、「邪議」。胡氏認爲對「禮不得爲」的事情「深加貶絕」，可以實現「正人倫」、「存天理」的經世意義，實際上就把「禮」這一規範人倫關係的法則與最高本體「天理」貫通起來了。在胡安國的《春秋傳》中，「禮即理」的命題雖然沒有明確地表達，但相關的思想意識同樣十分明顯，因爲《春秋》文本的獨特性，胡氏不可能脫離具體的歷史事件來專門討論抽象的禮理關係，但「禮即理」的思想也體現在《春秋傳》從歷史經驗上對「以禮爲國」統治方法的總結與提倡。

胡安國身後，「禮即理」的命題繼續在理學家的思想世界中傳承、發展。朱熹的禮學思想十分宏闊，在許多具體問題上面都對前代學者有很大的發展，但「禮即理」的基本思路，朱熹並未放棄，他以理釋禮的最終目的仍然是追求禮治秩序的重建，他對秩序的認識仍然承襲了張載、二程的觀點。〔註41〕〔215〕朱熹用天理來解釋禮，既是對人間禮治秩序的形而上的提升，也是基於用宇宙本體論來統括並指導現實禮治社會的秩序重建。這實際上是在溝通天道與人道的關係，從而致力於重建社會理想秩序。理學家孜孜不倦於心性義理的建構，其最終的目標即在於此。

7.2　胡安國《春秋傳》的禮學觀

《春秋》與禮有著十分密切的內在聯繫，可以說，禮就是《春秋》的精

〔註40〕胡安國，春秋傳（卷四）。
〔註41〕殷慧，朱熹禮學思想研究，〔湖南大學博士學位論文〕，2009。

神血脈。鄭玄說：「孔子作《春秋》，《春秋》者，禮也。」〔註42〕皇侃說：
「六經其教雖異，總以禮爲本。」〔註43〕〔4〕六經既然總以禮爲本，那麼《春
秋》也不會例外了。中唐陸淳說：「《春秋》之文通於《禮經》者，斯皆憲章
周典，可得而知矣。」〔註44〕與朱子並稱爲東南三賢的呂祖謙也曾說：「觀
《春秋》，見聖人以禮杜亂，名義之間，凜乎不可犯也。而《左氏》所載『國
之安危』、『人之壽夭』，又皆以禮觀之。」〔註45〕晚清學者王闓運也說：「治
經必先知禮，經所言皆禮制。」〔註46〕〔247〕清末民初經學大家曹元弼謂：
「《左氏傳》可以見禮教隆污之殺，《公羊》、《穀梁》則孔子秉禮作經之精義
存。」〔註47〕〔211〕今人徐復觀說：「《春秋》三傳亦無不以禮爲綱維、爲血
脈。」〔註48〕〔194〕陳戍國先生也說：「《春秋》者，禮也。《春秋》及三傳
皆禮也。」〔註49〕〔211〕鄒昌林說：「《春秋》亦本於禮。」〔註50〕〔248〕要
之，《春秋》以禮爲本乃是古今學者所公認的一條「通義」。研究或者傳注《春
秋》，就不可能脫離對禮的解釋和運用，也必然會在相關的解釋中形成一定
的禮學觀。本節論文就試圖從胡安國《春秋傳》對禮的解釋和運用來探討其
禮學觀。《春秋》以禮爲本，而禮本身也有本有末、有體有用、有常有變，
這些歷來都是學者討論的熱點。胡安國對禮的本末、體用、常變等問題也多
有涉及，並具有突出的時代特色。

7.2.1　正身治人禮之本，威儀文辭禮之末

　　胡安國從禮的形式與內容、構成與功能以及持禮行禮的態度與方式等角
度出發，對禮進行了「本」與「末」或「實」與「文」的區分。從禮的構成
形式與功能來看，胡氏認爲「禮有本末，正身治人，禮之本也；威儀文辭，

〔註42〕 鄭玄，駁五經異義，文津閣四庫全書本。
〔註43〕 引自孔穎達，十三經注疏‧禮記‧經解，北京：中華書局，1980，1690。
〔註44〕 陸淳，春秋微旨（卷上），文津閣四庫全書本，142冊，380。
〔註45〕 呂祖謙語，引自李明復，春秋集義，文津閣四庫全書本。
〔註46〕 王闓運，湘綺樓詩文集‧論習禮，長沙：嶽麓書社，1996，519。
〔註47〕 轉引自陳戍國，禮學與中國傳統文化‧論六經總義禮爲本，北京：中華書局，
　　　　2006，143。
〔註48〕 徐復觀，中國經學史的基礎，臺北：學生書局，1982，168。
〔註49〕 陳戍國，禮學與中國傳統文化‧論六經總以禮爲本，北京：中華書局，2006，
　　　　143。
〔註50〕 鄒昌林，中國禮文化，北京：社會科學文獻出版社，2000，24。

禮之末也」。從表現形式上而言，禮表現爲「威儀文辭」，但這只是「末」，禮的「本」在於其實際的政治社會功能，即「正身治人」。昭公二十五年，「齊侯唁公於野井」，《胡傳》曰：

> 齊侯唁公於野井，以遇禮相見。孔子曰：「其禮與其辭足觀矣。」
> 然則何以失國而不反乎？禮有本末，正身治人，禮之本也；威儀文
> 辭，禮之末也。昭公喪齊，歸無戚容而不顧，娶孟子爲夫人而不命，
> 政令在家而不能取，有子家子之賢而不能用，而屑屑焉習儀以亟，
> 能有國乎？雖齊侯來唁，其禮與辭是矣，而方伯連帥之職則未修也，
> 又豈所以爲禮哉？〔註51〕〔3〕

胡氏認爲禮有本末，外在的威儀文辭，都不過是表面現象，是「禮之末也」，而國君正身治人，才是「禮之本」。這實際上是把禮與儀或者說是把「禮義」與「禮儀」作了區分。這種區分，自春秋時期以來就已經發生。昭公二十五年，「夏，叔詣會晉趙鞅」，《左傳》曰：「子大叔見趙簡子，簡子問揖讓週旋之禮焉。對曰：『是儀也，非禮也。』簡子問：『敢問何謂禮？』對曰：『吉也聞諸先大夫子產曰：夫禮，天之經也，地之義也，民之行也。天地之經，而民實則之。則天之明，因地之性，生其六氣，用其五行。……是故爲禮以奉之。……禮，上下之紀，天地之經緯也，民之所以生也，是以先王尚之。」〔註52〕鄭子大叔就已經強調了禮的要義是上下之紀、人倫之則，這就是禮的本質，而非儀節度數，也不是「揖讓週旋」這種外在的威儀文辭。此後，「禮」與「儀」的分別越來越重要。在後來的《禮記》中，這種分別表達爲「禮之本」和「禮之文」的不同。「本」表示根本性的原則，「文」則是指藉以表現的具體形式。《禮記》這種將禮區分爲「本」與「文」的思想得到宋儒的堅持，如朱熹的《朱子家禮》說：「凡禮，有本，有文，自其施於家者言之，則名分之守、敬愛之實，其本也；冠婚喪祭、儀章度數者，其文也。」而胡安國則與之相似而略有不同，他將禮既區分爲「禮之本」和「禮之末」，又區分爲「禮之實」和「禮之文」。桓公十七年「葬蔡桓侯」，《胡傳》謂：「或曰：魯君生而稱公，亦非禮乎？曰：生而稱公，爲虛位，禮之文也。沒而繫諡，爲定名，禮之實也。春秋諸侯，雖伯子男，葬皆稱公，誌其失禮之實，爲後世戒。欲其以正終也。」〔註53〕〔3〕可見胡氏以禮之文爲「虛」，而以

〔註51〕胡安國，春秋傳（卷二十六）。
〔註52〕左傳・昭公二十五年。
〔註53〕胡安國，春秋傳（卷六）・桓公十七年「葬蔡桓侯」條。

禮之本爲「實」。這種區分，胡氏在《春秋傳》中還有多次運用，如成公五年，「梁山崩」，《胡傳》曰：

> 《詩》曰：「奕奕梁山，韓侯受命。」而謂之韓奕者，言奕然高大，爲韓國之鎭也。後爲晉所滅，而大夫韓氏以爲邑焉。書而不繫國者，爲天下記異，是以不言晉也。《左氏》載絳人之語，於禮文備矣，而未記其實也。夫降服、乘縵、徹樂、出次、祝幣、史辭六者，禮之文也。古之遭變異而外爲此文者，必有恐懼修省之心主於內，若成湯以六事檢身，高宗克正厥事，宣王側身修行，欲銷去之是也。徒舉其文而無實以先之，何足以弭災變乎？夫國主山川，至於崩竭，當時諸侯未聞有戒心而修德也。〔註54〕〔3〕

「梁山崩」，在當時是件很大的「異」事，引起了晉侯的高度重視，因爲「國主山川，故山崩川竭，君爲之不舉」，恐怕面臨災難。按《左傳》，晉侯召伯宗而謀之，伯宗向「絳人」請教「將若之何」，絳人提出了一套消免災難的方法，即「降服、乘縵、徹樂、出次、祝幣、史辭，以禮焉」。胡安國認爲絳人提出的這套辦法中，上述六者都不過是「禮之文」，而沒有強調「恐懼修省之心」的「禮之實」，如果沒有「恐懼修省之心主於內」，徒具虛文，而無實質，將不足以消除災變。

上述幾種區分禮義和禮儀的表達方式雖有不同，但精神是一致的。胡安國所講的「禮之本」、「禮之實」，正是鄭國子大叔所講的「天地之經，而民則之」的禮，都是強調禮的政治秩序和行爲規範的意義。禮與儀的分別，用傳統的話來說，就是禮義與禮儀的分別。〔註55〕〔210〕禮義是禮的內在本質，即君臣、父子、夫婦、兄弟等等倫常關係的基本原則，也就是胡安國所說的「正身治人」的規則。而禮儀則是禮的外在表現形式，即儀節度數、車旗儀典等等，就如胡安國所說的「威儀文辭」以及「降服、乘縵、徹樂、出次、祝幣、史辭六者」，都屬於「禮之末」、「禮之文」的範圍。昭公所注重的正是作爲禮的外在表現的威儀文辭，「屑屑焉習儀以亟」，至於禮之正身治人的實質性內容，比如「命夫人」、「取政令」、「用賢人」等等，卻都被拋諸腦後。因此，昭公棄禮之本，而取其末，是不能以禮治國者，故其失國是必然的。

〔註54〕 胡安國，春秋傳（卷十九）。
〔註55〕 參見陳來，中國早期政治哲學的三個主題，余敦康先生八十壽辰紀念集，北京：首都師範大學出版社，2009。

至於齊侯（景公），唁昭公於野井，以遇禮相見，從表面上看，固然是「禮與其辭足觀矣」，禮的外在形式雖然具備，但景公不修「方伯連帥之職」，也是忽略了禮的實質，其「可觀」者，不過徒有其表、徒具虛文而已。

7.2.2　禮以敬爲本

在宋儒的思想世界中，禮又是天理在人倫關係上的具體體現，正如朱熹所謂「禮者，天理之節文」。胡安國亦說：「禮，稱情而爲之節文者也。」〔註56〕〔3〕這樣，禮又把客觀外在的「理」與主觀內在的「心」與「情」等相關概念溝通起來。

既然禮有本有末、有文有實，而禮的「本」和「實」才是各種禮節、禮儀制度的重點，那麼究竟怎樣才能把握禮的「本」和「實」，而不至於流於形式，被外在的「末」和「文」所掩蓋呢？胡氏認爲需要具有「恐懼修省之心主於內」，只有內心裏面隨時保持恐懼修省的念頭，按照禮的要求行事，才不會墮入「末」流境地。在胡氏眼中，能夠做到這種程度的人，例如成湯、高宗、宣王等，都堪稱王者典範，值得後世人主學習。這種「恐懼修省之心」有時候也被胡安國詮釋爲「誠敬之心」或「肅敬之心」。胡氏強調在祭祀之時必須要「存肅敬之心」〔註57〕〔3〕，「盡其誠敬之心於宗廟」〔註58〕〔3〕，或者「盡肅敬之誠於宗廟」〔註59〕〔3〕；在與人交結往來之時，要「禮人不答反其敬」〔註60〕〔3〕。因此，胡安國強調：「禮以敬爲本」。

胡安國「禮以敬爲本」的命題亦有儒家傳統禮制思想的淵源。《論語》謂：「子曰：『居上不寬，爲禮不敬，臨喪不哀，吾何以觀之哉？』」〔註61〕「爲禮」需要「敬」，在孔子那裏就已經得到重視，「敬」是一種內在敬畏心理與精神的外在表現。《左傳》則謂：「禮，國之幹也。敬，禮之輿也。不敬則禮不行，禮不行則上下昏，何以長世。」〔註62〕敬與不敬，關係到禮能否得到實行和貫徹，敬是禮的必要條件。《禮記・曲禮》開篇即謂：「毋不敬。」《論

〔註56〕胡安國，春秋傳（卷十四）・文公三年「夏五月王子虎卒」條。
〔註57〕胡安國，春秋傳（卷二十七）・定公九年「得寶玉大弓」條。
〔註58〕胡安國，春秋傳（卷十五）・昭公十五年「二月癸酉，有事於武宮」條。
〔註59〕胡安國，春秋傳（卷十七）・宣公八年「猶繹萬入去籥」條。
〔註60〕胡安國，春秋傳（卷十一）・僖公四年。
〔註61〕論語・八佾。
〔註62〕左傳・僖公十一年。

語》說「修己以敬」，則「敬」實為儒家傳統修養論的精髓。《禮記・仲尼燕居》謂：「敬而不中禮謂之野，恭而不中禮謂之給。」恭、敬之行為須合乎禮義的規範。「『敬』是貫穿儒家禮學思想的存養要法，是『先立乎其大者』的工夫和本體所在」〔註63〕〔215〕。宋儒大力提倡「主敬」的修養工夫論。程頤創發的「涵養須用敬」工夫論，為胡安國及歷代理學家所繼承。胡安國基於對禮之「本末」、「文實」的分辨，進一步提出了「禮以敬為本」的觀點。

　　「禮以敬為本」的「本」與「正身治人，禮之本也」的「本」顯然是不同的，是從不同角度對禮之本的認識。從禮的社會功能角度而言的，「正身治人」是禮的根本作用。「以敬為本」則是從持禮的態度和修養工夫論的角度而言，「敬」是禮的儀式過程中必須保持的精神境界和心理狀態。桓公十四年，「秋八月，乙亥，嘗」，《胡傳》曰：

> 嘗，祭時事之常，則何以書？志不時與不敬也。《春秋》紀事用周月，而以八月嘗，則不時也。御廩災於壬申，而嘗以乙亥，是不改卜而供未易災之餘，則不敬也。禮以時為大，施於事則不時；禮以敬為本，發於心則不敬，故書。〔註64〕〔3〕

《詩經・小雅・天保》曰：「禴祠烝嘗，於公先王」，《毛傳》謂：「秋曰嘗」，《禮記・王制》：「天子諸侯宗廟之祭，春曰礿、夏曰禘、秋曰嘗、冬曰烝。」可見「嘗」是古代在秋天舉行的一種郊廟祭祀之禮。祭祀之禮是「國之大事」，不能因為三天前發生了火災（即「秋八月，壬申，御廩災」）而取消。但按照《春秋》「常事不書」的書法原則，「嘗」這種程序化的祭祀禮儀屬於「祭時事之常」，本不當書。而經文偏偏記載下來了，其中必有原委。《左傳》對此事沒有記載。《公羊傳》說：「譏嘗也。猶嘗乎？御廩災，不如勿嘗而已矣。」〔註65〕〔28〕認為因「御廩災」而可以廢「嘗」禮，似有不當。趙匡、劉敞、蘇轍均對《公羊》此說表示了反對，胡安國也未採用這種解釋。《穀梁傳》的解釋相對更加合理：「御廩之災不志，此其志何也？以為易災之餘而嘗，可也，志不敬也。」〔註66〕〔28〕胡安國明顯從《穀梁傳》之說，認為是「志不敬」，但同時對《穀梁》也有所補充，認為還有「志不時」的意義。這種解釋其實在孫復筆下就已初露端倪，孫復《春秋尊王發微》說：「嘗，秋祭

〔註63〕殷慧，朱熹禮學思想研究（第五章第二節），〔湖南大學博士學位論文〕，2009。
〔註64〕胡安國，春秋傳（卷六）・桓公十四年。
〔註65〕春秋三傳，上海：上海古籍出版社，1987，86。
〔註66〕春秋三傳，上海：上海古籍出版社，1987，86。

也。周之八月，夏之六月也。其言『八月壬申御廩災，乙亥嘗』者，以不時與災之餘而嘗也。以不時與災之餘而嘗，此威之不恭也甚矣。」〔註 67〕〔12〕與孫復不同的是，胡安國將「不恭」替換成了「不敬」。「恭」與「敬」之間應該還是有差別的。孔子曾謂鄭國賢相子產有「君子之道四焉」，其中之二就是「其行己也恭，其事上也敬」〔註 68〕，似乎都是對為人處事恭敬態度的描述。一般被現代學者解釋為「內心專一」或「認真對待的狀態」的「敬」，描述的是一個人努力專心致志的精神狀態。宋儒雖然沒有對恭與敬做出明確的區分，但「敬」的出現頻率明顯要高得多，其概念在宋儒的思想體系中所佔地位似乎更加重要。程頤把原本用來形容態度上恭敬的「敬」字，轉為形容心理的狀態：「敬以直內，義以方外」。〔註 69〕〔84〕

　　另外，在胡氏看來，「不時」也屬於「不敬」的表現。胡氏認為《春秋》記事「以夏時冠周月」，周正建子，夏正建寅，因而周之八月為夏之六月，此月在夏季而非秋季，「嘗」在夏季當然為「非時」〔註 70〕〔27〕。而祭非其時，則是對祭祀之禮的褻瀆，故而胡氏特地標出。關於胡氏「夏時冠周月」的理論，自《春秋傳》一出就引來許多爭論，此處因非關主題而不論。按照胡安國的觀點，祭非其時，已然非禮，而桓公在御廩遭遇火災之後，尚未來得及「改卜而供未易災之餘」，未及重新卜問吉凶，用遭遇火災之餘的祭器和祭品來舉行嘗禮，足見他絲毫沒有祭祀祖先時應該保持的恭敬、畏懼、謹慎之心，也就是「不敬」。

　　在對哀公元年「夏，四月辛巳，郊」的解釋中，胡安國重複了以上的思想。他說：「鼷鼠食郊牛，改卜牛，志不敬也。夏四月郊，書不時也。」〔註 71〕〔3〕魯以諸侯之國而行天子之郊禮，已屬僭越失禮，但胡安國並未在這個問題上糾纏，著重於禮的內在要求來討論。他認為「郊」在魯國早就習以為常了，《春秋》原本常事不書，大可以把這條經文刪削掉，之所以存而不削，是因為此次郊禮「不敬」與「不時」，是「失禮之中又有失焉者」。又如：文公二年，「作僖公主」，《胡傳》說：

〔註 67〕 孫復，春秋尊王發微（卷二）・桓公十三年，上海：上海書店，1984，295。
〔註 68〕 論語・公冶長。
〔註 69〕 包弼德，歷史上的理學，杭州：浙江大學出版社，2010，186。
〔註 70〕 胡氏所謂「《春秋》紀事以周月」之說並非無據，唐陸淳《春秋集傳辯疑》謂：「趙子曰：『按周之八月，夏之六月也，不合嘗而嘗，云常事，非也。』」（見陸淳《春秋集傳辯疑》卷二）。
〔註 71〕 胡安國，春秋傳（卷二十九）・哀公元年「夏，四月辛巳，郊」條。

> 作主者，造木主也。既葬而反虞，虞主用桑。期年而練祭，練
> 主用栗。用栗者，藏主也，何以書？僖公薨，至是十有五月，然後
> 作主，慢而不敬甚矣。夫慢而不敬，積惡之原也。以爲無傷而不去，
> 至於惡積而不可揜，所以謹之也。〔註72〕〔3〕

《穀梁》謂「作主壞廟有時日」，但究竟什麼時候舉行練祭之禮，三傳並未說明，胡安國認爲是「期年而練祭」。僖公去世已經十五個月才舉行練祭之禮，在胡安國看來是「慢而不敬甚矣」。文公連祭祀自己的父親都「慢而不敬」，則其後來荒怠國政的種種表現，也就有「源」可尋了，所以胡安國把「慢而不敬」視爲「積惡之原」。

胡安國「禮以敬爲本」的思想，與魏晉玄學中的禮樂思想也是相通的。玄學代表人物王弼在注解《陽貨》篇時闡發了孔子的禮樂思想說：「禮以敬爲主，玉帛者，敬之用飾。樂主於和，鐘鼓者，樂之器也。於時所謂禮樂者，厚贄幣而所簡於敬，盛鐘鼓而不合《雅》、《頌》，故正言其義也。」〔註73〕〔249〕犧牲玉帛都只是用來表達內心誠敬、肅敬的工具和方式，「敬」本身才是禮最根本的要求。如果內心不敬，無論「贄幣」多厚，也不合於禮。只有在保持肅敬、誠敬的精神與心理狀態下，完備各種器具禮品，完成各項禮節儀式，才算是把握了禮的本質要求。胡安國所謂「志敬而節具，與之知禮」〔註74〕〔3〕，也是這個意思。

胡安國既說「禮以敬爲本」，又謂「正身治人，禮之本也」，二種說法非但不相衝突，反而是互相溝通的。「敬」是對執禮、行禮的根本要求，而「正身治人」乃是禮的根本功能。前者是途徑，後者是目的。「敬」與「居敬」的概念在宋代理學家的觀念中，具有十分重要的意義。「敬」指敬畏的心理狀態，它是產生於宗教崇拜中對皇天上帝等至上權威的恐懼、崇拜、敬仰，這種宗教心理有著源遠流長的歷史，連接到遠古時代對不可捉摸的神靈的畏懼心理。〔註75〕〔79〕「敬」可以說是宋儒所謂涵養工夫所欲達到的一種內在精神境界與心理狀態。而「居敬」即謂持身恭敬，《論語‧雍也》：「居敬而行簡，以臨其民，不亦可乎？」何晏《論語集解》引孔安國語曰：「居身敬

〔註72〕 胡安國，春秋傳（卷十四）‧文公二年。
〔註73〕 皇侃，論語義疏（卷九）‧陽貨第十七，儒藏（精華編第 104 冊），北京：北京大學出版社，2007，314。
〔註74〕 胡安國，春秋傳（卷十四）‧文公二年「公子遂如齊納幣」條。
〔註75〕 朱漢民、肖永明，宋代《四書》學與理學，北京：中華書局，2009，287。

肅。」可見「居敬」是溝通個人的內在德性修養與外向事功拓展兩大領域的
必經程序。朱漢民教授指出：「人的涵養工夫包括明心、養性、省察、持養、
居敬等等，其過程無非是兩個方面：一方面是警戒、引導、克制自己緣於形
體受外物觸動而產生的情與欲；另一方面則是發現、保存、拓展自己內心深
處的善良本性。宋儒反復申訴的存養、省察、主敬等等，它們既是儒者的『下
學』人事的工夫，又是『上達』天理的工夫。」〔註76〕〔164〕無論是克制內
心的情慾還是拓展自身的善良本性，似乎都可以涵括在孔子「克己復禮爲仁」
的命題之中。胡安國提出的「盡其誠敬之心」、「盡肅敬之誠」也正是這種貫
通「下學」與「上達」的涵養工夫。胡安國對禮做了「本」與「末」、「實」
與「文」的區分，主張在行禮之儀的時候，「必有恐懼修省之心主於內」，實
際上就是要求做好「居敬」的涵養工夫。胡氏接受了二程洛學強調主敬與致
知並重的精神，主張「以致知爲窮理之門，以主敬爲求養之道」〔註77〕〔2〕，
將致知與主敬並重，「意味著胡安國堅持了外向推拓與內傾涵養並重的思想
路數」〔註78〕〔170〕。外向性的致知是內傾性的涵養的基礎，而內傾涵養以外
向推拓爲目的。胡氏把內在修養的目的，直接指向外在的經世事物，即所謂
「正身治人」，這與儒家傳統的「修己以敬」、「修己以安人」、「修己以安百
姓」的思路是一貫的。

　　「禮」本來起源於事神致福的宗教儀式〔註79〕〔250〕，但是經過周公的
「制禮作樂」，禮的人文價值、道德理性以及社會秩序與規範的意義得到強
化。而禮的宗教信仰意義逐漸淡化，最初對神靈的祈求、敬畏也逐漸轉化爲
對社會政治秩序、生活倫理規範的追求。於是，「禮」的意義就逐漸落實在
其社會性行爲、倫理化制度，而不在其敬奉的神靈對象。這種通過禮來追求
理想的社會政治與倫理秩序和規範的意識，在胡安國的《春秋傳》中也非常
明顯。例如，胡氏談到君臣之禮時，認爲「其義得行，則臣必敬於君，子必
敬於父，天理必存，人欲必消，大倫必正。」〔註80〕〔3〕胡氏這句話已經對

〔註76〕朱漢民、張國驥，兩宋的《論語》詮釋與儒學重建，中國哲學史，2008（4）。
〔註77〕胡寅，斐然集（卷二十五）·先公行狀，長沙：嶽麓書社，2009，499。
〔註78〕何俊，胡安國理學與史學相融及其影響，哲學研究，2002（4）。
〔註79〕關於禮的起源問題，古今學界沒有完全一致的觀點。陳戍國先生認爲：「禮源
　　　於宗教，禮源於交換（包括 potlatch），禮緣情、欲而制，禮以義起，禮起於
　　　俗，都自成一說，因爲它們各符合禮制史的部分實際。」（見陳戍國，中國禮
　　　制史·先秦卷，長沙：湖南教育出版社，1991，15）。
〔註80〕胡安國，春秋傳（卷二十）·成公十三年。

宋代理學家孜孜以求的最爲理想的社會政治倫理秩序作出了高度的概括。

7.2.3　禮之常與禮之變

　　韓國學者孫聖河指出，對《禮記》各篇進行主題分類，從漢代劉向開始，經過歷代學者的討論和整理，大體上定爲「通論」和「制度」兩大類。〔註81〕〔209〕其實不僅《禮記》的各篇內容可以做這樣的分類，整個的禮都可以用「通論」和「制度」來區分。所謂「通論」者，就是指禮的內在精神或制禮的指導性原則，是爲「理想抽象之物」（陳寅恪語）。所謂「制度」，則是指的禮的外在形式或具體操作的方法和措施，它是禮的精神「所依託以表現者」。這種關於禮的「通論」與「制度」之分，實際上也就是「禮義」與「禮儀」的區別，也相當於胡安國的「禮之本」與「禮之末」、「禮之實」與「禮之文」的分別。孫聖河認爲「通論」即綱紀，可以歸納爲以「親親尊尊」爲核心的宗法價值，「制度」則可歸納爲所謂「經禮三百，曲禮三千」的具體禮樂制度。「通論」是永恒不變的禮樂文化價值觀念，是「不變的文化基因」，而「制度」卻是可以隨著時代的改變而有所因革損益的。這種觀點是符合實際的。孔子曾對夏商周三代禮制的繼承與發展有過論述，《論語·爲政》記載：「子張問：『十世可知也？』子曰：『殷因於夏禮，所損益，可知也；周因於殷禮，所損益，可知也。其或繼周者，雖百世，可知也。』」〔註82〕殷所因於夏者、周所因於殷者以及周以後百世相因者，指的就是以尊尊親親爲核心的禮樂文化基本價值觀念，是禮制的精神，而「所損益者」則是具體的典章制度，它們是隨著時代的變化而變化的。也就是說，作爲禮的內在精神與價值觀念的「禮義」是不變的，而作爲禮的外在表現形式的具體制度的「禮儀」是可變的。董仲舒亦曾把禮區分爲「經禮」與「變禮」，「經禮」就是指一般的禮或常禮，而「變禮」則是指特殊情況下的禮或不常之禮了。〔註83〕〔251〕因此，禮有「常」（或「經」）亦有「變」，是一種禮學常識了。胡安國顯然是認同這種觀點的。

　　禮義或禮的根本性原則不可改變，在胡安國看來，就是「禮之常」；而禮儀或禮的具體表現形式是可以根據具體情況而做調整、改變的，就被他稱爲

〔註81〕參見孫聖河，道統試論，余敦康先生八十壽辰紀念集，北京：首都師範大學
　　　　出版社，2009，165。
〔註82〕論語·爲政篇。
〔註83〕參見王永祥，董仲舒評傳，南京：南京大學出版社，1995，310。

「禮之變」。簡而言之，就是禮之「本」與「實」，是不可更改的「禮之常」；而禮之「末」與「文」則是可以隨著時代、社會的變化而變化的「禮之變」。在「禮之常」與「禮之變」之間，有一個基本的法則是必須遵守的，那就是「變而不失禮之正，則猶可矣」〔註84〕〔3〕、「變而不越乎道之中」，也就是說，不管怎麼變，都必須要「中節」。

例如，胡安國論諸侯排序之禮曰：

> 凡班序上下，以國之小大，從禮之常也。而盟會、征伐以主者
> 先，因事之變也。〔註85〕〔3〕

胡安國以爲《春秋》書寫各個諸侯國君的先後順序，是以國家大小爲依據。意指國越大則位越尊，這是「班序」之禮的基本原則，因而是「禮之常」。然而，在遇到諸侯聯合舉行盟會、征伐等事件的時候，而應以主持者爲先，而主持者未必是最大的國家，卻不必按常禮來派次序，這就是「禮之變」了。雖然改變了排序，但並未改變大國爲尊的基本禮義。

再如，胡安國論君臣之禮曰：

> 君前臣名，劉、單不名而王名，不嫌於倒置乎？曰：君前臣名，
> 常禮也。禮當其變，臣有不名，名其君而不嫌者矣。王不當稱，未
> 踰年而稱王，名不當稱，立爲君而稱猛，皆禮之變也。惟可與權者，
> 能知其變而不越乎道之中。〔註86〕〔3〕

> 朝不言所，言所，非其所也。朝於廟，禮也；於外，非禮也。
> ……周制，十有二年王乃時巡，諸侯各朝於方岳，亦何必於京師、
> 於廟，然後爲禮乎？……然則天子在是，其可以不朝乎？天子在是，
> 而諸侯就朝，禮之變也。《春秋》不以諸侯就朝爲非。〔註87〕〔3〕

第一條材料是關於君臣之間排名次的問題。胡安國認爲《春秋》書臣於君之前，應該直書臣名，體現了君尊臣卑的君臣大義，這是禮之常。然而在特定的情況下，卻可以「禮當其變，臣有不名」，甚至還可以「名其君而不嫌」，卻不傷於君尊臣卑的君臣之禮的基本原則，前提是「不越乎道之中」。第二

〔註84〕胡安國，春秋傳（卷十二）・僖公十四年「夏，六月，季姬及鄫子遇於防，使鄫子來朝」條。
〔註85〕胡安國，春秋傳（卷二）・隱公五年「邾人、鄭人伐宋」條。
〔註86〕胡安國，春秋傳（卷二十六）・昭公二十二年「秋，劉子、單子以王猛入於王城」條。
〔註87〕胡安國，春秋傳（卷十三）・僖公二十八年「公朝於王所」條。

條材料是關於諸侯朝見天子之禮的問題。諸侯朝天子,體現的是「尊君」的大義,這是朝禮的基本精神,是不可更改、遺棄的「禮之常」。至於行朝見之禮的具體地點,這就屬於禮儀層面了。一般而言應該是「朝於廟」而不能朝於外,但當天子離開京師巡狩天下之時,諸侯不可能「朝於廟」,然而君臣大義不可廢,朝見之禮必須行,於是就只能在天子的行宮行朝見之禮了。將朝見之禮的地點從京師與廟堂改在了天子巡狩時的行宮,這就是「禮之變」。

又如,胡安國論祭祀之禮曰:

> 禮莫重於當祭,大夫有變,而不以聞,則內得盡其誠敬之心於宗廟,外全隱恤之意於大臣,是兩得之也。然則有事於宗廟,大臣蒞事,鑰入而卒於其所,則如之何?禮雖未之有,可以義起也。有事於宗廟,大臣蒞事,鑰入而卒於其所,去樂,卒事,其可也。緣先祖之心,見大臣之卒,必聞樂不樂。緣孝子之心,視已設之饌,必不忍輕徹。故去樂而卒事,其可也。宗廟合禮者,常事不書。苟以為可,則《春秋》何書乎?此記禮之變而書之者也。〔註88〕〔3〕

> 歲事之常,有不勝書者,是故因禮之變而書於策,或以卜、或以時、或以望、或以牲、或以牛,於變之中又有變焉者。〔註89〕〔3〕

行祭祀之禮的基本精神或禮義在於,既要「盡其誠敬之心於宗廟」,又要「全隱恤之意於大臣」,這也就是「禮之常」。只要能於此大義「兩得之」,至於具體的操作細節,即使沒有先例可循,都可以根據這個基本精神而擬定,即所謂「可以義起也」。

胡安國關於「禮之常」與「禮之變」關係的論述,有時候也用「禮之正」與「禮之節」來表達。如胡氏論諸侯娶親之禮曰:

> 娶妻必親迎,禮之正也。若夫邦君,以爵則有尊卑,以國則有小大,以道途則有遠邇,或迎之於其國,或迎之於境上,或迎之於所館,禮之節也。〔註90〕〔3〕

〔註88〕 胡安國,春秋傳(卷二十五)·昭公十五年「二月癸酉,有事於武宮。鑰入,叔弓卒,去樂,卒事」條。

〔註89〕 胡安國,春秋傳(卷十三)·僖公三十一年「夏,四月,四卜郊」條。

〔註90〕 胡安國,春秋傳(卷四)·桓公三年「公子翬如齊逆女」條。

　　　　然則娶於他邦，而道里或遠，必親迎乎？以封壤則有小大，以
　　爵次則有尊卑，以道途則有遠邇，或迎之於其國，或迎之於境上，
　　或迎之於所館，中禮之節可也。〔註91〕〔3〕

諸侯娶妻必親迎，此是「禮之正」，是娶妻之禮的基本原則，是不可更改的，
故而屬於「禮之常」，曾有派遣他人代替迎親，因而頗受解經者非議。但是具
體到哪裏親迎，是到對方國內去親迎還是在兩國邊境上親迎，抑或是到所住
的旅館親迎，卻可以根據國家之大小以及道途之遠近而做出相應的選擇，這
就是「禮之節」，因爲是可以改變、調整的，故而是「禮之變」。

　　要之，禮的實行，雖然可以有「變」、有「節」，可以根據時代的需要而
圍繞「禮之常」與「禮之正」做出適當的調整，但禮之大本是不能改變的，
終究須守「中道」，「變而不越乎道之中」。就如胡氏所謂的「禮不可略，亦不
可過，惟其稱而已矣。略則輕大倫，過則溺私愛」〔註92〕〔3〕。

　　胡氏《春秋傳》有極強的經世目的，堅持「爲國以禮」的儒家傳統治
國之道，構築了一個以恢復先王禮制爲途徑的王道理想秩序，也就是「禮
治」秩序。因此，禮學思想成爲胡氏《春秋傳》的重要內容。根據胡安國
的說法，「《春秋》天子之事」，「聖人以天自處」，所以在筆削《春秋》的過
程中，聖人對天子的行爲進行褒貶的根本依據就是禮，以禮的規範來要求
天子的一切行爲。因爲《公》、《穀》二傳判斷歷史人物事件的是非正邪所
依據的準繩依據就是禮，凡是符合禮的，皆謂之「禮也」、「正也」；凡是不
合於禮者，則謂之「非禮也」、「非正也」。所以胡安國在解經中「義兼《公》、
《穀》」，以禮的規範來要求天子的一切行爲，符合禮的則謂之「禮也」、「正
也」，不合於禮者則謂之「非禮也」、「非正也」。如果把《春秋》中對王公
諸侯及卿大夫等人的是非褒貶比作斷案審判的話，那麼禮就是斷案所依據
的法律和準繩。胡安國說：「《春秋》論事，莫重乎志。志敬而節具，與之
知禮。」〔註93〕〔3〕（這與董仲舒的觀點比較接近，董氏說：「禮之所重者
在其志」。）如果說「禮也」、「非禮也」是判斷政治行爲正確與否的原則，
那麼合於禮則是政治行爲所要追求的境界，而「知禮」是首要的政治美德。
胡安國以禮論《春秋》中的人事，是有意責人君以「知禮」、「行禮」，而實

〔註91〕胡安國，春秋傳（卷二十）・成公十四年「九月，僑如以夫人婦姜氏至自齊」
　　　　條。
〔註92〕胡安國，春秋傳（卷二十）・成公八年。
〔註93〕胡安國，春秋傳（卷十四）・文公二年「公子遂如齊納幣」條。

現「以禮制心──以禮守身──以禮治家──以禮爲國」的王者爲治之道，從而成就一番王道事業。

7.3　以禮爲治即王者之道：《春秋傳》的禮治思想

　　儒家思想用一套嚴密而完整的綱常倫理把人的行爲和情感限制在一定的規矩法度之內，把每個社會成員都織進了一張縱橫交錯的宗法關係網絡中。這些規矩和法度，就是禮。但是，在許多現代人看來，傳統社會的禮是統治者用以限制、奴役人民，維護自己統治的工具，因而對「禮」充滿了反感和憎惡，甚至引用魯迅所說的「吃人的禮教」〔註94〕這句名言來批判禮。宋代理學家用「天理」來解釋禮，論證禮的合理性和必然性，強調「克己復禮」和「存天理，滅人欲」，也常常被認爲是禁欲主義的道德說教，是統治階級用倫理綱常來束縛人性，維護君主統治的工具。〔註95〕〔78〕然而，這種觀點只看到了禮的社會政治功能之一方面，因而是片面的。實際上，禮既是統治工具，也是政治規範和法則。禮作爲社會秩序和規範，不僅是統治者用來控制人民、維護統治的工具，其所限制、規範的對象包括所有的社會成員，對統治階層和作爲最高統治者的君主也具有約束和規範的作用。從這個意義上說，禮的政治功能是合維護君權與約束君權爲一體的。

　　儒學本是一種以禮爲中心的倫理──政治學說。按照儒家的王道政治理想，就要把所有社會成員（包括天子）都納入禮的規範中來。胡安國《春秋傳》的「禮治」思想，從根本綱維上來講，是要按照禮制的規範，建立一個合乎儒家理想的社會秩序，也就是要求全社會所有成員都按照禮的要求，各

〔註94〕　這是魯迅在其小說集《吶喊》中的《狂人日記》裏提出的，原文並未明確提出這樣的幾個字，但他在爲《吶喊》作序言和說明時就提出了這種說法。關於禮教的社會作用，現代學者一般認爲禮教所規定的倫理道德作爲國家、社會的整體表象，普化爲人的精神桎梏，極大地湮滅了個體自我的內涵和意義。因此對魯迅先生說的「吃人的禮教」，往往理解爲實際是禮教「吃掉」了人的主體意識和獨立人格。筆者對此種說法持保留意見。朱漢民教授認爲，傳統儒家思想一方面強調社會本位的價值系統、義務本位的規範系統和角色本位的人格系統，但另一方面也致力於彰顯人的主體意識和獨立人格，從魏晉玄學到宋明理學中關於身、心問題討論呈現出清晰的思想理路，主體意識和獨立人格始終也是傳統士大夫追求的目標。筆者深以爲然。

〔註95〕　參見朱漢民，中國思想學說史（宋元卷）·社會篇，桂林：廣西師範大學出版社，2006，108、112。

安其位，各負其責，做好自己的分內事。在政治上要有貴賤上下之分，在倫理上要有長幼尊卑之別，按照禮的規定來履行自己的社會角色和政治角色，規範自己的言行，也就是孔子說的「君君、臣臣、父父、子子」。君主雖然處於社會秩序最頂端，在政治運轉中起到核心和樞紐作用，但也要接受禮的規範。就像包弼德所說，「正因為君主處於政府的頂端，他更應該以身作則，遵循一套人人都能遵循的為學方法，這就把君主固定在一定的位置上，也讓他在違反原則的時候無法避開批評。」〔註 96〕〔84〕也是出於這樣的原因，朱熹才反對將「皇極」理解為「皇朝」或「皇統」以為君權張目，而堅持「皇乃天子」，「極」有「標準」義，即是解「皇極」兩字為人君當以身立極，作為天下人的榜樣。〔註 97〕〔138〕這就是儒家理想的「王者之道」，也完全符合《春秋》學「端本正始」和「反自貴者始」的思想傳統。有學者指出，「作為最高範疇的『皇極』，其主旨就是闡述統治者的『王道哲學』」〔註 98〕〔252〕，「皇建其有極」，本身就意味著統治者要樹立經邦治國的典範，這個典範也就是「王道」。

　　胡安國《春秋傳》就是在這樣的思路下，充分地論述了維護禮治秩序、用禮來制約和規範君主的思想。從君主個人的內在休養到外在的政事處理，都統統被胡氏納入到相關的禮的限制和規範之中。「禮也」、「非禮也」，成為判斷政治是否合理、是否正當的基本原則，而「知禮」與「合於禮」則是對君主及其君權的行使所提出的基本要求。他從《大學》中截取「正心」、「修身」、「齊家」、「治國」的「條目」次序，對君主提出了「以禮制心」、「以禮制欲」、「以禮守身」、「以禮治家」、「以禮為國」等一系列「禮治」思想主張。〔註 99〕這個為治的次序，正好就是宋代理學家所主張的經由「內聖」工夫而實現「外王」事功的途徑，也是人主成聖成王的必經途徑。於是，在胡安國看來，人主成就聖王事業所必須遵循的「王者之道」，就必然是「以禮為治」了。胡氏為何截取「八條目」中「正心」、「修身」、「齊家」、「治國」這四條？大概是因為「格物」、「致知」、「誠意」不直接關乎治道，而「平天下」在天下分裂的兩宋之際沒有任何實際意義。

〔註 96〕　包弼德，歷史上的理學，杭州：浙江大學出版社，2010，121。
〔註 97〕　參見余英時，宋明理學與政治文化，桂林：廣西師範大學出版社，2004，272。
〔註 98〕　李軍靖，略論禮樂文明與王道政治，中國社科院研究生院學報，2005（1），111。
〔註 99〕　筆者按：胡安國之所以從「八條目」中略去了「正心」之前的「格物」、「致知」和「誠意」三步，大概是因為這三者與「治道」並不直接相關，並且《春秋》文本也缺乏相關資源；略去「治國」之後的「平天下」，這大概是因為在宋代，「天下」已經分裂，「天下」觀念也愈來愈淡，而「中國」觀念越來越強。

7.3.1 以禮制心

　　古代思想家們普遍認為治國平天下首先要正君心，自孔孟以下，「以道事君」〔註100〕、「格君心之非」〔註101〕被歷代儒者奉為為學為政的圭臬。董仲舒曾說：「人君正心以正朝廷，正朝廷以正百官，正百官以正萬民，正萬民以正四方」〔註102〕〔9〕，這句話成為千古名訓，為歷代學者和統治者所廣泛接受和多方徵引。揚雄說：「天下雖大，治之在道，不亦小乎？四海雖遠，治之在心，不亦邇乎？」〔註103〕朱熹認為君主之心關係到國家的興亡，「一心可以興邦，一心可以喪邦，只在公私之間爾」〔註104〕〔44〕。陸九淵也認為「君之心，政之本，不可以有二。」〔註105〕〔238〕真德秀《大學衍義》也說：「治亂之源，在人主之一心」〔註106〕，「人君心正則治，心不正則亂，故曰治之在心」〔註107〕。治天下之本在於正天子之心，乃是宋儒的基本共識。因而，格君心之非，也就成為理學家治學為政的目標，胡安國也不例外。至於拿什麼東西去「格君心之非」，一般而言，當然是理學家所標榜的「天理」，因為「天理根於人心」〔註108〕〔3〕。然而天理畢竟是一個虛擬的、抽象的概念與範疇，既無紋理痕跡可見，又無可以操作的方法程序，所以最終的落實，依然要回到具體制度層面上的「禮」。

　　胡安國的《春秋》觀中有一個很重要的論點，就是認為《春秋》是「史外傳心之要典」。《春秋傳序》第一句話就說：「古者列國各有史官掌記時事，《春秋》魯史爾，仲尼就加筆削，乃史外傳心之要典也。」〔註109〕〔3〕《胡傳》雖然較少談論心性之學，或許這只是因為《春秋》經典文本缺乏心性命理等概念思辨的資源。然而，就在這樣一部「見諸行事之深切著明」的《春

〔註100〕論語・先進。
〔註101〕孟子・離婁上。
〔註102〕班固，漢書（卷五六）・董仲舒傳，北京：中華書局，1962，2500。
〔註103〕轉引自真德秀，大學衍義（卷一）・帝王為治之序，文津閣四庫全書本，706冊，11。
〔註104〕朱熹，朱子全書（第6冊）・論語集注（卷七），上海：上海古籍出版社，合肥：安徽教育出版社，2002，179。
〔註105〕陸九淵，陸九淵集（卷三〇）・政之寬猛孰先論，北京：中華書局，1980，356。
〔註106〕真德秀，大學衍義（卷三一）・誠意正心之要，文津閣四庫全書本，706冊，287。
〔註107〕真德秀，大學衍義（卷一）・帝王為治之序，文津閣四庫全書本，706冊，12。
〔註108〕胡安國，春秋傳（卷十一）・僖公九年「冬，晉里克殺其君之子奚齊」條。
〔註109〕胡安國，春秋傳序。

秋傳》中，「心」的概念仍然中佔有非常重要的地位。如果說經邦治國是胡氏學術的最終目標的話，那麼「心」的修持與涵養則是一切政治實踐活動的前提。他說：「建立萬法，酬酢萬事，帥馭萬夫，統理萬國，皆此心之用也。堯、舜、禹以天下相授，堯所以命舜，舜亦以命禹，首曰：『人心惟危，道心惟微。』周公稱乃考文王，惟克厥宅心，乃克立茲常事，故一心定而萬物服矣。」〔註110〕〔3〕理學家慣於使用本、末、體、用的範疇，在胡安國看來，心的修持是本，而治國平天下的事功乃是「此心之用」。基於這個認識，胡安國把「正心」視爲治國的起點和基礎。他說：「《春秋》深明其用，當自貴者始，故治國先正其心以正朝廷與百官，而遠近莫不壹於正矣。」〔註111〕〔3〕在《時政論》中，胡安國再次論證了「正心」對於治理天下國家的根基作用，他說：

> 心者，身之本也。身者，家之本也。家者，國之本也。國者，天下之本也。能正其心，則朝廷、百官、萬民莫不一於正，安與治所由興也。不正其心，則朝廷、百官、萬民皆習於不正，危與亂所由致也。然心有所憤怒而弗能忍，則不得其正；有所貪欲而弗能窒，則不得其正；有所蔽惑而弗能斷，則不得其正；有所畏怯而弗能自強，則不得其正。正心之道，先致其知而誠其意，故人主不可不學也。蓋戡定禍亂，雖急於戎務，而裁決戎務，必本於方寸。不學以致知，則方寸亂矣，何以成帝王之業乎？陛下日親典策，博考古今，往行前言，固將畜德，又經變故，備嘗險阻，外患益深，必無邪念，至誠所發，通貫幽明，固有人不及知而天獨知之者矣。願更選正臣多聞識有智慮敢直言者，置之左右，日夕討論，以克厥宅心，表正於上，則內外遠近將各歸於正，奚亂之不息乎？〔註112〕〔2〕

人主若要成就「帝王之業」，就必須「本於方寸」，也就是要從「正心」開始。於是，胡氏《春秋傳》中以正心爲國君修身齊家治國平天下之根基的思想就被貫徹到其政論實踐之中。由於是以進諫的方式上呈給高宗，因而也具備對高宗的勸誡作用，胡氏的政論，雖然大談正心誠意格物致知之說，但落腳點仍在於現實政治的層面，儒者通過「格君心之非」而經世致用的心跡表露無

〔註110〕胡安國，春秋傳（卷三）‧隱公十一年。
〔註111〕胡安國，春秋傳（卷一）。
〔註112〕胡安國，時政論‧正心論，引自胡寅，斐然集（卷二十五）‧先公行狀，長沙：嶽麓書社，2009，513。

遺。

　　胡安國認為國君之心是否能保持「正」與「平」的狀態，對於政治活動特別是諸侯國之間的「外交」成敗，具有決定性的作用。例如：宣公四年「春，王正月，公及齊侯平莒及郯，莒人不肯，公伐莒，取向」，《胡傳》曰：

> 心不偏黨之謂平。以此心平物者，物必順。以此心平怨者，怨必釋。惟小人不能宅心之若是也，雖以勢力強之，而有不獲成者矣。夫以齊、魯大國，平郯、莒小邦，宜其降心聽命，不待文告之及也。然而莒人不肯，則以宣公心有所私繫，失平怨之本耳。故書「取」以著其罪及所欲也。平者，成也。取者，盜也。不肯者，心弗允從，莫能強之者也。以利心圖成，雖強大，不能行之於弱小。《春秋》書此，戒後世之不知治其本者。故行有不得者，反求諸己，斯可矣。〔註113〕〔3〕

據林堯叟音注，「和而不盟曰平」，所以「平」對於相對弱小的莒國而言，應該是件好事。然而，齊、魯以大國身份主動要與莒及郯達成和解協議（成），莒人卻不肯，原因在於宣公沒有以平正之心對待莒，而是「心有所私」、「以利心圖成」，此心不正也，故雖然實力遠強於莒，卻不能使莒人甘心接受。正如胡安國在另一處傳文中所說的，「平者，解怨釋仇，固所善也；輸平者，以利相結，則貶矣。」〔註114〕〔3〕宣公因心術不正，唯利是圖，一件原本應當值得稱讚的事情卻召來了經學家的貶責。

　　在強調了「正心」的重要性之後，胡安國還指出了「正心」的途徑和方式，那就是遵守禮的規範來克制內心私欲，矯正政治行為。或者說，禮就是正心的工具。於是，胡氏提出了「以禮制心」的主張。宣公十二年，「冬，十有二月戊寅，楚子滅蕭」，《胡傳》說：

> 蕭既滅亡，必無赴者，何以得書於魯史？楚莊縣陳入鄭，大敗晉師於邲，莫與校者，不知以禮制心，至於驕溢克伐，怨欲皆得行焉。遂以滅蕭告赴諸侯，矜其威力，以恐中國耳。孟子定其功罪，以五伯為三王之罪人。《春秋》史外傳心之要典，推此類求之，斯得矣。〔註115〕〔3〕

〔註113〕胡安國，春秋傳（卷十六）。
〔註114〕胡安國，春秋傳（卷二）·隱公六年「春，鄭人來輸平」條。
〔註115〕胡安國，春秋傳（卷十八）·宣公十二年「冬，十有二月戊寅，楚子滅蕭」。

楚莊王作爲春秋五霸之一，在胡氏尊王賤霸的評判準則之下，必然要受到譴責，但從這段傳文來看，胡氏對楚莊的批判，並非是著眼於其爭霸的政治與軍事活動本身，而是把矛頭直接指向了楚莊「以滅蕭告赴諸侯」的心理動機。胡氏認爲《春秋》本是魯史，關於他國歷史的記載是依據各國的「赴告」，所謂「國史所書，必承赴告」〔註116〕〔3〕，蕭既然已被滅亡，必定不可能再派人前往各國告赴自己被滅之事，因而楚莊滅蕭之所以見於魯史，一定是楚莊派人赴告於魯國的。胡氏做出這樣的推測，雖然沒有事實的依據，但也符合邏輯。在這個推斷的基礎上，胡安國進一步推測楚莊把自己滅蕭之事「告赴」各國的原因，是懷著「矜其威力」、「以恐中國」的心理動機。孟子之所以視五伯爲三王之罪人，也是以五伯各種行爲的心理動機爲依據的。因此，胡安國特別重視對心理動機的分析和評判，而要克服種種錯誤的、不符合道義的心理動機和目的傾向，就必須遵守禮的規範。夷狄之所以爲夷狄，最根本的原因還是在於他們不懂禮義，不守禮儀。作爲夷狄之君的楚莊王之所以「驕溢克伐」，就因爲他「不知以禮制心」，因而被胡氏痛批。

不僅國君需要以禮制心，卿大夫臣子也應如此。成公二年，「十有一月，公會楚公子嬰齊於蜀」，《胡傳》曰：「季孫行父爲國上卿，當使其君尊榮，其民免於侵陵之患，而危辱至此，特起於忿忮，肆其褊心，而不知制之以禮也。」〔註117〕〔3〕臣子除了對自己要「以禮制心」以外，還要以禮爲手段來格君心之非。胡安國說：「其君當倚於法家拂士，以德修國政，其臣當急於責難陳善，以禮格君心。」〔註118〕〔3〕

胡安國還從「以禮制心」的命題中分析出「以禮制欲」來。「以禮制欲」的主張其實也是從儒家禮制思想的傳統中來。荀子之學的核心就是「禮」。荀子之論禮的起源說：「禮起於何也？曰：人生而有欲，欲而不得則不能無求，求而無度量分界則不能不爭，爭則亂，亂則窮。先王惡其亂也，故制禮義以分之，以養人之欲，給人之求，使欲必不窮乎物，物必不屈於欲，兩者相持而長，是禮之所起也。」〔註119〕荀子之意，禮起初的作用就在於「制欲」。因之，胡安國「以禮制欲」之論並非是無本之木與無源之水，而是有其禮學傳統的淵源。

〔註116〕胡安國，春秋傳（卷二十四）‧昭公九年「夏四月，陳災」條。

〔註117〕胡安國，春秋傳（卷十九）。

〔註118〕胡安國，春秋傳（卷二十五）‧昭公十三年。

〔註119〕荀子‧禮論。

「欲」是一個與「心」緊密相關的一個範疇，心若不正，則有各種私欲產生，私欲如果得不到克制，則會做出違背禮制的行為，甚至帶來嚴重的社會後果。因此，胡安國認為，國君要治理好國家，必須要能克服自己的私欲，而克制私欲的途徑則是嚴格遵守禮的規範。隱公五年，「春，公觀魚於棠」，《胡傳》曰：

> 齊景公問於晏子：「吾欲觀於轉附朝舞，遵海而南，放於琅琊，吾何修而可以比於先王觀也？」對曰：「天子適諸侯曰巡狩，巡所守也；諸侯朝於天子曰述職，述所職也，無非事者。春省耕而補不足，秋省斂而助不給。是故諸侯非王事則不出，非民事則不出。」今隱公慢棄國政，遠事逸遊，僖伯之忠言不見納，亦已矣。又從而為之辭，是縱慾而不能自克之以禮也，能無鍾巫之及乎？特書觀魚，譏之也。〔註120〕〔3〕

天子、諸侯的出行都要有一定的名號，都要遵循一定的禮制：「諸侯非王事則不出，非民事則不出」，而隱公遠事逸遊，觀魚於棠，是為了滿足自己的私欲，他不聽忠言，還找出種種藉口和理由，在胡氏看來，是「縱慾」行為。作為諸侯，隱公本應該「自克之以禮」。隱公不能以禮制欲，最終導致了鍾巫之難，自己被弒身死，胡氏對此發出感歎：「使隱公者為國以禮而自強於善，豈有鍾巫之難乎？」〔註121〕〔3〕

又如成公八年，「衛人來媵」，《胡傳》曰：

> 媵者何？諸侯有三歸，嫡夫人行，則侄娣從。二國來媵，亦以侄娣從。凡一娶九女，所以廣繼嗣。三國來媵，非禮也。夫以禮制欲則治，以欲敗禮則亂。而諸侯一娶十有二女，則是以欲敗禮矣。〔註122〕〔3〕

諸侯之娶婦嫁女，有一定的禮制規定。魯伯姬「歸宋」，衛、晉、齊三國先後來媵。《左傳》曰：「凡諸侯嫁女，同姓媵之，異姓則否。」劉敞以左氏為非，認為「諸侯嫁女於諸侯，以侄娣從，二國往媵之，亦以侄娣從。諸侯必三歸。媵不書。此何以書？譏。何譏爾？三國來媵，非禮也。」〔註123〕〔28〕胡安國明顯是接受了劉敞的意見，並沒有按照左氏所謂「同姓媵之，異姓則否」的

〔註120〕胡安國，春秋傳（卷二）。
〔註121〕胡安國，春秋傳（卷三）・隱公十一年。
〔註122〕胡安國，春秋傳（卷二十）。
〔註123〕劉敞，春秋權衡，轉引自春秋三傳，上海：上海古籍出版社，1987，307。

觀點，而是從諸侯娶女數量上來談禮與欲的關係。胡氏認爲諸侯有三歸，二國來媵，則共娶九女，這是爲了「廣繼嗣」，尚合禮制。而三國來媵，則共娶一十二女，這就超出禮制的規定，而屬於「以欲敗禮」，即「人欲勝」過了禮制。在胡氏看來，國家的興衰治亂與國君的欲望有著很大的關係，「以禮制欲則治」，「以欲敗禮則亂」。此處所說的「欲」，即是宋儒思想中與天理相對的人欲。胡氏認爲「以欲敗禮，則身必危，以利棄義，則國必亂」〔註124〕〔3〕，因此必須對欲加以克制，才能理性地治理國家。而能夠有效地克制人欲的，就是禮，而禮本身就具有制度的性質，因而，「以禮制欲」也就具有了用制度來保障君主加強道德修養的意義。

7.3.2　以禮守身

按照儒家傳統身心之學的理論，惟有實現心與身的和諧，才能達到身心修養的最高境界。在儒家的思想中，心與身之間存在密切的關係。朱漢民教授指出，最能代表儒學精神的是「仁學」，而「仁」之一字，恰恰體現了儒家「身」與「心」緊密相合的思想。郭店楚簡中所保存的一部分戰國中期的儒家文獻中，有一個「忎」字，是由「身」與「心」構成，經當代學者研究考證，這個字就是「仁」的本字。〔註125〕〔253〕可見「仁」在儒家的思想中，一度是由「身」與「心」構成，或者說具有「身心一體」的意蘊。而「仁」既具有本體意義，又是一種人格理想、一種聖賢境界。正如孔子所謂「我欲仁，斯仁至矣。」因之，儒家之修養工夫以「仁」或「歸仁」爲目標。前文（5.2）已論，胡安國王道理想的終極依據來自「元」，其實質就是「仁」（「元即仁」）。所以，王道理想的實現，離不開「身心合一」之仁的修養工夫的實踐。

按照儒家的修養工夫程序，「以禮制心」之後自然就進入到「以禮修身」的階段。儒家修養工夫的程序見諸《大學》：「古之欲明明德於天下者，先治其國；欲治其國者，先齊其家；欲齊其家者，先修其身；欲修其身者，先正其心；欲正其心者，先誠其意；欲誠其意者，先致其知；致知在格物。」這也就是所謂的「八條目」。胡安國認爲《春秋》一書「於格物、修身、齊家、治國，施諸天下，無所求而不得，亦無所處而不當」〔註126〕〔3〕，表明他一如

〔註124〕胡安國，春秋傳（卷二十二）‧襄公二十一年「邾庶其以漆閭丘來奔」條。
〔註125〕梁濤，郭店竹簡與思孟學派，北京：中國人民大學出版社，2008，68。
〔註126〕胡安國，春秋傳（卷三十）‧哀公十四年「春，西狩獲麟」條。

宋代其它主流的儒者，以《大學》之「八條目」爲實現由內在涵養向經世事功外向開拓的程序。在這個由內到外的經世開拓程序中，「修身」處於一個十分關鍵的聯結點。因此，對「身」的重視是胡氏禮治思想的一大特色。胡安國說：「爲善而後能立身，立身而後能行其政令、保其國家矣。」〔註 127〕〔3〕又說：「夫撥亂反正者，必本諸身。身正者，物必正。」〔註 128〕〔3〕國君欲正天下，必先正自己一身，「愛人不親反其仁，治人不治反其智，禮人不答反其敬。行有不得者，皆反求諸己，其身正而天下歸之，曾可厚以責人，不自反乎？原其失，在於量淺而器不宏也。」〔註 129〕〔3〕「栗栗危懼，檢身若不及者，湯也。」〔註 130〕〔3〕這與孔子所倡導的「吾日三省吾身」與「反求諸其身」的思想顯然是相通的。

在完成「以禮制心」的「程序」後，胡安國進一步提出了「以禮守身」的思想。相對於理學家集體所強調的「修身」工夫論，胡安國的「以禮守身」更加強調了在社會生活實踐中循禮而動對於個人榮譽乃至身家性命的保全具有重要意義。例如，宣公就因不依禮制而身受其辱。宣公五年，「秋九月，齊高固來逆子叔姬」，《胡傳》說：

> 按《左氏》：「公如齊，高固使齊侯止公，請叔姬焉。」書「夏公至自齊」，「秋齊高固來逆子叔姬」，罪宣公也。其曰「來」者，以公自爲之主；稱「子」者，或謂別於先公之女也。諸侯嫁女於大夫，主大夫以與之者，爲體敵也。而公自爲之主，壓尊毀列，卑朝廷，慢宗廟矣。夫以鄭國褊小，楚公子圍之貴驕強大，來娶於鄭，子產辭而卻之，使館於外，欲野賜之，幾不得撫有其室。而宣公以魯國周公之後，逼於高固，請婚其女，強委禽焉，而不能止，惟不知以禮爲守身之幹，是以得此辱也。《春秋》詳書，爲後世鑒，欲人之必謹於禮，以定其位，不然卑巽妄說不近於禮，奚足遠恥辱哉。

〔註 131〕〔3〕

胡氏此處「事取左氏」，義採《穀梁》。據《左傳》記載，當年春季魯宣公「如

〔註 127〕胡安國，春秋傳（卷二十六）・昭公二十三年「冬，公如晉，至河，有疾，乃復」條。

〔註 128〕胡安國，春秋傳（卷二十七）・定公二年「冬十月，新作雉門及兩觀」條。

〔註 129〕胡安國，春秋傳（卷十一）・僖公四年「冬十有二月，公孫茲帥師人會齊人、宋人、衛人、鄭人、許人、曹人侵陳」條。

〔註 130〕胡安國，春秋傳（卷十二）・僖公十九年「梁亡」條。

〔註 131〕胡安國，春秋傳（卷十六）。

齊」，齊大夫高固使齊侯強留宣公，脅迫宣公以「請婚」求宣公之女叔姬，
宣公的人身自由被控制，其實相當於被軟禁，身不由己，週旋很久，不得已
而答應，直到夏季才得以從齊國脫身回國。宣公此次齊國之行，可謂驚險危
殆，正如元儒汪克寬（1304～1372）所說：「宣公五如齊，惟次年逾時始返，
經雖諱止公之跡，而比事觀之，其實亦不可拼矣，然則宣公之朝齊，皆有危
殆之憂，而此行尤甚也。」〔註 132〕〔28〕宣公以周公之後、諸侯之尊，而受
辱如此，令人惋惜。然而宣公所蒙受的恥辱尚不止如此，更有甚者，他還親
自爲高固主婚，違背了《穀梁傳》所謂「諸侯之嫁子於大夫，主大夫以與之」
的禮數，致使其身一辱再辱，被胡安國斥爲「不知以禮爲守身之幹，是以得
此辱也」。宣公「不知以禮爲守身之幹」，不能以禮定位，不能以禮守身，不
能以禮治國，致使宗廟朝廷都受到侮辱。胡氏認爲《春秋》不避諱宣公失禮
受辱而將詳書此事，目的在於使後來的君主吸取教訓，必須「謹於禮，以定
其位」，以禮守身，不使其身受辱。

　　在胡安國看來，禮乃是「守身」的根本依據，他強調禮作爲「守身之本」、
「守身之幹」的實際功能。宣公十年，「齊侯使國佐來聘」，《胡傳》說：

　　　　葬之速也，太不懷也。又未逾年，而以君命遣使聘於鄰國，則
　　哀戚之情忘矣。孟子曰：「養生不足以當大事，惟送死可以當大事。
　　滕文公五月居廬，未有命戒，及至葬，顏色之戚，哭泣之哀，弔者
　　大悅，而有願爲其氓者。」蓋禮義，人心之所同然也。齊頃公嗣位
　　之初，舉動如此，喪師失地，幾見執獲，豈特婦人笑客之罪哉，已
　　失守身之本矣。〔註 133〕〔3〕

齊惠公之卒在當年夏四月己巳，其葬在六月，有違於「諸侯五月而葬」的禮
制，且齊頃公無野尚在居喪期間，也未正式即位改元（宣公十一年爲齊頃公
元年），而遣使來聘，毫無「哀戚之情」，可見無野既有違禮制，又無情無義，
是以被胡氏貶責。齊頃公嗣位之初就表現出如此無禮的舉動，此後的種種罪
過也就可以想像了。胡氏所謂「婦人笑客之罪」，據《左傳》，「晉侯使郤克
徵會於齊，齊頃公帷婦人使觀之，郤子登，婦人笑於房。」事情原委如下：
宣公十七年春，魯上卿季孫行父、晉大夫郤克、曹大夫公子首、衛上卿孫良
夫不期而同時來聘齊，這四人的長相各有特點，分別是禿者、眇（一隻眼睛）

〔註 132〕汪克寬，春秋胡傳附錄纂疏，轉引自春秋三傳，上海：上海古籍出版社，1987，
　　　　260。
〔註 133〕胡安國，春秋傳（卷十七）。

者、駝者、跛者。其時，齊頃公之母蕭太夫人久鬱不歡。爲博其母一笑，頃公竟然從國內挑選了身材相貌與四國大夫酷似的秃者、眇者、駝者、跛者各一人，「一對一」地負責接待四國大夫，爲他們駕車。當車隊載著雙眇、雙秃、雙駝、雙跛經過崇臺時，蕭太夫人啓帷望見這一組奇特怪異的場景，不覺失聲大笑，左右侍女，無不掩口，笑聲直達於外。四位大夫受此奇恥大辱，連夜商量要興師伐齊，次日都不辭而別，各還本國。不久果然就有了四國伐齊之役。此戰齊師大敗，齊頃公險些成了郤克的俘虜。齊頃公因在外交禮節上失禮於四國之大夫，最終導致「師失地，幾見執獲」的狼狽局面。頃公之不能守禮，早在其嗣位之初就已顯現端倪，其所失者，乃人君之禮，而胡氏即以此爲國君的「守身之本」。

又如昭公二年，「公如晉，至河乃復」，《胡傳》曰：

> 舉動人君之大節，賢哲量之以行藏其道，姦邪窺之以作止其惡，四鄰視之以厚薄其情，故有國者必謹於禮而後動。此守身之本，保國之基也。禮雖自卑而尊人，亦不妄悦人以自辱。昭公既不能據經守正，失禮而妄動，又不能從權適變，無故而輕復，終復失國出奔，客死他境，蓋始諸此行矣。或曰：禮者明微，正於未動之前可也。已至於河而見郤，雖欲勿反，將得已乎？曰：以周公之胄，千乘之國，輕身以修鄰好，乃郤而不納，夫何敢？若曰敝邑褊小，敬事大國，惟恐獲戾，聞陳無宇見執於中都，謂少姜之數於守適，信也。用是不遑寧處，跋履山川，來修弔事，今若不獲進見，剪爲仇讎，他國誰敢朝夕在廷，修事大之禮乎？夫小國之去就從違，聽大國之令也。若非伉儷，齊人請陳無宇之罪，何以令之也？苟有二命，又何以爲盟主？如此，晉人其將謝過之不暇，敢不納乎？昭公習儀以巫而不明乎禮，其及也宜。經書『公如晉，至河乃復，季孫宿如晉』，而昭公失國之因，季氏逐君之漸，晉人下比之跡，不待貶絕而皆見矣。〔註134〕〔3〕

禮不僅是「守身之本」，同時還是「保國之基」，國君的一切行爲必須「謹於禮而後動」，因爲所有人都在注視著國君的舉動，也都將根據國君的舉動是否符合禮節禮制而決定自己的行爲選擇。然而昭公不能據經守正，從權適變，卻失禮而妄動。行禮雖然以表達對他人的尊重爲基本目的，但也必須要有自

〔註134〕胡安國，春秋傳（卷二十四）。

尊的前提，莊公親自前往晉國弔少姜之喪，這本來就屬於過於自卑而尊大國盟主，可謂「悅人以自辱」。更加屈辱的是昭公竟然被晉國拒絕入境，此時昭公若能據理力爭，以禮責晉，使晉國明白利害，則晉人將「謝過之不暇，敢不納乎？」可是昭公「習儀以亟，而不明乎禮」，只得怏怏而返。由此可見，昭公不知禮，治國不以禮，早已植下其失國出奔的根源。

「身」之正，往往體現在一個人身上的「正氣」，心正、身正之人，必定具有一身正氣。而所謂「正氣」，也就是孔子所謂的「大勇」之氣與孟子的「浩然之氣」。成公十六年，「秋，公會晉侯、齊侯、衛侯、宋華元、邾人於沙隨，不見公。」胡安國說：

> 沙隨之會，晉不見公，是魯侯之大辱，深可恥焉者矣，曷為直書其事而不諱乎？曰：《春秋》伸道不伸邪，榮義不榮勢，正己而無恤乎人，以仁禮存心，而不憂橫逆之至者也。沙隨之會，魯有內難，師出後期，所當恤者，晉人聽叔孫僑如之譖，怒公而不見，曲在晉矣。魯侯自反，非有背仁、棄禮、不忠之咎也。昔曾子嘗聞大勇於夫子曰：「自反而縮，雖千萬人，吾往矣。」孟子言浩然之氣，至大至剛，以直養而無害，則塞乎天地之間。沙隨之不見，於公何歉乎？直書而不諱者，示天下後世，使知大勇浩然之氣，所以守身應物如此，其垂訓之義大矣。〔註135〕〔3〕

晉、齊、魯、衛、宋、邾等國諸侯於沙隨相會，以晉侯為主，晉侯拒不見魯成公，表面看來這條記載體現了魯成公受辱於晉侯，但深一層看，胡氏認為成公並無違背禮制仁義之事，故而可以無愧，《春秋》可以直書不諱。然而，將此事記載於《春秋》而不加隱諱，是需要莫大的勇氣的。這種大勇之氣就是孟子所說的「浩然之氣」，也是孔子所謂「自反而縮，雖千萬人，吾往矣」的大無畏的氣概。涵養或保存這種大勇浩然之氣，乃是胡氏認為的守身應物的基本途徑。而這種大勇浩然之氣，又與「仁」、「禮」、「忠」等因素密切相關，只有按照禮的規範行事，即以禮來「正身」，才能使自己一身充滿「正氣」，孔子曰：「其身正，不令而行；其身不正，雖令不從。」〔註136〕

　　胡安國對於春秋時期違背禮制而導致身危國滅乃至國破人亡悲劇的人物（主要是諸侯）進行了批評，又對以禮立身、以禮守身之人進行了褒揚。如

〔註135〕胡安國，春秋傳（卷二十）。
〔註136〕論語・子路。

哀公四年，「春，王二月，庚戌，盜殺蔡侯申」，《胡傳》說：「蔡侯背楚詔吳，又委罪於執政，其謀國如是，則信義俱亡，禮文並棄，無以守身而自衛，夫人得而害之矣。故變文書盜，以警有國之君也。」〔註137〕〔3〕蔡侯以一國之諸侯，而被「盜」（公孫翻）所殺，胡氏不則弒君之「盜」，而「警有國之君」，原因在於蔡侯「信義俱亡，禮文並棄」，而禮、義、信這些東西正是國君守身自衛的根本依據，因此公孫翻才得以射殺之。與蔡侯相似的還有胡子髡、沈子逞等人，在胡氏看來身敗被滅的，都是因為不知以禮守身，才導致被殺身死的，他說：「胡、沈書爵書名書滅者，二國之君幼而狂，不能以禮自守，役屬於楚，悉師以出，一敗而身與眾俱亡也。」〔註138〕〔3〕蔡侯、胡子、沈子都是屬於未能做到「以禮守身」的，故並未因其有諸侯之尊而被胡氏原諒。而對於遵守禮法，以禮立身之人，胡安國並不吝惜讚美之辭，例如襄公二十四年，「叔孫舍至自晉」，胡氏說：「叔孫舍以禮立身，而不屈於強國；以忠事主，而不順於強臣。此社稷之衛，魯之良大夫也。」〔註139〕〔3〕

7.3.3 以禮治家

　　古代社會以家庭為單位的生產方式佔據主導地位，因而以夫婦、父子、兄弟關係為主要內容的家庭倫理便成為最重要的社會人倫關係。在所謂的「三綱」中，「家事」占其二，「夫為妻綱、父為子綱」都是屬於處理家庭關係的基本原則。但在古代中國，國君之家事，亦是國家之事，國君治國，必自治其家始。在宗法制國家，國君也是全國臣民的家長，即所謂「君者，民眾父母也」（《新書・禮三本》）。春秋時期宗法政治的最大特點，就是「家」與「國」的統一。從語源上講，「國家」一詞本身就是由「國」與「家」兩個詞素結合而成的複合詞，形象地反映了古代國家是「家」、「國」一體的宗法社會。秦漢以後雖然不再實行以宗法為根本原則的分封制，而是實行以地緣為依據的郡縣制，但其政治組織仍然是一種宗法政治結構，只是改換成了「家國同構」的形式。所謂「家國同構」，一方面肯定「家」與「國」的獨立和區別，而不像夏、商、周那樣使「家」與「國」一體化；另一方面又強調「家」與「國」在組織結構方面的聯繫。〔註140〕〔72〕無論是在「家國一體」的宗法社會，還

〔註137〕胡安國，春秋傳（卷二十九）・哀公四年。
〔註138〕胡安國，春秋傳（卷二十六）・昭公二十三年「胡子髡、沈子逞滅」條。
〔註139〕胡安國，春秋傳（卷二十六）・襄公二十四年「叔孫舍至自晉」條。
〔註140〕參見朱漢民，忠孝道德與臣民精神——中國傳統臣民文化論析，鄭州：河南

是在秦漢以後「家國同構」的封建社會，君主的「家事」都從來沒有被認爲是其「私事」，而是被看作國事。而且，按照儒家治國平天下的「八條目」的程序，實現「國治」的前提是「家齊」，程頤說：「天下之治，正家爲先。天下之家正，則天下治矣。」〔註 141〕〔29〕因而，國君對王室內部「家務」事的處理，也被納入到儒家「以禮爲治」的要求範圍中來。胡安國《春秋傳》對於天子或諸侯在處理王室或公室內部事物的問題上，也同樣以「禮」爲評判的標準。

　　以禮治家（齊家），主要是在涉及夫婦、父子、兄弟等倫常關係的具體事務中，必須遵循一定的禮制規範。在這三對關係中，胡安國首先強調的是夫婦之倫，將其置於「人倫之本」的地位，因而特別重視夫婦之禮，他說：「夫婦之際，人倫之首，禮不可不謹也。」〔註 142〕〔3〕胡安國從夫婦倫理的角度來揣測孔子筆削《春秋》的用意。《春秋》何以「始乎隱」？胡氏認爲有一個很重要的原因就在於隱公時期，維繫夫婦之倫的禮已經開始廢墮。胡氏說：「夫婦人倫之本，朝廷風化之原，平王子母嫡冢正后，親遭褒姒之難，廢黜播遷，而宗國顚覆，亦可省矣，又不是懲，而賵人寵妾，是拔本塞源，自滅之也。」〔註 143〕〔3〕周平王於隱公元年七月使宰咺來歸惠公之寵妾仲子之賵，遂使嫡妾之分漸亂，而夫婦之倫漸壞，所以「《春秋》於此蓋有不得已焉耳」，於是「託始乎隱」。因爲夫婦之倫在社會倫理綱常中具有如此突出的地位，所以體現夫婦之倫的婚姻之禮，受到了胡氏的高度重視。文公四年，「夏，逆婦姜於齊」，《胡傳》說：

　　　　禫制未終，思念娶事，是不志哀而居約矣。……文公不知敬其伉儷，違禮而行，使國亂子弒；齊人不能鑒微知著，冒禮而往，使其女不允於魯，皆失於不正其始之過也。夫婦之際，人倫之首禮，不可不謹也。故交貶之，以爲後鑒。〔註 144〕〔3〕

文公此時尚在三年之喪期間，即所謂「禫制未終」，按禮是不應娶妻的。「逆婦姜於齊」不僅是對喪葬之禮的違背，同時，也是對婚姻大禮的冒犯，喪期娶妻，是對其伉儷的不敬。胡氏認爲，從這件事情上就可以看出文公在對家

　　　人民出版社，1994，17。
〔註 141〕二程集・河南程氏經說（卷三）・詩解，北京：中華書局，1981，1046。
〔註 142〕胡安國，春秋傳（卷十四）・文公四年。
〔註 143〕胡安國，春秋傳（卷一）。
〔註 144〕胡安國，春秋傳（卷十四）。

事國事的處理上「違禮而行」，故而最終致使「國亂子弒」。

天子及諸侯國君的婚姻，往往具有很濃的政治色彩，可以說都是「政治婚姻」。因而婚嫁之禮，在諸侯國之間的外交事務中顯得特別突出。成公九年，「春王正月，杞伯來逆叔姬之喪以歸」，《胡傳》曰：

> 凡筆於經者，皆經邦大訓也。杞叔姬，一女子爾，而四書於策，何也？有男女然後有夫婦，有夫婦然後有父子。故《春秋》慎男女之配，重大昏之禮，以是爲人倫之本也。事有大於此者乎？男而賢也，得淑女以爲配，則自家刑國，可以移風俗。女而賢也，得君子以爲歸，則承宗廟、奉祭祀，能化天下以婦道，豈曰小補之哉？夷考杞叔姬之行，雖賢不若宋共姬，亦不至如鄫季姬之越禮也。杞伯初來朝魯，然後出之，卒而復逆其喪以歸者，豈非叔姬本不應出，故魯人得以義責之，使復歸葬乎？魯在春秋時，內女之歸，不得其所者有矣。聖人詳錄其始卒，欲爲後鑒，使得有終而無弊也，其經世之慮遠矣。〔註145〕〔3〕

隱公二年，「莒人入向」，《胡傳》曰：

> 按穀梁子：「逆女，親者也；使大夫，非正也。」魯哀公問：「冕而親迎，不已重乎？」孔子對曰：「合二姓之好，以爲宗廟社稷主，君何謂已重乎？」「文定厥祥，親迎於渭。造舟爲梁，不顯其光」，則世子而親迎也。「韓侯娶妻，蹶父之子。韓侯迎止，於蹶之里」，則諸侯而親迎也。有夫婦然後有父子，有父子然後有君臣。夫婦，人倫之本也。逆女必親，使大夫，非正也。入春秋之始，名宰咺歸賵以譏亂法，書履緰逆女以志變常，眾妾之分定矣，大昏之禮嚴矣。

〔註146〕〔3〕

桓公三年，「公子翬如齊逆女」，《胡傳》曰：

> 娶妻必親迎，禮之正也。若夫邦君，以爵則有尊卑，以國則有小大，以道途則有遠邇，或迎之於其國，或迎之於境上，或迎之於所館，禮之節也。紀侯於魯，以小大言，則親之者也，而使履緰來。魯侯於齊，以遠邇言，則親之者也，而使公子翬往。是不重大昏之禮，失其節矣，故書。〔註147〕〔3〕

〔註145〕胡安國，春秋傳（卷二十）。
〔註146〕胡安國，春秋傳（卷一）。
〔註147〕胡安國，春秋傳（卷六）·桓公十三年。

夫婦是人倫之本，故而嫁娶必遵婚姻之禮。胡安國並沒有詳細錄載「大婚之禮」的具體細節和禮儀形式，而是從國君治國、經邦的高度，提出了一般性的原則。因爲諸侯的婚姻「合二姓之好，以爲宗廟社稷主」、「自家刑國，可以移風俗」，故而必須首先要「重大婚之禮」。胡安國根據《穀梁傳》的說法，認爲即使貴爲諸侯，娶女也必須「親迎」，而使大夫去迎娶則爲失禮。那麼天子取王后，是否也應該親迎呢？胡氏並不主張天子親迎，但也強調迎娶王后不能隨便派遣地位較低的「士」前往。例如，襄公十五年，「劉夏逆王后於齊」，《胡傳》說：

> 劉夏何以不稱使？不與天子之使夏也。昏姻，人倫之本。王后，天下之母。劉夏，士也。士而逆后，是不重人倫之本，而輕天下之母矣。〔註148〕〔3〕

宋公娶魯共姬，使公孫壽來納幣，是逾越禮制，而劉夏逆王后於齊則是輕慢了禮制。劉夏不過是王朝之士，而王后乃天下之母，士迎王后，當然是有失王者之禮。故而認爲《春秋》不以「使」稱劉夏，意在責備天子婚娶不以禮。

婚姻之禮，除了要遵守「娶妻必親迎」的禮節之外，胡安國還強調另外一條原則：「禮，娶妻不娶同姓」。「男女同姓，其生不蕃」是古代社會一個相當流行的觀念，「同姓不昏」成爲中國古代婚姻制度中的重要原則。《禮記·內則》強調：「娶妻不娶同姓」，孔子也有「禮，不娶同姓」的主張。《胡傳》嚴守這一原則。哀公十二年「夏五月甲辰，孟子卒」，《胡傳》謂：

> 孟子，吳女，昭公之夫人。其曰「孟子」云者，諱取同姓也。禮，取妻不取同姓，買妾不知其姓則卜之，厚男女之別也。同姓從宗合族屬，異姓主名治際會，名著而男女有別矣。四世而緦服之窮也，五世而袒免殺同姓也，六世親屬竭矣。其庶姓別於上，戚單于下，昏姻可以通乎？綴之以姓而弗別，合之以食而弗殊，雖百世而昏姻不通，周道然也。昭公不謹於禮，欲結好強吳，以去三家之權，忍取同姓，以混男女之別，不命於天子以弱其配，不見於廟，不書於策，以廢其常典，禮之大本喪矣，其失國也宜。故陳司敗問：「昭公知禮乎？」子曰：「知禮。」子退，揖巫馬期而進之，曰：「吾聞君子不黨，君子亦黨乎。君取於吳，爲同姓，謂之吳孟子，君而知禮，孰不知禮？」巫馬期以告，子曰：「丘也幸，苟有過，人必知之。」

書「孟子卒」，雖曰為君隱，而實亦不可掩矣。〔註149〕〔3〕

《公羊》說：「其稱孟子何？諱娶同姓，蓋吳女也。」《穀梁》曰：「不言夫人，何也？諱娶同姓也。」由是則胡氏解經之義實本於二傳。魯昭公夫人孟子本為吳國之女，吳與魯國諸侯皆為姬姓，昭公為了政治利益，「欲結好強吳，以去三家之權」，不顧同姓不婚的禮制，以至於喪失了「禮之大本」，被責為「不知禮」。

國君的「家事」除了夫婦關係，最重要的莫過於父（母）子、兄弟之間的相處了。胡安國對君主處理這些「家事」的要求，無不以「禮」為準則。僖公三十二年「秋，公子遂帥師伐邾」，《胡傳》謂：

> 或曰：取須句、訾婁，有為為之也。伐邾至於再三，念母勤矣。夫念母者，必當止乎禮義。平王不撫其民，而遠屯戍於母家，詩人刺之，夫子錄焉。僖公以成風之有功於己也，越禮以尊其身，違義以報其怨，殘民動眾，取人之邑，曾是以為可乎？〔註150〕〔3〕

君主懷念和尊敬母親，原本是屬於盡孝的行為，符合儒家的倫理觀念，然而，胡安國認為「念母」和「尊母」都「必當止乎禮義」，這並非是說禮與孝發生了衝突，而是認為盡孝的行為，也必須遵循相關的禮的規範。

國君如何處理與子、弟的關係？胡氏認為亦當以禮為規範。昭公元年，「夏，秦伯之弟鍼出奔晉」，《胡傳》說：

> 按《左氏》，秦后子有寵於桓，如二君於景，其母曰：「弗去，懼選。」鍼遂出奔。書此見人君寵愛其子，不差以禮，是禍之也。鍼之適晉，其車千乘。司馬侯問焉，曰：「子之車盡於此乎？」對曰：「此謂多矣，若能少此，吾何以得見。」叔齊曰：「秦公子必歸，能知其過，必有令圖。」令圖，天所贊也。後五年，秦伯卒，後子歸。書曰「弟」者，罪秦伯也。夫後子出奔，其父禍之，而罪秦伯何也？《春秋》以均愛望人父，以能友責人兄。父母有愛妾，猶沒身敬之不衰，況兄弟乎？兄弟翕而後父母順矣。故不曰「公子」，而特稱秦伯之弟云。〔註151〕〔3〕

胡安國主張國君以禮治家的思想在這段傳文中顯然可見。儒家主張親親愛

〔註149〕胡安國，春秋傳（卷三十）。
〔註150〕胡安國，春秋傳（卷十三）。
〔註151〕胡安國，春秋傳（卷二十四）。

人，但不是毫無差別一視同仁地愛人，而是根據一定的禮而有遠近親疏的不同。鍼爲秦桓公之「後子」，有寵於桓公，享有與長子（即後來的秦景公）同等的地位。桓公對待兩個兒子「不差以禮」，過分寵愛後子，最終導致鍼出奔，實際是上「禍之也」。秦桓公不能以禮治家，當然遭到了胡安國的指責。但爲什麼還要貶責秦景公呢？胡氏認爲景公作爲兄長，有友愛其弟之禮。鍼出奔五年，直到景公死後才得以歸來，可見是景公不能容忍鍼的居留，有失於人兄友愛其弟之禮。

7.3.4　以禮爲國

《論語》記載了孔子的「禮治」思想，如：「爲國以禮」；「齊之以禮」；「能以禮讓爲國乎，何有？不能以禮讓爲國，如禮何？」等等。《左傳》也說：「禮，國之幹也」〔註152〕；「禮，政之輿也」〔註153〕。可見禮確是政治生活中至關重要的制度和規範。不僅如此，禮也是個人安身立命、爲人處世的重要原則，是政治主體內在德性修養的路徑和要求。孔子亦有「克己復禮爲仁」的命題，《論語·堯曰》說：「不知禮，無以立也。」《論語·季氏》也說：「不學禮，無以立。」所以，禮把社會政治行爲的外在規範與個體德性修養的內在需求結合起來，成爲「內聖」與「外王」的連結點。正因爲這個原因，先秦儒家在對王道理想的理解方面，大體上有兩種發展傾向，一是以孟子爲代表的偏重追求仁政和德治的價值理想，一種是以荀子爲代表的注重禮治的制度建設。〔註154〕〔183〕至漢代，則發展爲「以禮義爲治」和「以德善化民」兩種治國思想的分歧，成爲漢儒內部長期爭論的問題。〔註155〕〔86〕然而，以禮爲治（禮治）和以德化民（德治或仁政），在先秦儒家原本是合二爲一的，孔子所說的「道之以德，齊之以禮，有恥且格」可以證明。胡安國超越了漢代禮制和德政的分歧，而把二者重新結合起來，既要「以禮爲本」，「爲國以禮」；又要「以民爲本」，「增修德政」。「以禮爲國」，本身就是胡安國王道政治思想的內在要求。或者說，在胡氏看來，「以禮爲國」是通向王道德政的必由之路。

〔註152〕左傳·僖公十一年。
〔註153〕左傳·襄公二十一年。
〔註154〕嚴正，王道理想與聖賢意識，河南社會科學，2008（9）。
〔註155〕參見陳蘇鎮，漢代政治與春秋學，北京：中國廣播電視出版社，2001，194。

（1）國家祭祀須守禮制

《左傳》說：「國之大事，曰祀與戎。」這句話表達了中國政治傳統中對祭祀和軍事等國家大事的重視。《禮記‧祭統》曰：「凡治人之道，莫急於禮。禮有五經，莫重於祭。」《說文解字》對「禮」的解釋曰：「禮，履也，所以事神致福也。」由此可見，禮與祭祀有著天然的聯繫，國家祭祀不能不遵守禮制。胡氏《春秋傳》也是緊緊抓住這些國家大事來闡釋其「以禮為國」思想的。

關於祭祀之禮，胡安國強調天子、諸侯都必須各守其禮，天子不得「過賜」，諸侯不能僭越。這固然是為了維護天子的權威和地位，維護君臣上下的綱常倫理，也就是以禮來維護社會政治秩序，但禮對祭祀活動的規定，毫無疑問對天子和諸侯可以形成限制作用，使其不得隨心所欲為所欲為。如：僖公三十一年，「夏四月，四卜郊」，《胡傳》說：

> 記禮者曰：「祭帝於郊，所以定天位也。禮行於郊，而百神受職焉。」魯，諸侯，何以有郊？成王以周公有大勳勞於天下，命魯公世世祀周公以天子之禮樂，是故魯君孟春乘大輅，載弧韣，旗十有二旒，日月之章，祀帝於郊，配以后稷，天子之禮也。以人臣而用天子之禮，可乎？是成王過賜，而魯公伯禽受之非也。楊子曰：天子之制，諸侯庸節，節莫差於僭，僭莫重於祭，祭莫重於地，地莫重於天。諸侯而祀天，其僭極矣。聖人於《春秋》，欲削而不存，則無以志其失，為後世戒；悉書之乎，則歲事之常，有不勝書者。是故因禮之變而書於策，或以卜，或以時，或以望，或以牲，或以牛，於變之中又有變焉者，悉書其事，而謂言僭曰：魯之郊禘，非禮也，周公其衰矣。杞之郊也，禹也。宋之郊也，契也。是天子之事守也，言杞宋夏商之後，受命於周，作賓王家，統承先王，修其禮物，其得行郊祀，而配以其祖，非列國諸侯之比也。是故天子祭天地，諸侯祭社稷。祝嘏莫敢易其常古，易則亂名犯分，人道之大經拂矣。故曰：「郊社之禮，所以事上帝也。宗廟之禮，所以祀乎其先也。明乎郊社之禮，禘嘗之義，治國其如視諸掌乎。」夫庶人之不得祭五祀，大夫之不得祭社稷，諸侯之不得祭天地，非欲故為等衰，蓋不易之定理也。知其理之不可易，則安於分守，無欲僭之心矣，為天下國家乎何有？〔註156〕〔3〕

〔註156〕胡安國，春秋傳（卷十三）。

按照周代的祭祀禮制，天子祭天地，諸侯祭境內山川。諸侯不得祭天地，大夫不得祭社稷，庶人不得祭五祀，只有天子可以「祭帝於郊」。然而，魯國諸侯「以人臣而用天子之禮」，「亂名犯分」，「其僭極矣」。因爲胡氏認爲，只有遵守禮義，才能「治國其如視諸掌」，由此看來，魯國政治之每況日下，是不可避免的。又如：閔公二年「夏，五月乙酉，吉禘於莊公」，《胡傳》謂：

> 程氏曰：「天子曰禘，諸侯曰祫，其禮皆合祭也。禘者，禘其所自出之帝，爲東嚮之尊，其餘皆合食於前，此之謂禘。諸侯無所出之帝，則止於大祖之廟，合群廟之主以食，此之謂祫。」天子禘，諸侯祫，大夫享，庶人薦，上下之殺也。魯，諸侯爾，何以有禘？成王追念周公有大勳勞於天下，賜魯公以天子禮樂，使用諸大廟，以上祀周公，魯於是乎有禘祭。《春秋》之中所以言禘不言祫也。然則可乎？孔子曰：「魯之郊禘，非禮也。周公其衰矣。」禘言吉者，喪未三年，行之太早也。「於莊公」者，方祀於寢，非宮廟也。一舉而三失禮焉，《春秋》之所謹也，四時之祭，有禘之名，蓋禮文交錯之失。〔註157〕〔3〕

前一例是關於即使天地山川自然神的禮義，此例則是關於祭祀祖先的禮義。同樣，天子、諸侯以至士庶人都各有其祭祀祖先之禮：「天子禘，諸侯祫，大夫享，庶人薦」。只有各守其禮，才能各正其名。對於天子諸侯來說，只有自己的名分「正」，才能正天下國家與百姓，因爲「子帥以正，孰敢不正」〔註158〕。

（2）軍事行動須遵禮制

雖然胡安國主張「兵權不可假人」，要求君主絕對掌握兵權（已在第3章詳論），但他並不認爲君主可以任意使用手中的兵權，而是強調所有的軍事行動都必須遵守一定的禮制。例如，桓公十三年「三月，葬衛宣公」，胡氏謂：

> 葬，自內錄也。既與衛人戰，曷爲葬宣公？怨不棄義，怒不廢禮，是知古人以葬爲重也。禮喪在殯，孤無外事。衛宣未葬，朔乃即戎，已爲失禮，又不稱子，是以吉服從金革之事，其爲惡大矣。凡此類據事直書，年月具存，而惡自見也。〔註159〕〔3〕

〔註157〕胡安國，春秋傳（卷十）。
〔註158〕論語‧子罕第九。
〔註159〕胡安國，春秋傳（卷六）‧桓公十三年。

「以吉服從金革之事」被胡安國視爲大惡，既可見胡氏對喪葬之禮的尊重，也可發現胡氏主張軍事行動不能廢禮。上年冬十一月丙戌，衛宣公晉去世，至今年三月乃葬，然而今年春二月，尚在居喪期間的繼立之君衛惠公朔率軍參與了齊、魯之間的戰爭，這就是胡安國所謂「衛宣未葬，朔乃即戎，已爲失禮」的原委。劉敞的《春秋權衡》認爲：「君子怨不棄義，怒不廢禮，惡不忘親」，其說對胡安國必有啓發。

又，桓公六年「秋，八月，壬午，大閱」，《胡傳》說：

> 周制：大司馬中冬大閱，教眾庶修戰法。獨詳於三時者，爲農隙故也。書八月，不時矣。以鼓，則王執路鼓，諸侯執賁鼓；以旗，則王載太常，諸侯載旗；以殺，則王下大綏，諸侯下小綏。其禮固亦不同也。書大閱，非禮矣。……何以保其國乎？〔註160〕〔3〕

「大閱」，《左傳》謂：「簡車馬也」，《公羊》曰：「簡車徒也」，大概如同今日所謂閱兵儀式，檢閱車馬部隊。雖然不是正式的征伐戰事，而是平常的訓練和演習，但相對於突發性的戰爭行動，更加容易掌控，在其過程中實行各種禮節制度也更有可操作性。胡安國羅列了「大閱」的相關固定禮節，並上升到「保國」的高度，強調「保國以禮爲本」，認爲「大閱」非禮，則無以保其國。

胡氏強調在邊防事務上也必須「以禮法職守」，「若能信任仁賢，明其刑政，經畫財賦，以禮法自守，而親比四鄰，必能保其封境」〔註161〕〔3〕。惟其如此，一旦強敵來犯，才可以毫無畏懼。齊頃公之所以在晉、衛聯合討伐之下遭遇失敗，胡安國認爲其原因是：「齊頃公不謹於禮，自己致寇，所謂國必自伐而後人伐之矣」〔註162〕〔3〕。

（3）築城制邑須守禮制

諸侯築城制邑必須遵循一定的禮制規定，在這些禮制法則中，體現的是「辨尊卑，分貴賤，明等威」的精神，它所起到的社會作用，比城廓溝池的作用更加重要。城廓溝池等設險備防工事所起的作用是防禦暴民作亂、異族進攻，而禮卻能防止人們產生作亂犯上的念頭和心理以防患於未然，或者讓人對自己所尊奉的倫理綱常和道德理念產生堅強的信仰，在與破壞禮治秩序

〔註160〕胡安國，春秋傳（卷五）。
〔註161〕胡安國，春秋傳（卷二十一）·襄公八年「冬，楚公子貞帥師伐鄭」條。
〔註162〕胡安國，春秋傳（卷十八）·宣公十八年「春，晉侯、衛世子臧伐齊」條。

的違逆行為做鬥爭的時候能夠有足夠的精神力量。城廓溝池等有形的具體的防禦工事相比於禮義倫常等無形的抽象的防禦武器，後者無疑更重要、具有根本性的意義。成公九年，「城中城」，《胡傳》謂：

> 王公設險以守其國，非歟？曰：百雉之城，七里之郭，設險之大端也。謹於禮以為國，辨尊卑，分貴賤，明等威，異物采凡，所以杜絕陵僭，限隔上下者，乃體險之大用也。獨城郭溝池之足恃乎？
> 〔註 163〕〔3〕

胡安國本來非常重視設險守國，其《時政論》中就有一篇為《設險論》，認為「設險以得人為本，保險以智計為先。人勝險為上，險勝人為下，人與險均才得中策」〔註 164〕〔2〕。在「人」與「險」之間，人的作用顯然更加重要。但人的問題，除了智謀策略之外，更重要的又是精神意志，這又與人的倫理道德觀念有很大的關係，「禮」在這方面發揮的作用不可低估。城郭溝池對於國家防衛固然重要，但僅僅依靠這些險要設施與工事，顯然不足以守國。要使城廓溝池等設施發揮更大的作用，還必須「謹於禮以為國」。

築城作邑必須遵守一定的規制，比如：「制國不過千乘，都城不過百雉，家富不過百乘」，各級地方城邑都有一定的規模限制。要求地方遵守這樣的限制，有一個很重要的目的，就是防止各個地方勢力的膨脹、坐大，以便中央政權能夠有效地控制地方，而這也是保證國家安定統一的重要手段，這種意識，胡氏在「尊王室抑諸侯」的《春秋》大義中多有闡發，與宋代中央集權的加強也正是桴鼓相應，本文第 3 章論之已詳。

（4）外交事務必須遵守禮制

在外交場合中，無論是出訪，還是接待來訪，抑或是相遇於途，對待他國之君，應守「人君相見之禮」，既以自尊，亦以敬人。隱公四年「夏，公及宋公遇於清」，《胡傳》曰：

> 遇者，草次之期。古有遇禮，不期而會，以明造次，亦有恭肅之心。《春秋》書遇，私為之約，自比於不期而遇者，直欲簡其禮爾。簡略慢易，無國君之禮，則莫適主矣。故志內之遇者四，而皆書及，若曰以此及彼然也。志外之遇者三，而皆以爵，若曰以尊及卑然也。

〔註 163〕胡安國，春秋傳（卷二十）。
〔註 164〕胡安國，時政論・設險論，引自胡寅，斐然集（卷二十五）・先公行狀，長沙：嶽麓書社，2009，506。

其意以爲莫適主者，異於古之不期而會矣。故凡書遇者，皆惡其無
人君相見之禮也。〔註165〕〔3〕

諸侯國之間的外交事務，必須以禮爲治。國君之間的會見，有固定的「人君
相見之禮」。不期而會則雖有「遇禮」，但禮節儀式簡略得多了，更少了一層
嚴謹恭肅之心。隱公與宋公會見於清，明明是「私爲之約」，但是爲了「簡其
禮」而自比於不期而遇者。在胡氏看來，這是「簡略慢易，無國君之禮」。胡
氏認爲《春秋》書「遇」正是對國君相見無人君之禮的貶惡。

在處理涉及多個諸侯國的事務中，需「允執其中」，因爲「禮不可略，亦
不可過」。成公八年，「夏，宋公使公孫壽來納幣」，《胡傳》謂：

納幣不書，此何以書？公孫壽，卿也。納幣使卿，非禮也。禮
不可略，亦不可過，惟其稱而已矣。略則輕大倫，過則溺私愛。宋
公之請伯姬，魯侯之嫁其女，皆致其厚者也，而不知越禮逾制，豈
所以重大婚之禮哉！經悉書之，爲後法也。〔註166〕〔3〕

《左傳》認爲「公孫壽來納幣，禮也。」〔註167〕《公羊》以爲「納幣不
書，此何以書？錄伯姬也。」〔註168〕〔28〕而胡氏以納幣使卿爲非禮。就解經
而言，當以《公羊》爲勝〔註169〕〔28〕，但就對禮的重視和解釋而言，則以《胡
傳》之說爲詳。國君的婚姻涉及到幾個諸侯國之間的外交關係，因而諸侯的
大婚，應該嚴格地按照相關的禮制來舉行。胡氏認爲，禮的執行應該恰到好
處，既不可故意簡略，過於簡略則是對夫婦倫理的輕視，也不能隨意逾越，
越禮逾制則是寵溺私愛的表現。公孫壽作爲宋國執政之卿，而來納幣，則是
逾越禮制的行爲。

「禮以敬爲本」，不以勢壓人，他國使者來求，亦需以禮相待。僖公四年，
「楚屈完來盟於師，盟於召陵」，胡氏謂：

桓公退師召陵，以禮楚使，卒與之盟而不遂也。於此見齊師雖
強，桓公能以律用之而不暴，楚人已服。桓公能以禮下之而不驕，
庶幾乎王者之事矣。故《春秋》之盟，於斯爲盛。〔註170〕〔3〕

〔註165〕胡安國，春秋傳（卷二）。
〔註166〕胡安國，春秋傳（卷二十）。
〔註167〕左傳‧成公八年夏。
〔註168〕春秋三傳，上海：上海古籍出版社，1987，306。
〔註169〕春秋三傳之案語，上海：上海古籍出版社，1987，306。
〔註170〕胡安國，春秋傳（卷十一）。

胡安國認爲「盟非《春秋》所貴」，但獨於此年的召陵之盟稱讚有加，是因爲齊桓公能夠以禮待楚國求和之使屈完，頗有王者之風。齊桓公以八國之師伐楚，重兵壓境之下，楚國派屈完來盟，表示認罪服輸，桓公「能以禮下之而不驕」，故得胡氏褒揚。此外，遣使他國，亦當「使臣以禮」，閔公元年「冬，齊仲孫來」，胡安國說：「其不稱使而曰來者，略其君臣之常詞，以見桓公使臣不以禮」，其時魯國局勢不穩，胡氏認爲「鄰有弑逆，則當聲罪戒嚴，修方伯之職，以奉天討」，桓公非但不修方伯之職，「而更使計謀之士，窺覘虛實，有乘亂取國之心，則使臣非以禮矣」。〔註171〕〔3〕

（5）禮法並行

儒家「以禮治國」的王道理想治國模式並不絕對排斥「法」的作用。「禮」與「法」始終相伴而行，「德」與「刑」從來並行不悖。《宋史・刑法一》謂：「唐虞之治，固不能廢刑也，惟禮以防之，有弗及，則刑以輔之而已」〔註172〕〔1〕。禮畢竟只是一個道德的範疇，人們遵循禮的規範，最終動力來源，在於人們內心的道德觀念與追求。若無其它外在的客觀的強制性的力量來制約，則禮的道德約束力量將大打折扣。所以禮對人的行爲的節制和約束具有很大的局限性。爲了克服這種局限性，儒家往往是把禮和法放在同等重要的地位，以外在的、強制性的法來彌補依靠道德力量的禮在社會行爲規範中所留下的空白。可以說禮與法一里一外互相支撐，共同構建了傳統社會的統治秩序。

宋代以「取法三代」、復興王道爲最高的政治理想，把恢復禮治秩序作爲重建理想人間秩序的途徑。但宋代建國伊始，也同時注重刑罰律法對社會秩序的維繫作用。作史者對宋代禮法並行的歷史有比較公正的評述：

> 王道陵遲，禮制隳廢，始專任法，以罔其民。於是作爲刑書，欲民無犯，而亂獄滋豐，由其本末無序，不足相成故也。宋興，承五季之亂，太祖、太宗頗用重典以繩奸慝，歲時躬自折獄，慮囚務底明愼，而以忠厚爲本。海內悉平，文教寖盛。士初試官，皆習律令。其君一以寬仁爲治，故立法之制嚴，而用法之情恕。獄有小疑，覆奏輒得減宥。觀夫重熙累洽之際，天下之民咸樂其生，重於犯法而致治之盛，幾於三代之懿。元豐以來，刑書益繁，已而憸邪並進，刑政紊矣。國既南遷，威柄下逮，州郡之吏，亦頗專行，而刑之寬

〔註171〕胡安國，春秋傳（卷十）。
〔註172〕脫脫，宋史（卷一九九）・刑法一，北京：中華書局，1999，3315。

> 猛繫乎其人，然累世猶知以愛民爲心，雖其失慈弱，而祖宗之遺意
> 蓋未泯焉。〔註173〕〔1〕

這幾乎將宋代立國以來推行德刑並舉、禮法並用政策的歷史背景、曲折歷程、實際效果等都概括一盡。《胡傳》的禮治思想無疑適應於這種歷史情境和政治文化。

禮對社會秩序的維繫作用，主要是防患於未然，禁亂於其未生之前，正如《禮・經解》所謂「夫禮，禁亂之所由生，猶坊止水之所自來」〔註174〕〔50〕。而法的功能主要在於懲罰已經成爲事實的違法行爲，並通過這種懲罰來警示他人。現實行爲一旦越出了禮的規範，禮已經失去效用的時候，則應用法來懲治。胡安國說：「周室東遷，諸侯放恣，專享其國，而上不請命。聖人奉天討以正王法，則有貶黜之刑矣。」〔註175〕〔3〕例如：隱公之立，無論是「即位」還是「攝」政，按禮都應該請命於天子，但「隱公之立，未嘗請命」，故胡氏以爲「王法所當治也」〔註176〕〔3〕。

在胡安國看來，君臣大義以及整個社會的禮制秩序，都需要有「政刑」或刑法來維護和保證。這是因爲，儘管在理論上，君臣父子等秩序法則都應該成爲每個社會成員的倫理道德並且深入人心，但「應然」並非就是「實然」，總會有人跳出這種倫理規範來挑戰「應然」秩序。面對這種挑戰，就只有依靠法與「刑殺」來遏制，從而維護「應然」秩序。例如，宣公十五年，「王札子殺召伯、毛伯」，《胡傳》說：

> 王臣有書字而言子者，王季子是也；有書子而繫名者，王子虎
> 是也。此稱王札子者，《穀梁》以爲當上之詞也。其爲當上之詞者，
> 矯王命以殺之也。爲天下主者，天也。繼天者，君也。君之所司者，
> 命也。爲人臣而侵其君之命，則不臣。爲人君而假其臣以命，則不
> 君。君不君，臣不臣，天下所以傾也。邢侯專殺雍子於朝，叔向以
> 殺人不忌爲賊請施邢侯，君子以爲義。王札子之罪當服此刑，而天
> 王不能施之，無政刑矣，何以保其國而不替乎？〔註177〕〔3〕

王札子矯詔殺召伯、毛伯，胡氏認爲這是侵犯了天子的職權。可從兩面來看：

〔註173〕脫脫，宋史（卷一九九）・刑法一，北京：中華書局，1999，3315。

〔註174〕蘇輿，春秋繁露義證，北京：中華書局，1992，231。

〔註175〕胡安國，春秋傳（卷一）・隱公三年「八月庚辰，宋公和卒」條。

〔註176〕胡安國，春秋傳（卷三）。

〔註177〕胡安國，春秋傳（卷十八）。

一方面，這實際上隱含了天子有施行刑殺的權利；另一個方面，王札子侵犯「王命」，天子尊嚴掃地，可謂臣不臣、君不君了。胡氏用「君子以爲義」肯定了邢侯專殺雍子於朝和「叔向以殺人不忌爲賊請施邢侯」的刑殺行爲，並認爲王札子也應該得到相同的刑罰，但「天王不能施之」，可見當時的政刑紊亂與王道失墮。胡氏最後的反問「何以保其國而不替乎？」實際上暗指「政刑」是「保國不替」的重要手段。可見，胡安國雖然主張以內省修德爲本，把以禮爲治放在最根本的位置，但也堅決不廢刑罰，把刑罰視爲德政和禮治的必要補充。

此外，胡安國還認爲，即使是在「尊王」或者維護禮制的名義下施行刑罰，也不能任意妄行、刑罰失當。例如：定公元年，「三月，晉人執宋仲幾於京師」，《胡傳》曰：

> 按《左氏》，諸侯會城成周，宋仲幾不受功，曰：「滕、薛、郳，吾役也。」爲是執之，則有罪矣。書「晉人執仲幾於京師」，則貶辭也。以王事討有罪，何貶乎？按《周官》司隸掌凡囚執人之事，屬於司寇。凡諸侯之獄訟，定以邦典。凡卿大夫之獄訟，斷以邦法，則大司寇之職也。不告諸司寇，而執人於天子之側，故雖以王事討有罪，猶貶。凡此類，皆篡弑之萌，履霜之漸。執而書其地，謹之也。每謹於初，而禍亂熄矣。〔註178〕〔3〕

執王法，行王事，也必須依據一定的禮法，必告諸有司，必須按照相關的法定程序來操作。不然，「雖以王事討有罪，猶貶」。又如：昭公二年，「秋鄭殺其大夫公孫黑」，《胡傳》說：

> 按《左氏》，鄭駟黑好在人上，攻良霄而逐之，又與公孫楚爭室，又將作亂，去游氏，代其位，傷疾作而不果。子產使吏數之曰：「爾有亂心無厭，國不女堪。專伐伯有，而罪一也。兄弟爭室，而罪二也。矯君之位，而罪三也。不速死，大刑將至。」遂縊而屍之。黑則有罪，而鄭人初畏其強，不之討也。因其疾而幸勝之，則亦云殆矣。故稱國以殺，累乎上也。〔註179〕〔3〕

公孫黑雖然有罪，但「初畏其強，不之討也」，後來「因其疾而幸勝之」，是殺之不以其道。讀胡氏之書，雖然偶而可見迂腐之詞，但常感有一股凜然之

〔註178〕胡安國，春秋傳（卷二十七）。
〔註179〕胡安國，春秋傳（卷二十四）。

氣。襄公十九年，「鄭殺其大夫公子嘉」，《胡傳》說：

> 按《左氏》，初盜殺鄭三卿於西宮之朝，公子嘉知而不言，既又
> 欲起楚師以去諸大夫，故楚人伐鄭，至於純門而返。至是，嘉之爲
> 政也專，國人患之，乃討西宮之難與純門之師，子展、子西率國人
> 殺嘉，而分其室。不稱鄭人者，嘉則有罪矣。而子展、子西不能正
> 以王法，肆諸市朝，與眾同棄，乃利其室而分之，有私意焉。故稱
> 國以殺，而不去其官，此《春秋》原情定罪之意。〔註180〕〔3〕

用現代的話語來說，胡安國似乎表現出了一絲的「法制」意識的。公子嘉雖
然有罪，但執法者也必須「以王法正之」，而不能任憑私意。也就是說執法本
身必須遵循一定的法規，不能因公子嘉有罪而忽略了子展、子西在執法過程
中的違法行爲，這甚至會讓人產生一種聯想，覺得胡氏思想略具現代法制思
想中「依法量刑」與「程序合法」的意味。

　　總而言之，從君主個人的內在休養到外在的政事處理，都被納入到相關
的禮的限制和規範之中，幾乎一舉一動都有必須依循的禮節規制。由此看
來，禮對君主的制約和規範作用是具體而實際的。胡安國制約和規範君權的
思想並沒有停留在僅僅依據天理、王道對君主的道德品性做出褒貶抑揚的評
價的「務虛」的層面上。胡安國的「以禮爲治」思想雖然也主張「禮、法並
行」，也強調在執行「王法」的過程中必須要遵循一定的法度和規則，但畢
竟又不是現（近）代意義上的「法治」思想，二者有本質的不同。現代意義
上的法治，是指以民主爲前提和基礎，以依法辦事爲核心，以權力制衡爲關
鍵的國家和社會管理機制以及社會活動的方式和社會秩序的狀態等。《胡傳》
的「禮治」思想則明顯不具備這些現代「法治」概念的要素。然而，「以禮
治國」思想是中國傳統社會政治生活的指導思想，屬於中華文化的主流部
分。「對現代的『以德治國』、『依法治國』而言，以禮治國思想有很好的借
鑒作用。」〔註181〕〔160〕我們完全沒有必要借用現代的範疇和術語來比附傳
統的學術思想，並意圖藉此來抬高傳統學術思想的地位。可是這並不妨礙我
們從傳統思想學術中追尋具有普適性的價值，發掘出對今天仍有啓發意義的
思想資源。

〔註180〕胡安國，春秋傳（卷二十二）。
〔註181〕林中堅，中國傳統禮治，廣州：廣東人民出版社，2007，212。

結　語

一

　　宋代由於特殊的歷史背景，面臨一個重建秩序的時代主題，而秩序重建的終極目標在於重建「三代之治」，復興王道理想。之所以說「重建」與「復興」，乃是因爲在宋儒看來，上古三代的理想王道社會是眞實存在過的，堯、舜、禹、湯、文、武等先王都同時具備最高的統治權力與最高的道德品性，其時政治清明、社會和諧、四夷嚮慕、萬民來歸，就如《宋史・道學傳》所描繪：「三代盛時，天子以是道爲政教，大臣百官有司以是道爲職業，黨庠術序師弟子以是道爲講習，四方百姓日用是道而不知，是故盈覆載之間，無一民一物不被是道之澤，以遂其性於斯時也。」〔註1〕〔1〕「是道」即是「王道」，對「王道」理想的追求是儒家的一貫傳統，宋代理學家孜孜以求的目標就是要在當代重建這種王道流行的理想秩序。

　　所謂「王道」，是儒家對上古三代帝王爲治之道的概括，也是儒者通過對上古三代社會狀態的抽象化、理想化而形成的理念。「王道」的概念內涵極爲豐富，包含禮樂教化、天下一統、君臣綱常等多方面的內容。〔註2〕〔152〕而所謂「王道政治」，「是指依王者之道所從事的政治」〔註3〕〔104〕，其核心內容包括以民爲本的仁政和以禮爲治的德治。因爲三代「聖王」本身就是政治權

〔註1〕　脫脫，宋史（卷四二七）・道學一，北京：中華書局，1999，9942。
〔註2〕　陳桐生的《中國史官文化與〈史記〉》對「王道」也有相類似的界定，臺北：文津出版社，1994，52。
〔註3〕　蔣慶，政治儒學——當代儒學的轉向、特質與發展，北京：三聯書店，2003，202。

威和道德權威的合一，所以「王道」包含了「尊王」與「崇道」兩個方面的意蘊，也表達了儒家「聖王合一」的理想。這種理想雖然帶有烏托邦色彩，但在宋儒心目中卻是一種堅定的信仰。胡安國《春秋傳》蘊涵豐富的王道思想，是宋代《春秋》學的突出代表。

宋代《春秋》學極盛，而胡安國《春秋傳》是爲宋代《春秋》學的最爲突出代表。《胡傳》繼承了《春秋》學傳統中的「尊王」大義，又結合宋代的現實政治，闡發了「《春秋》尊君抑臣」、「尊天子抑制諸侯」的經義，在解經時凡遇涉及中央（朝廷）與地方關係、帝王與大臣關係的問題，都會站在維護朝廷和帝王的立場上，在朝廷與地方之間，尊朝廷而抑地方；在王（天子）與臣之間，尊王（天子）而抑臣。例如：《春秋》經文中對周天子的稱呼，一般稱「王」或「天王」，惟有一處稱作「天子」，即成公八年「秋七月，天子使召伯來錫公命」。陸文通說，「此或依策命之文，或傳寫誤也」，啖助亦作此解釋。〔註4〕〔36〕即使宋代首倡《春秋》尊王大義的孫復，也沒有注意到這條經文。胡安國則首發新義，從中概括出了君主與臣民、中央與地方兩對政治關係，並表現出明顯的「尊王」意識，他說：「臨諸侯曰『天王』，君天下曰『天子』，蓋一人之通稱。」〔註5〕〔3〕天王之「臨諸侯」，正是中央之於地方；而天子之「君天下」，正是君主之於臣民的關係。胡安國還從「戒兵權不可假人」；防範宗室、外戚、後宮干政亂政；提倡人臣崇尚「忠義氣節」等三個方面闡述了宋代的「祖宗之法」，其目的最終也是爲了「尊王」，爲了維護皇權與中央集權。《胡傳》尊王之義的背後，是宋儒重建「禮樂征伐自天子出」的「大一統」秩序的願望。

但是，胡安國並不主張絕對君權，他在高舉「尊王」旗幟的同時，還倡導「崇道」的精神，秉持「道高於君」的信仰，堅持「以道事君」的原則。胡安國作爲一個理學家，他「把自己視爲與體制保持距離的學者」，所以他能夠以經典掌握者的身份而成爲時政的批評者，指責當代的政治與社會現狀背離了經典中所記載的上古三代時期的王道模式。胡安國依據其三代王道的信仰，對君主提出了種種批評，體現了胡氏強烈的「崇道之義」。胡安國雖然沒有明確地提出「道統」的概念，但在其《春秋傳》中卻流露出明顯的道統意識。在道統意識的支配下，胡安國在《春秋傳》中提出了「聖人以天自處」

〔註4〕 參見陸粲，春秋胡氏傳辯疑，北京：中華書局，1991，54。
〔註5〕 胡安國，春秋傳（卷二十）‧成公八年「秋七月，天子使召伯來錫公命」條。

說，認爲聖人「是天理之所在」，有資格貶黜天子，而傳承了「聖人之道」的宋儒包括胡氏本人也就有資格批評君主。憑藉「聖人」的道德權威，《胡傳》對春秋時期的失道天子和諸侯進行了猛烈的抨擊，而這種抨擊又往往有很強的現實針對性，每每讓人覺得他對歷史的闡釋都是在影射宋代的時政。胡安國還把這種精神貫徹到他自己參政議政的政治生活實踐中。在他的政論文章、與師友的信函以及給皇帝的上書中，對當代帝王與時政進行了嚴屬的批評。批評天子、針砭時政就是其「崇道」思想的具體表現。《胡傳》的「崇道」之義充分體現了宋儒「以道事君」、「以道制君」的文化主體和政治主體意識。

推尊王權（即「尊王」）以服務現實政治與高揚王道（即「崇道」）以批判現實政治，看上去是一對矛盾，實際上卻是和諧統一的，二者都共同指向重建理想秩序這一終極目的。胡安國在爲現實政治服務的同時，仍然保存了儒家高昂的王道政治理想，保持了與現實政治的適當距離，堅持了傳統儒學制約王權、批評君主以及指導和批判現實政治的精神。胡安國一方面擁護了君王的最高政治權威和統治地位，另一方面也強調了君王應當擔負的政治責任。這種矛盾的統一也體現了宋代政治領域的重建秩序的要求與思想文化領域的復興王道的思潮之間的貫通性和一致性，充分展示了宋代政治與文化的聯結和互動。

「王道」是「尊王」與「崇道」的結合，體現了政治權威與道德權威的和諧統一、「神聖位置」與崇高品質的完美結合。這就是傳統儒家夢寐以求的「聖王」理想，即期待「致君堯舜」，帝王成爲內生與外王的合一，儒者獲得得君行道的機會。在構築儒家王道政治理想國的宋儒著述中，胡安國的《春秋傳》居於重要地位。胡安國在紹興元年、二年先後任職侍講、侍讀，爲高宗「專講《春秋》」，《春秋傳》中應該就包含了許多經筵講義。胡氏後來奉旨進呈《春秋傳》，以高宗爲第一讀者，可見《春秋傳》確是胡安國爲高宗所作的政治教科書，所以堪稱「帝王之學」。而這個帝王學的「教學內容」，當然就是教導高宗以及後代皇帝如何做一個符合儒家理想的帝王，也就是王者之道。就「尊王」一面來說，他教導帝王要牢牢地把握「威福之柄」，「把政權緊緊握在自己手中」〔註 6〕〔84〕，不能使「威福下移」；從「崇道」的角度來說，他告誡君主要遵循「天理」、「天道」。

胡安國的王道政治理想既受宋儒集體意識的影響，又匯入這種集體意識

〔註 6〕 包弼德，歷史上的理學，杭州：浙江大學出版社，2010，133。

之流中，並使宋儒的王道理想更有歷史感和時代特色。胡安國在《春秋》「元年」之「元」的哲學詮釋中提出了「元即仁也」、「仁，人心也」兩個相連的命題，將王道理想的終極依據確定在與「天理」同一的「元」之上，同時也將三代之治賦予了「王道之始」亦即「元」意義，從而實現了王道理想之邏輯起點——「元」與歷史依據——「三代」的統一。胡安國還用天理與人欲的對立來統攝王霸義利之辨，在尊王賤霸與重義輕利的價值取向下，明確表達了「有志於天下為公之世」的願望。胡安國《春秋傳》還提出「天王宰相為一心」論，認為「卿大夫」是「國君之陪貳」，主張人臣與天子「共天位治天職」，從而發展了傳統的「君臣一體」論思想，既體現了胡氏以理學觀念解經的學術特色，又反映出宋代「與士大夫共治天下」的政治文化。

「王道」政治不僅是對理想社會圖景的描述，也是對實現理想政治的整套治國方式的概括。作為治國模式，「王道」政治的核心是以民為本的仁政和以禮為治的德治。「民本」與「王道」具有深刻的內在關聯。《胡傳》認為，王道政治的立國理念是「國以民為本」，其治民原則在於「使民以時」、「不竭民力」；而「王道」的為政境界則是「與民同憂樂」。「王道」秩序歸根到底是「禮治」秩序，而禮治是則王道政治的具體落實。禮與天理、王道是一條可以互相詮釋的概念鏈條，彼此之間存在深刻的聯繫。胡安國在其具有時代特色的禮學觀指導下，闡發了《春秋》的「禮治」思想，並將其與「王者之道」聯繫起來。胡安國把君主的身心休養和政事活動都納入到禮的限制和規範之中，對君主提出了「以禮制心」、「以禮守身」、「以禮治家」、「以禮為國」等「禮治」要求，而這個「以禮為治」的次序反映了宋代理學所主張的經由「內聖」工夫而實現「外王」事功的途徑，也是人主成就「聖王」事業的王者之道。

二

宋代意圖「迴向三代」的王道政治理想最終是歸於幻滅了的，雖然有志於王道，但終究未能至於王道。所以作史者慨歎：「考其祖宗立國初意，以忠厚仁恕為基，向使究其所為，勉而進於王道，亦孰能御之哉！」〔註7〕〔1〕宋儒期待君主「聖王合一」的努力雖然失敗了，但其以道禦勢、借天理和王道批評君主、制約君權的理念卻一直在後代士大夫的政治生活中踐履著，他們

〔註7〕脫脫，宋史（卷一七三）‧食貨上一，北京：中華書局，1999，2784。

追求理想秩序的精神也依然永存。

　　不管宋儒如何誇飾趙宋王朝的統治是如何美好完善，甚至「炳然與三代同風」，但這畢竟只不過是表達了一種願望和理想。在宋儒重建秩序、復興王道的熱切願望的背面，是他們對現實政治和社會秩序的強烈不滿。北宋兩次致力於「取法三代」、復興王道的政治改革運動，無論是范仲淹倡導的慶曆新政，還是王安石主持的熙寧變法，最終都歸於失敗了。而王安石之後，包括胡安國以及所有南宋儒者所期待構建的王道政治理想，尚沒有來得及等到一次「得君行道」的施展機會，南宋王朝就已經山河破碎了。宋儒包括二程、胡安國、朱熹等人，都爲了彌合內聖與外王之間的裂縫，做了許多創造性的理論建構工作，但依然於事無補。無論宋代的新儒學在思維世界、「理世界」的建構是何等的精微與細緻，也無論宋代儒者的王道理想是何等的合理與高超，千百年來的歷史無情地證明了一個事實：那些自命爲承擔濟世的社會責任和道德義務、具有高尚道德品格的「內聖」的人們，偏偏沒有獲得政治權力，不能建設政治功業；而那些稱霸一時，創造出巨大事功的「外王」人物，卻偏偏不願或不能承擔起濟世的道德義務和社會責任，不具備「內聖」的品格。誠如朱漢民教授所指出：「要在中國歷史上的『外王』中尋找出一個『內聖』來，眞是白費工夫。」〔註8〕〔71〕這說明了「內聖外王的合一」只是一種不具現實性的政治理想，脫離了歷史發展的實際。

　　王道政治理想的不現實性，根源於內聖與外王之間的衝突與分裂。而中國古代帝王的政治權利和道德義務彼此脫節，造成了內聖與外王的分裂。「聖人」兼善天下，以德服人，蔑視以強力爲基礎的個人權勢；而帝王所建立的政治權力，往往違背「內聖」的道德原則，甚至與「內聖之德」根本對立。內聖之事與外王之事便如韋伯所分判的「信念倫理」與「責任倫理」，前者不問結果，唯一責任就是盯住信念之火；而後者則需審時度勢，需要爲行爲的後果負責。道德境界至高者，雖能持有純粹的理想，但善的意願並不一定導致善的結果，「光憑道德承擔對於政治問題的解決並無多大幫助」〔註9〕〔198〕。這也如牟宗三先生所論：「若純注意個人之修德，以嚮往內在而無限之道德，或以無限之忍耐犧牲，藉教化以轉移對方，而決不肯訴諸武力，則即成爲聖

〔註8〕　朱漢民，聖王理想的幻滅——倫理觀念與中國政治，長春：吉林教育出版社，1990，204。
〔註9〕　唐瀟浩，孟子王道政治學說的局限，江淮論壇，2004（1）。

賢或宗教家，然政治人物之表現理想，則常無此耐力，其積德亦不是純在個人之修德以嚮往內在而無限之道德，而是解決一客觀問題或時代之癥結。聖賢宗教家之無限忍耐與犧牲，其德境雖至高，然於問題之解決，則常無力。」〔註 10〕〔116〕因此，所謂「王道」，不過是一種烏托邦，是人們在主觀上假定的盡善盡美的政治，體現的是人們對於應然的政治生活的心理追求。〔註 11〕〔191〕就如羅爾斯所說的「完全正義」的政治，它只是一種理論模型，只存在於理念之中而無法復原為經驗性的歷史過程，這就像「一種清晰的獨角獸的概念並不表明實際存在獨角獸一樣」〔註 12〕〔121〕。

　　王道理想雖然不可實現，是一種烏托邦式的政治理想，但烏有之鄉仍然有其現實的意義。誠如現代政治學家所論：「當一種政治理論是烏托邦的時候，它仍然可以在政治上富有成果，這裡的烏托邦要麼是指這種理論不能付諸實踐，要麼是指它太遠離主流政治以致無法接受」，「這種政治上的成傚之一在於，它能夠提示被忽視的某些問題或問題的某些方面」，「一種政治理論有可能為後來進入實際政治的觀念打開門戶，無論它們在當時顯得多麼理想主義或荒謬絕倫」。〔註 13〕〔120〕宋儒的王道政治理想，就正是這樣一個「在政治上富有成果」的烏有之鄉。現實政治中的王者雖然始終未能達到儒家王道理想中「聖王合一」的最高境界，但同時也從來未能在道義和文化上脫離儒家所設立的「王道」規範。君主統治權力的最終合法性仍然需要儒家「王道」思想來論證。「外王」無法與「內聖」達成合一的境界（這種狀況在清代發生了徹底的改變，以李光地為代表的「理學名臣」把「道統」拱手讓給帝王，吹捧康熙皇帝重新實現了「內聖」與「外王」的合一），也就是說，君主雖然具備了最高的政治權威，卻永遠無法實現對最高道德——倫理權威的掌握。這種權威卻在繼承「道統」的儒家士大夫手中代代相傳，支撐起他們的政治主體和文化主體意識，成為他們批判現實社會，追求理想政治的精神動力。無論是立朝的官僚士大夫還是在野的士紳知識分子，從來都不缺少敢於犯顏置諫、抨擊時政、非議帝王的正直忠良之人。而胡安國在《春秋傳》與《時政論》中對古代君主和當朝政事的批評貶黜，就是其典型的代表。他們

〔註 10〕牟宗三，道德理想主義的重建，北京：中國廣播電視出版社，1992，101。

〔註 11〕李鋒，天理與道義的彰顯——朱熹王道思想的政治哲學解析，貴州師範大學學報（社會科學版），2008（4）。

〔註 12〕羅爾斯，正義論，北京：中國社會科學出版社，1986。

〔註 13〕傑弗里‧托馬斯，政治哲學導論，北京：中國人民大學出版社，2008，56。

所憑藉的就是「道高於君」、「天地間理最大」的信仰和「以道事君」、「持道馭勢」的道統理念。這堪稱是宋儒王道理想的永恒意義之所在。

　　儘管儒家「內聖外王」的王道理想從來不曾實現也永遠不會實現，但我們不能因為「聖王理想的幻滅」而忽略了王道思想的價值和意義。相反，我們應該珍視這種積極追求理想社會秩序和善好政治生活的思想傳統。儒家王道理想體現了思想家對於社會政治生活的理解，以及他們的道德境界。我們如果因為儒家王道政治理想終究沒有成為現實，或因其重建秩序的努力沒有獲得歷史性的成功，從而否定王道理想的價值，那麼我們就陷入了宋代理學家所極欲辨明而且極力批判的功利主義的漩渦。宋儒重建秩序、復興王道的願望雖然落空了，但後代儒者對這種理想的追求仍然不絕如縷，儒者勇於擔當的社會責任感和以道自居的道德義務感仍然一代一代地流傳了下來。

　　儒家王道理想之所以值得現代人珍視，最直接的理由在於，古代思想家所關注的問題，仍然為今天的人們所關注。這是因為，理想的政治秩序和美好的社會生活是人類永遠不可放棄的追求。古人如此，今人亦然。所不同的是，究竟什麼樣的政治才是最符合道義原則的政治，什麼樣的社會秩序才是最合理的秩序，古今時易，自然不可同年而語。但是，對於合理的政治秩序和美好的社會生活，「現代人應該比古代人有更加深刻的理解」〔註14〕〔181〕。作為當代公民，我們固然不能再以傳統儒家的王道理想為追求對象，但至少應該保存一份追求理想秩序的傳統，保存一份傳統王道思想中既為現實政治服務，又對其保持批判態度的精神和勇氣。我們固然不能再去「法先王之法」，但在很多領域仍然可以「法其意」。從這個角度出發，我們或許能夠在傳統學術與思想中發現更多超越歷史時空的普世價值。這應該也是中國傳統文化研究工作的重要任務。

〔註14〕孫曉春，先秦儒家王道思想述論，政治學研究，2007（4）。

參考文獻

1. 脫脫，宋史，北京：中華書局，1999。
2. 胡寅，斐然集，長沙：嶽麓書社，2009。
3. 胡安國，春秋傳，上海：上海書店，1984。
4. 阮元，十三經注疏，北京：中華書局，1979。
5. 李燾，續資治通鑑長編，北京：中華書局，1985。
6. 黃宗羲、全祖望，宋元學案，北京：中華書局，1986。
7. 董仲舒，春秋繁露，北京：中華書局，1991。
8. 司馬遷，史記，北京：中華書局，1959。
9. 班固，漢書，北京：中華書局，1962。
10. 范曄，後漢書，北京：中華書局，1965。
11. 魏徵、令狐德棻，隋書，北京：中華書局，1973。
12. 孫復，春秋尊王發微，上海：上海書店，1984。
13. 劉敞，春秋權衡，文津閣四庫全書本。
14. 洪咨夔，春秋說，文津閣四庫全書本。
15. 黃仲炎，春秋通說，文津閣四庫全書本。
16. 家鉉翁，春秋集傳詳說，文津閣四庫全書本。
17. 趙鵬飛，春秋經筌，文津閣四庫全書本。
18. 孫覺，春秋經解，文津閣四庫全書本。
19. 黃仲炎，春秋通說，文津閣四庫全書本。
20. 姜寶，春秋事義全考，文津閣四庫全書本。
21. 高拱，春秋正旨，文津閣四庫全書本。
22. 徐庭垣，春秋管窺，文津閣四庫全書本。

23. 王介之，春秋四傳質，文津閣四庫全書本。

24. 王皙，春秋皇綱論，上海：上海書店，1984。

25. 杜預注、孔穎達疏，春秋左傳正義，文津閣四庫全書本。

26. 陸淳，春秋啖趙集傳纂例，文津閣四庫全書本。

27. 陸淳，春秋集傳辯疑，文津閣四庫全書本。

28. 春秋三傳，上海：上海古籍出版社，1987。

29. 程顥、程頤，二程集，北京：中華書局，1981。

30. 胡宏，胡宏集，北京：中華書局，1987。

31. 石介，徂徠石先生文集，北京：中華書局，1984。

32. 李心傳，建炎以來朝野雜記，北京：中華書局，2000。

33. 李心傳，建炎以來繫年要錄，北京：中華書局，1956。

34. 徐松，宋會要輯稿，北京：中華書局，2006。

35. 李幼武，宋名臣言行錄續集，臺北：文海出版社，1970。

36. 陸粲，春秋胡氏傳辯疑，北京：中華書局，1991。

37. 范祖禹，唐鑑，上海：上海古籍出版社，1984。

38. 彭百川，太平治蹟統類，揚州：江蘇廣陵古籍刻印社，1990。

39. 邵伯溫，邵氏聞見錄，北京：中華書局，1983。

40. 蘇軾，蘇軾文集，北京：中華書局，1996。

41. 王栐，燕翼詒謀錄，北京：中華書局，1981。

42. 王夫之，宋論，北京：中華書局，1964。

43. 王夫之，讀通鑑論，北京：中華書局，1975。

44. 朱熹，朱子全書，上海：上海古籍出版社，合肥：安徽教育出版社，2002。

45. 黎靖德，朱子語類，北京：中華書局，1981。

46. 歐陽修，新唐書，北京：中華書局，1975。

47. 歐陽修，新五代史，北京：中華書局，1974。

48. 俞文豹，吹劍錄，上海：上海古典文學出版社，1958。

49. 紀昀，四庫全書總目，北京：中華書局，1965。

50. 蘇輿，春秋繁露義證，北京：中華書局，1992。

51. 孔廣森，春秋公羊經傳通義，續修四庫全書本。

52. 朱彝尊，經義考，北京：中華書局，1998。

53. 許慎撰、段玉裁注，說文解字注，成都：成都古籍書店，1981。

54. 歐陽修，文忠集，文津閣四庫全書本。

55. 魏了翁，鶴山集，文津閣四庫全書本。

56. 王應麟，困學紀聞，文津閣四庫全書本。

57. 楊時，龜山集，上海：上海古籍出版社，1987。

58. 羅從彥，羅豫章集，北京：商務印書館，1937。

59. 王明清，揮塵錄，上海：上海書店，2009。

60. 王應麟，玉海，南京：江蘇古籍出版社，上海：上海書店，1987。

61. 葉適，葉適集，北京：中華書局，1961。

62. 尹洙，河南先生文集，四部叢刊本。

63. 張載，張載集，北京：中華書局，1978。

64. 范濬，香溪集，文津閣四庫全書本。

65. 范仲淹，范文正集，文津閣四庫全書本。

66. 黃淮、楊士奇，歷代名臣奏議，文津閣四庫全書本。

67. 黃宗羲，明夷待訪錄，長沙：嶽麓書社，2008。

68. 黃履翁，古今源流至論，文津閣四庫全書本。

69. 陳邦瞻，宋史記事本末，北京：中華書局，1977。

70. 陳亮，陳亮集，北京：中華書局，1974。

71. 朱漢民，聖王理想的幻滅——倫理觀念與中國政治，長春：吉林教育出版社，1990。

72. 朱漢民，忠孝道德與臣民精神——中國傳統臣民文化論析，鄭州：河南人民出版社，1994。

73. 朱漢民，湖湘學派與湖湘文化，長沙：湖南大學出版社，2010。

74. 朱漢民，湖湘學派史論，長沙：湖南大學出版社，2004。

75. 朱漢民，宋明理學通論，長沙：湖南教育出版社，2000。

76. 朱漢民，湘學原道錄，北京：中國社會科學出版社，2002。

77. 朱漢民、陳谷嘉，湖湘學派源流，長沙：湖南教育出版社，1992。

78. 朱漢民，中國思想學說史（宋元卷），桂林：廣西師範大學出版社，2006。

79. 朱漢民、肖永明，宋代《四書》學與理學，北京：中華書局，2009。

80. 梁啟超，先秦政治思想史，上海：上海書店，1992。

81. 侯外廬等，宋明理學史，北京：人民出版社，1984。

82. 皮錫瑞，經學歷史，北京：中華書局，2004。

83. 皮錫瑞，經學通論，北京：中華書局，1954。

84. 包弼德，歷史上的理學，杭州：浙江大學出版社，2010。

85. 陳來，宋明理學，瀋陽：遼寧教育出版社，1991。

86. 陳蘇鎮，漢代政治與春秋學，北京：中國廣播電視出版社，2001。

87. 陳植鍔，北宋文化史論述，北京：中國社會科學出版社，1992。

88. 崔大華，儒學引論，北京：人民出版社，2000。

89. 戴維，春秋學史，長沙：湖南教育出版社，2004。

90. 鄧廣銘，鄧廣銘治史論稿，北京：北京大學出版社，1997。

91. 段熙仲，春秋公羊學講疏，南京：南京師範大學出版社，2002。

92. 鄧小南，祖宗之法──北宋前期政治述略，北京：三聯書店，2006。

93. 葛煥禮，八世紀中葉至十二世紀初的新春秋學，濟南：山東大學出版社，2003。

94. 葛荃，權力宰制理性，天津：南開大學出版社，2003。

95. 宮崎市定，宋元的經濟狀況，宮崎市定論文選集，北京：商務印書館，1963。

96. 關長龍，兩宋道學命運的歷史考察，上海：學林出版社，2001。

97. 何俊，南宋儒學建構，上海：上海人民出版社，2004。

98. 何忠禮，宋代政治史，杭州：浙江大學出版社，2007。

99. 胡克森，儒家理想與秦漢政權，長沙：湖南人民出版社，2005。

100. 姜廣輝，理學與中國文化，上海：上海人民出版社，1994。

101. 姜廣輝，中國經學思想史，北京：中國社會科學出版社，2003。

102. 姜廣輝，中國哲學（第二十三輯），瀋陽：遼寧教育出版社，2001。

103. 蔣慶，公羊學引論，瀋陽：遼寧教育出版社，1995。

104. 蔣慶，政治儒學──當代儒學的轉向、特質與發展，北京：三聯書店，2003。

105. 金耀基，中國民本思想史，北京：法律出版社，2008。

106. 李建軍，宋代《春秋》學與宋型文化，北京：中國社會科學出版社，2008。

107. 林存光，歷史上的孔子形象，濟南：齊魯書社，2004。

108. 劉國民，董仲舒的經學詮釋及天的哲學，北京：中國社會科學出版社，2007。

109. 劉澤華，中國傳統政治思維，長春：吉林教育出版社，1991。

110. 劉澤華，中國古代政治思想史，天津：南開大學出版社，1992。

111. 劉澤華，王權思想論，天津：天津人民出版社，2006。

112. 劉子健，中國轉向內在──兩宋之際的文化內向，南京：江蘇人民出版社，2002。

113. 柳詒徵，中國文化史，上海：上海古籍出版社，2001。

114. 馬宗霍，中國經學史，北京：商務印書館，1998。

115. 牟宗三，政道與治道，桂林：廣西師範大學出版社，2006。

116. 牟宗三，道德理想主義的重建，北京：中國廣播電視出版社，1992。

117. 馮天瑜，結構專制——明末清初「新民本」思想研究，武漢：湖北人民出版社，2003。

118. 馮天瑜，中國學術流變，上海：華東師範大學出版社，2003。

119. 艾森斯塔德，帝國的政治體制，貴陽：貴州人民出版社，1992。

120. 傑弗里·托馬斯，政治哲學導論，北京：中國人民大學出版社，2008。

121. 羅爾斯，正義論，北京：中國社會科學出版社，1986。

122. 謝慶奎，政府學概論，北京：中國社會科學出版社，2005。

123. 徐復觀，學術與政治之間，上海：華東師範大學出版社，2009。

124. 張君勱，儒家哲學之復興，北京：中國人民大學出版社，2006。

125. 彭林，經學研究論文選，上海：上海書店，2001。

126. 漆俠，宋學的發展和演變，石家莊：河北人民出版社，2004。

127. 錢穆，國史大綱，北京：商務印書館，1994。

128. 宋鼎宗，春秋宋學發微，臺北：文史哲出版社，1986。

129. 宋鼎宗，春秋胡氏學，臺北：萬卷樓圖書有限公司，2000。

130. 土田健次郎，道學之形成，上海：上海古籍出版社，2010。

131. 王立新，開創時期的湖湘學派，長沙：嶽麓書社，2003。

132. 蕭公權，中國政治思想史，北京：新星出版社，2005。

133. 向晉衛，白虎通義思想的歷史研究，北京：人民出版社，2007

134. 許紀霖、宋宏，史華慈論中國，北京：新星出版社，2006。

135. 楊伯峻，春秋左傳注，北京：中華書局，1990。

136. 楊渭生，兩宋文化史研究，杭州：杭州大學出版社，1998。

137. 余英時，士與中國文化，上海：上海人民出版社，2003。

138. 余英時，宋明理學與政治文化，桂林：廣西師範大學出版社，2006。

139. 余英時，朱熹的歷史世界——宋代士大夫政治文化的研究，北京：三聯書店，2004。

140. 余英時，中國思想傳統的現代詮釋，南京：江蘇人民出版社，1998。

141. 張邦煒，宋代政治文化史論，北京：人民出版社，2005。

142. 張分田、蕭延中，中華文化通志·學術典·政治學志，上海：上海人民出版社，1998。

143. 張分田，民本思想與中國古代統治思想，天津：南開大學出版社，2009。

144. 張立文、祁潤興，中國學術通史（宋元明卷），北京：人民出版社，2004。

145. 張豈之、劉學智，中國學術思想史編年，西安：陝西師範大學出版社，2006。

146. 張豈之，中國思想史，西安：西北大學出版社，2003。

147. 李澤厚，中國思想史論，合肥：安徽文藝出版社，1999。

148. 韋政通，中國思想史，臺北：水牛圖書出版有限公司，1979。

149. 葛兆光，中國思想史，上海：復旦大學出版社，2002。

150. 田浩，宋代思想史論，北京：社會科學文獻出版社，2003。

151. 蒙培元，理學的演變——從朱熹到王夫之戴震，北京：方志出版社，2007。

152. 陳桐生，中國史官文化與《史記》，臺北：文津出版社，1994。

153. 章太炎，國學講演錄，上海：華東師範大學出版社，1995。

154. 趙伯雄，春秋學史，濟南：山東教育出版社，2004。

155. 趙峰，朱熹的終極關懷，上海：華東師範大學出版社，2004。

156. 趙生群，春秋經傳研究，上海：上海古籍出版社，2000。

157. 周桂鈿，中國傳統政治哲學，石家莊：河北人民出版社，2007。

158. 周淑萍，兩宋孟學研究，北京：人民出版社，2007。

159. 吳國武，經術與性理——北宋儒學轉型考論，北京：學苑出版社，2009。

160. 林中堅，中國傳統禮治，廣州：廣東人民出版社，2007。

161. 薩孟武，中國政治思想史，北京：東方出版社，2008。

162. 朱漢民，胡安國春秋傳中的理學思想，湖南大學學報（哲社版），1989（5）。

163. 朱漢民，二程天理論的文化意義，湖南大學學報（哲社版），2001（4）。

164. 朱漢民、張國驥，兩宋的《論語》詮釋與儒學重建，中國哲學史，2008（4）。

165. 朱漢民，中國知識傳統的審視，船山學刊，2003（3）。

166. 朱漢民，儒家人文信仰的完成——朱熹四書集注的思想信仰分析，湖南大學學報（社會科學版），2004（9）。

167. 姜廣輝，論宋明理學與經學的關係，湖南大學學報（社會科學版），2004（5）。

168. 高王淩，怎樣看待傳統政治理念，讀書，2009（11）。

169. 葛兆光，唐宋抑或宋明——文化史和思想史研究視域變化的意義，歷史研究，2004（1）。

170. 何俊，胡安國理學與史學相融及其影響，哲學研究，2004（4）。

171. 何俊，由禮轉理抑或以禮合理：唐宋思想轉型的一個視角，北京大學學報（哲學社會科學版），2007（6）。

172. 黃俊傑，論東亞儒家經典詮釋與政治權力之關係——以《論語》、《孟子》爲例，國學學刊，2009（3）。

173. 賈貴榮，春秋經與北宋史學，中國史研究，1990（1）。

174. 江湄，以「公天下」大義正「家天下」之法——論中唐《春秋》學的「王道」論述及其時代意義，中國哲學史，2006（4）。

175. 江湄，北宋諸家《春秋》學的「王道」論述及其論辯關係，哲學研究，2007（7）。

176. 方克立，湘學精神與湖南人精神，文史哲，2005（1）。

177. 高日暉、洪雁漢，宋代春秋學與政治的關係，大連大學學報，2006（1）。

178. 劉笑敢，「反向格義」與中國哲學，中國思想史研究通訊第 7 輯，2005。

179. 盧鍾鋒，論胡安國及其《春秋傳》，中國史研究，1982（3）。

180. 任鋒，如何理解「史革慈問題」，讀書，2010（6）。

181. 孫曉春，先秦儒家王道理想述論，政治學研究，2007（4）。

182. 向世陵，程學傳承與道南學派，社會科學戰線，2005（2）。

183. 嚴正，王道理想與聖賢意識，河南社會科學，2008（9）。

184. 楊向奎，宋代理學家的春秋學，史學史研究，1989（1）。

185. 楊澤波，西方學術背景下的孟子王道主義——對有關孟子王道主義一種通行理解的批評，華東師範大學學報（哲學社會科學版），2005（4）。

186. 張其凡，關於「唐宋變革期」學說的介紹與思考，暨南學報，2001（1）。

187. 章權才，胡安國《春秋傳》研究，學術研究，1995（2）。

188. 張尚英，近百年來大陸地區宋代春秋學研究述評，宋代文化國際學術研討會論文集，2006。

189. 趙伯雄，夏時冠周月解，古籍整理研究學刊，2002（1）。

190. 鄧廣銘，宋朝的家法和北宋的政治改革運動，中華文史論叢，1986（3）。

191. 李鋒，天理與道義的彰顯——朱熹王道思想的政治哲學解析，貴州師範大學學報（社會科學版），2008（4）。

192. 李曉東，經學與宋明理學，中國史研究，1987（2）。

193. 李洲良，春秋筆法的內涵外延與本質特徵，文學評論，2006（1）。

194. 徐復觀，中國經學史的基礎，臺北：學生書局，1982。

195. 劉玲娣，胡安國政治思想及其實踐略論，史學月刊，2002（6）。

196. 劉玲娣，試論胡安國兩宋之際的政治、學術活動，華中師範大學學報（人文社會科學版），2002（3）。

197. 劉玲娣，胡安國學術述略，孝感學院學報，2004（4）。

198. 唐瀟浩，孟子王道政治學說的局限，江淮論壇，2004（1）。

199. 王雷松，胡安國政治哲學簡析，商丘師範學院學報，2006（4）。

200. 王雷松，胡安國《春秋傳》之華夷觀，鄭州輕工業學院學報（社科版），2008（1）。

201. 王雷松，胡安國理學地位探析，鄭州輕工業學院學報（社科版），2008（3）。

202. 王立新，胡安國族系考，船山學刊，2002（4）。

203. 吳強、盧豔晗，《胡氏春秋傳》「元」思想闡微，黑龍江教育學院學報，2007（4）。

204. 牟潤孫，兩宋《春秋》學之主流，注史齋叢稿，北京：中華書局，2009。

205. 浦衛忠，論胡安國《春秋傳》的思想，經學今詮續編，瀋陽：遼寧教育出版社，2001。

206. 陳宇宙，胡安國著述《春秋傳》的原因及真正用意考釋，滄桑，2006（2）。

207. 但興悟，中西政治文化與話語體系中的霸權，世界經濟與政治，2004（9）。

208. 史華慈，中國政治思想的深層結構，史華慈論中國，北京：新星出版社，2006。

209. 孫聖河，道統試論，余敦康先生八十壽辰紀念集，北京：首都師範大學出版社，2009。

210. 陳來，中國早期政治哲學的三個主題，余敦康先生八十壽辰紀念集，北京：首都師範大學出版社，2009（6）。

211. 陳戍國，禮學與中國傳統文化，北京：中華書局，2006。

212. 王雷松，胡安國春秋傳校釋與研究，〔中國人民大學博士學位論文〕，2006。

213. 王江武，胡安國《春秋傳》研究，〔復旦大學博士學位論文〕，2008。

214. 劉昆笛，胡安國《春秋》學思想研究，〔蘇州大學博士學位論文〕，2009。

215. 殷慧，朱熹禮學思想研究，〔湖南大學博士學位論文〕，2009。

216. 蔣慶，王道政治是陽光下的政治——就王道問題再答周北辰問，儒家中國網站，www.rujiacn.com.

217. 李學勤，國學的主流是儒學，儒學的核心是經學，中華讀書報，2010-8-4。

218. 呂思勉，中國政治思想史講義，天津：天津古籍出版社，2007。

219. 馮友蘭，中國哲學史新編（中冊），北京：人民出版社，1998。

220. 張立文，朱熹評傳，南京：南京大學出版社，2004。

221. 諸子集成（第8冊）·淮南子注，長沙：嶽麓書社，1996。

222. 趙鵬飛，春秋經筌，上海：上海古籍出版社，1987。

223. 北京大學國情研究中心，世界文明百科全書，太原：山西教育出版社，1992。

224. 張岱年，當代學者自選文庫·張岱年卷，合肥：安徽教育出版社，1999。

225. 王明輝，何謂政治學，北京：中國戲劇出版社，2005。

226. 束景南，朱熹研究，北京：人民出版社，2008。

227. 逯欽立，先秦漢魏晉南北朝詩，北京：中華書局，1983。

228. 文天祥，文山集，文津閣四庫全書本。

229. 陳傅良，永嘉先生八面鋒，叢書集成初編本。

230. 房玄齡，晉書，北京：中華書局，1974。

231. 陳壽，三國志，北京：中華書局，1982。

232. 戴表元，剡源文集，文津閣四庫全書本。

233. 樓鑰，攻媿集，文津閣四庫全書本。

234. 陸九淵，象山先生全集，濟南：齊魯書社，1997。

235. 賈誼，新書，濟南：山東畫報出版社，2004。

236. 司馬光，資治通鑑，北京：中華書局，1957。

237. 楊澤波，孟子評傳——走向内聖之境，南寧：廣西教育出版社，1994。

238. 陸九淵，陸九淵集，北京：中華書局，1980。

239. 富弼，宋朝諸臣奏議，上海：上海古籍出版社，1999。

240. 王偁，東都事略，古籍善本。

241. 王安石，王安石文集，上海：上海人民出版社，1974。

242. 鄭樵，通志，北京：中華書局，1987。

243. 朱熹，伊洛淵源錄，上海：商務印書館，1936。

244. 李覯，李覯集，北京：中華書局，1985。

245. 周敦頤，周敦頤集，長沙：嶽麓書社，2002。

246. 林樂昌，張載禮學論綱，哲學研究，2007（12）。

247. 王闓運，湘綺樓詩文集，長沙：嶽麓書社，1996。

248. 鄒昌林，中國禮文化，北京：社會科學文獻出版社，2000。

249. 皇侃，論語義疏，儒藏（精華編第 104 冊），北京：北京大學出版社，2007。

250. 陳戍國，中國禮制史，長沙：湖南教育出版社，1991。

251. 王永祥，董仲舒評傳，南京：南京大學出版社，1995。

252. 李軍靖，略論禮樂文明與王道政治，中國社科院研究生院學報，2005（1）。

253. 梁濤，郭店竹簡與思孟學派，北京：中國人民大學出版社，2008。

254. 劉師培，經學教科書，上海：上海古籍出版社，2006。

255. 簡福興，胡氏春秋學研究，臺南：欣禾圖書公司，1982。

256. 羅清能，胡氏《春秋傳》研究，花蓮：眞義出版社，1989。

257. 汪嘉玲，胡安國《春秋傳》研究，〔臺灣東吳大學碩士學位論文〕，2002。

258. 歐陽修，歐陽修全集，北京：中華書局，2001。

259. 呂大臨，橫渠先生行狀，張載集，北京：中華書局，1978。

260. 劉復生，北宋黨爭與儒學復興運動的演化，社會科學研究，1999（6）。

261. 梁啟超，飲冰室合集（第一冊），北京：中華書局，1989。

262. 趙翼，廿二史箚記，南京：鳳凰出版社，2008。

263. 李攸，宋朝事實，北京：中華書局，1955。

264. 傑斐遜著、朱曾汶譯，傑斐遜選集，北京：商務印書館，1999。

265. 邵雍，伊川擊壤集，文津閣四庫全書本。

266. 韓愈，韓愈集，長沙：嶽麓書社，2000。

267. 哈貝馬斯，交往與社會進化，重慶：重慶出版社，1989。

268. 陳奇猷，韓非子集釋，上海：上海人民出版社，1974。

致　謝

　　我來嶽麓書院，已經五年有半。學位論文已經完成，但我並未感到輕鬆。因爲，我深知這本書凝聚了師友親人們太多太重的關懷與希冀。

　　感謝我的導師朱漢民教授。恩師博我以文，約我以禮，教我爲學，誨我做人，師恩難忘，山高水長！我曾爲學位論文的選題苦苦尋繹，久久不得要領，終在導師的指引下才得到一個既有學術價值又合我興趣特長的題目。在論文寫作過程中我遇到了重重困境，都是導師爲我一一化解。已經記不清多少次與恩師同登嶽麓山了，每次登山都是我受教進益的良機。在論文即將成型的那段時間，老師每隔一日就邀我登山，路上總是先問我前日的進展與所遇問題，然後暢談他的觀點和想法，當我與導師登至山頂，先前的重重迷霧也一掃而空，頓覺豁然開朗。恩師對我言傳身教，其治學的謹嚴與爲人的謙和永遠是我傚仿的榜樣，而他曾發給我的一條手機短信也將成爲我畢生恪守奉行的格言：「學術的道路充滿艱辛，我們都要一輩子努力」！

　　感謝嶽麓書院的諸位老師。肖永明教授五年來對我關懷備至，論文的撰寫也曾得到肖老師的悉心指導。在我遇到困惑、感到迷茫的時候，肖老師及時爲我排憂解惑，給我鼓勁加油。姜廣輝教授一直頗爲關心我的成長。我做的是經學題目，而姜老師在經學領域有很深的造詣，何處難、何處易、哪裏有寶藏、哪裏有陷阱，姜老師都爲我一一指示。吳仰湘教授本是我大學時代的老師，我常常敢於將自己的論文片段拿去請教，而吳老師每次也不厭其煩地爲我批改。吳老師還全文通讀了我的論文初稿，將許多錯訛誤漏一一訂正，讓我省卻一段工夫。還有鄧洪波、章啓輝、龔抗雲三位教授以及楊代春、錢永生、謝豐、殷慧、張曉玲諸位師友，都曾對我提出許多建議，於我多有助益，在此一併致謝。

感謝嶽麓書院的師兄與同窗們。我的大師兄吳國榮博士最是令我敬仰、感激，師兄於我如父如兄亦師亦友，無論是做人做事還是做學問，師兄都曾對我悉心栽培、耐心教誨。黃梓根師兄在我攻讀學位期間也對我多有關照與指點，讓我深懷感激。李強、王勝軍、劉克兵、張天傑、劉輝等學友都曾為我或搜集資料，或查對引文，或答疑釋難，或批改論文，讓我受益良多、感激不盡。

感謝岳化一中的兄弟們。岳化一中是我職業生涯的第一站，而我也將此生最美好的四載青春年華奉獻在那裏。四年中最大的收穫就是結識了許多可以坦誠相見值得託付的兄弟，如唐建國、楊勇、朱錫清、高世華等。如果沒有兄弟們的支持與鼓勵，我不可能堅忍不拔、一鼓作氣地走完五年碩博連讀的艱苦歷程。

最後感謝我的父母。父親是一個標本式的農民，老實而寬厚，勤儉而執著，多年來一直在艱苦拮据的生活中保持著樂觀豁達的心態，他堅信他的兒子一定會有美好的前程，這無疑是對我莫大的鼓勵和鞭策。母親在我將讀博士的時候就離我而去了，但母親生前的教誨無時不在我的耳際浮現。我將母親遺像供於書桌之上，每當我懈怠倦惰的時候，抬頭仰望，母親那慈祥的眼光裏竟透著無比嚴厲的神情，直透我心底，催促我奮進。

謹以這本書向所有關心和幫助過我的人們表示最真誠的謝意！

戴金波

2010 年 11 月 22 日

後 記

　　論文答辯之際，我尚孑然一身，飄零四處，如今書稿即將付梓，我已妻子在側。書生做吏，固然是案牘勞形，卻也樂在其中。感謝妻子張曉燕操持家務、陪伴孩子，讓我可以後顧無憂，全力以赴；感謝我的兒子戴寧壹小朋友，天眞爛漫，至親至愛，帶給我無限的歡樂。公務之餘，一想起他，滿世界都是笑容。

2017 年 1 月 9 日